W0040171

Ulrich Schneider

Kein Wohlstand für alle!?

Wie sich Deutschland selber zerlegt und was wir dagegen tun können

WESTEND

Mehr über unsere Autoren und Bücher:
www.westendverlag.de

Die Deutsche Nationalbibliothek verzeichnet diese Publikation in
der Deutschen Nationalbibliografie; detaillierte bibliografische Daten
sind im Internet über http://dnb.d-nb.de abrufbar.

ISBN 978-3-86489-152-6
© Westend Verlag GmbH, Frankfurt/Main 2017
Umschlaggestaltung: Buchgut, Berlin
Satz: Publikations Atelier, Dreieich
Druck und Bindung: CPI – Clausen & Bosse, Leck
Printed in Germany

Inhalt

»Habe den Mut,
Dich Deines eigenen Verstandes zu bedienen.«

Immanuel Kant

Einleitung:
Worum es geht

Niemand, der mit offenen Augen durch die Lande geht, wird abstreiten können, dass Deutschland gerade dabei ist, sich selbst zu zerlegen. Der Glaube an den wenigstens bescheidenen Wohlstand für alle, der unsere Republik so lange zusammengehalten hat, ist zunehmend passé. Nehmen wir Berlin. Stadtviertel wie der Grunewald mit seinen eingemauerten, herrschaftlichen Villen und Marzahn oder Neukölln haben überhaupt nichts mehr miteinander zu tun. Auch die Menschen haben nichts mehr miteinander zu tun. Wer durch Berlins Mitte flaniert, der geht vorbei an den Schickimicki-Restaurants der »Reichen und Schönen«, in denen man gern mal einen Hunderter und mehr für das Abendessen lässt, an prächtigen Einkaufspassagen mit genauso unverschämten Preisen, an den Showrooms von Bugatti oder Daimler-Benz mit ihren auf Hochglanz polierten Nobelkarossen, die so viel kosten wie manch ein Eigenheim. Edeldesigner stellen ihre verrückten und überdrehten Modekreationen in die Schaufenster, bei denen man sich fragt, was das wohl für Menschen sein mögen, die mit so etwas herumlaufen, und wann sie das tun. Es sind Schaufenster in eine andere Welt, die sich nicht so recht erschließen will.

Man geht vorbei an den protzigen Bankhäusern, die mit ihrer großzügigen Architektur und ihrem modernen Prunk symbolisieren, dass hier das Geld zu Hause ist. Nicht weit davon die Fünf-Sterne-Hotels mit den bekannten Namen, vor deren einschüchternden Empfangsportalen die Limousinen halten, deren Türen von Portiers im altmodischen Livree geöffnet werden. Man könnte einfach hineingehen in die weiträumige Lobby, doch fühlt man sich fremd und fehl am Platz, nicht zugehörig, und geht lieber gleich wieder hinaus.

Steigen wir in den Bus, brauchen wir nur wenige Minuten, damit uns die andere Wirklichkeit wieder einholt: Schulgebäude, die so gar nichts mit den prächtigen Bankgebäuden und Luxushotels zu tun haben, sondern wo die Farbe verwittert und der Putz abblättert; »Grünanlagen«, die schon lange kein Grün mehr gesehen haben; Ein-Euro-Shops für die breite Masse und die Schnäppchenjäger.

Bewegt man sich durch Berlin, überschreitet man häufig ganz und gar nicht unsichtbare Grenzen zwischen diesen Parallelwelten. Berlin steht dabei für viele deutsche Großstädte. In Hamburg, Stuttgart oder München sieht es nicht anders aus. Man sieht, wo das Geld sitzt, man wird »erschlagen« von dem unglaublichen Luxus und niedergedrückt von der tiefen Tristesse nur einige Kilometer weiter. Man würde sich ja gern mitfreuen, wenn die Kanzlerin und ihre Gefolgschaft trotzig und laut verkünden, Deutschland und den Deutschen gehe es so gut wie nie zuvor. Nur wen meint sie? Die sechs Millionen Hartz-IV-Bezieher in Deutschland kann sie unmöglich meinen. Auch nicht die eine Million Alten und Erwerbsgeminderten, die ihr Geld vom Sozialamt bekommen. Sie wird auch nicht jene 40 Prozent unter uns meinen, die keinen Cent auf der hohen Kante, sondern bestenfalls Schulden haben und von der Hand in den Mund leben.

Angesprochen fühlen von der Kanzlerin dürften sich wohl eher diejenigen, die sich weiter oben auf der Einkommensleiter eingerichtet haben. Vor allem werden ihr aber jene reichsten 10 Prozent unter uns – oder besser: über uns – zustimmen, die ihren Reichtum in den letzten Jahrzehnten immer weiter mehren konnten, denen heute bereits drei Viertel des gesamten privaten Vermögens in Deutschland gehört und die nicht vorbeigehen an den Nobelrestaurants und Nobelhotels, sondern dort ganz selbstverständlich einkehren, um vielleicht bei einem Gläschen Jahrgangsschampus anzustoßen darauf, wie gut es Deutschland geht.

Auch politisch scheint Deutschland in eigentümlicher Weise »auseinanderzufallen«, sich zu polarisieren. Und beides, das Soziale und das Politische, hat miteinander zu tun. Beides ist das Ergebnis eines kalten Neoliberalismus, der in Deutschland in den letzten drei Jahrzehnten zunehmend Platz gegriffen hat. Sein Renditestreben wurde entfesselt und mit seiner Philosophie der Ungleichheit machte er in der gesellschaftlichen Realität auch vor Armut und Ausgrenzung keinen Halt. Naiv war es zu glauben, politisch würde in Deutschland alles beim Gewohnten bleiben können, wenn man einen Niedriglohnsektor befördert, in dem heute mittlerweile jeder vierte Arbeitnehmer tätig ist; wenn man es zulässt, dass in vielen Städten mittlerweile jedes fünfte, in einigen sogar jedes dritte Kind von Hartz IV lebt; wenn man nur halbherzig gegen eine Mietpreisentwicklung vorgeht, die in so mancher Großstadt mittlerweile auch Familien mit mittlerem Einkommen vor echte Probleme stellt; oder wenn man die Menschen von oben herab schulmeistert, sie sollten schon mal anfangen, für das Alter zu sparen, die Rente würde ohnehin bald nicht mehr reichen.

Wer die vielen Deklassierungen in Deutschland nicht zur Kenntnis nehmen will und stattdessen die Lage schönredet, redet an ganz vielen Menschen einfach vorbei. Er sorgt dafür, dass sie sich nicht mehr verstanden fühlen mit ihren Sorgen, Problemen und Abstiegsängsten. Solange sich Regierungspolitiker wie unsere Bundeskanzlerin in die Fernsehstudios setzen und vor einem Millionenpublikum erklären, sie würden das Problem verstehen, dass sich immer mehr Menschen abgehängt »fühlen«, offenbaren sie lediglich, dass sie nur sehr wenig verstanden haben. Die Menschen *fühlen* sich nicht abgehängt, sie *sind* abgehängt. Es geht um echte Armut ganz unten und um sehr begründete Abstiegssorgen bei Teilen der Mittelschicht, nicht um irgendeine emotionale Verwirrung, der man am besten therapeutisch beikommen sollte. Genau so müssen solche Sätze bei den Menschen jedoch ankommen. Es dürfte ebenfalls nicht sonderlich vertrauensfördernd sein, wenn man einerseits erklärt, die Nöte und Sorgen einer abgehängten Unterschicht und einer bedrohten Mittelschicht ernst zu nehmen, andererseits aber faktisch alles beim alten politischen neoliberalen Grundmuster belässt – so wie es in Deutschland praktisch seit Jahrzehnten der Fall ist.

Auch Deutschland ist vor Wahlergebnissen wie bei der US-Präsidentschaftswahl nicht gefeit. Im neoliberalistischen Mainstream wurden insbesondere seit der Jahrtausendwende massiv Schutzrechte für Arbeitnehmer abgebaut und soziale Leistungen eingeschränkt. Das Rentenniveau wurde auf Talfahrt geschickt. Den Menschen wurde ein ganzes Stück sozialer Sicherheit genommen. Wer sehr gut verdient und einen sicheren Job hat, kann damit umgehen. Für diejenigen aber, für die jeder Cent zählt und deren Jobs alles andere als sicher sind, häufig nur befristet oder als Leiharbeit, ist es eine echte Bedrohung – und wird auch so wahrgenommen. Es reicht dann der Zuzug von Flüchtlingen, wie wir ihn in den letzten beiden Jahren hatten, um die politische Situation völlig kippen zu lassen, um Rassismus und Aggression hochkommen zu lassen und jenen eine Chance einzuräumen, die mit nationalistischen Parolen erfolgreich sein wollen.

Doch es waren nicht die Geflüchteten. Es war die neoliberale Ungleichheitspolitik und die damit verbundenen Ausgrenzungen und Bedrohungen. Sie sind die Voraussetzung und tiefere Ursache dafür, dass sich Menschen in Deutschland plötzlich wieder in erschreckend großer Zahl einer Partei zuwenden, die von Intoleranz geprägt ist und aus deren Reihen prominente Mitglieder ungestraft den Schusswaffengebrauch an Deutschlands Grenzen gutheißen können, gegen Flüchtlinge und sogar gegen Frauen und Kinder, den Begriff »völkisch« wieder aufleben lassen wollen oder mit bieder-rassistischen Sprüchen gegen dunkelhäutige Fußballnationalspieler Stimmung machen. In einer sozial gefestigten Gesellschaft, in der die Menschen auf soziale Sicherheit und eine Politik hätten vertrauen können, die sich um sie »kümmert«, wäre der Flüchtlingszuzug auch mit Problemen, aber nicht mit derartigen politischen Verwerfungen verbunden gewesen.

Gründe genug also, sich intensiver mit dem bröckelnden sozialen Zusammenhalt in Deutschland auseinanderzusetzen. In Teil eins dieses Buches möchte ich nicht nur der Frage nachgehen, an welchen Fakten sich festmacht, dass Deutschland tatsächlich dabei ist, sich selbst zu zerlegen. Ich möchte auch aufzeigen, dass dieser Prozess der Selbstzerlegung die geradezu zwangsläufige Folge einer Wirtschafts- und Sozialpolitik ist, die sich im Laufe der letzten Jahrzehnte immer stärker dem Neoliberalismus und seinen ökonomistischen Glaubenssätzen zuwandte. Ich möchte erklären, warum der Neoliberalismus gar nichts anderes kann, als immer mehr Armut zu gebären, selbst wenn er Wohlstand für alle verheißt. Es liegt in der »Natur« des Neoliberalismus und seines Wettbewerbsfetischs selbst, dass er in großer Zahl Verlierer erzeugt; und zwar immer mehr.

Wie aber konnte eine ökonomistische Ideologie wie die des Neoliberalismus derart populär, derart erfolgreich im Sinne von durchsetzungsstark werden? Und wie kann es sein, dass eine ganz breite Mehrheit in der Bevölkerung sich permanent gegen ihre eigenen Interessen verhält? Wie kann es sein, dass seit Jahrzehnten eine Politik goutiert wird, die im Ergebnis relativ wenige Reiche privilegiert, aber breite Bevölkerungsschichten benachteiligt? Diesen Fragen werde ich mich im zweiten Teil des Buches widmen. Denn erst wenn wir verstanden haben, was zu solch absurdem Verhalten treibt, bekommen wir den Schlüssel an die Hand, mit dem wir die Tür zu einem echten Politikwechsel aufgeschlossen bekommen könnten.

Im dritten Teil geht es um konkrete Vorschläge, was getan werden kann, um das Auseinanderdriften dieser Gesellschaft zu stoppen und sie wieder zusammenzuführen. Ich will darlegen, wie unsere sozialen Sicherungssysteme zu reformieren wären, damit die Menschen ihnen wieder vertrauen können und wieder mehr soziale Sicherheit gewinnen. Die vollständige Agenda wäre sehr lang. Sie reicht von der ganz wichtigen Arbeitsmarktpolitik über die so lange Jahre sträflich vernachlässigte, aber immer wichtiger werdende Wohnungspolitik, über die Vorschulerziehung und Bildungspolitik bis hin zur Politik für Menschen mit Behinderung. Es ließe sich leicht ein mehrbändiges Werk schreiben. Viele dieser Themen werden auch an verschiedenen Stellen in diesem Buch angesprochen. Doch habe ich mich ganz bewusst dafür entschieden, mich auf die großen Säulen unseres Sozialstaates, seine Sozialversicherung, seine Grundsicherung und seinen Familienlastenausgleich zu beschränken. So wichtig gerade auch soziale Dienste und Einrichtungen sowie ein Bildungssystem sind, das alle mitnimmt, werde ich sie nicht im Detail abarbeiten, denn in den großen Linien gibt es dazu gar keinen Dissens. Mir ist niemand bekannt, der die Bedeutung von guter Bildung, guter Pflege oder einer guten sozialen Arbeit geringschätzen würde.

Streit gibt es immer nur, wenn es um das Geld geht für all diese Angebote. Das ganze Gerede um mehr und bessere Kinderbetreuung oder sogenannte gezielte Hilfen für unsere Armen, die besten sozialpädagogischen Konzepte, die es ja für alle nur denkbaren Bereiche gibt, bleiben eine rein akademische Übung, wenn das Geld fehlt, um sie umzusetzen und in der Fläche Realität werden zu lassen. Auch für eine gute soziale Infrastruktur vor Ort ist die Voraussetzung eine Steuer- und Finanzpolitik, die sie materiell ermöglicht.

Ohne Umverteilung kann und wird es uns nicht gelingen, diese Gesellschaft zusammenzuhalten. Wie eine neue solidarische und gerechte Steuerpolitik aussehen kann, soll daher die Agenda dieses Buches abschließen. Es ist die Steuerpolitik, die sozialpolitische Versprechungen glaubwürdig werden lässt oder auch nicht. Deutschland ist das viertreichste Land dieser Welt. Wir haben alle Möglichkeiten, das Auseinanderfallen dieser Republik zu verhindern und eine gerechte und gute Gesellschaft für alle zu schaffen.

Teil 1:
Wie sich Deutschland zerlegt

Wir sollten uns da wirklich nicht länger etwas vormachen. Und zum Glück sind es in letzter Zeit auch mehr und mehr Menschen, die sich endlich den Tatsachen stellen. Das bringt andere wiederum ganz schön ins Rotieren. Aber es ist nun einmal so, und es hilft überhaupt nicht, die Sache schönreden zu wollen: Deutschland ist dabei auseinanderzufallen.

Ein kalter Wind – von der Vereinigung zum Neoliberalismus

9. November 1989: ein Tag, von dem an nicht nur für Ostdeutschland alles anders werden sollte. Auch in Westdeutschland sollte sich Vieles gravierend ändern. Ein neoliberaler Wind, der uns im Westen nicht fremd war, begann nun bis in die letzte Ritze des Landes hineinzupfeifen. Richtig kalt wurde es. Globalisierung hieß das Phänomen, mit dem offener als zuvor gedroht wurde. In den Erzählungen von Konzernlenkern, Politikern, Wissenschaftlern und Wirtschaftsjournalisten kam sie rüber wie ein Dämon. Wir müssten Opfer bringen, wenn er uns nicht alle wirtschaftlich vernichten soll. Nur durch geringere Löhne, niedrigere Steuern, weniger Sozialstaat und weniger Schutzrechte für Arbeitnehmer werde es gelingen, in diesen Zeiten der Globalisierung zu bestehen. Die Verheißung wurde

selbstverständlich auch gleich mitgeliefert: Wenn wir all diese Opfer gebracht hätten, würde sich ein neuer freier Markt entfalten. Befreit von (sozial-)staatlichen Fesseln würde dieser Markt Deutschland einen Reichtum bescheren, von dem am Ende alle zehren könnten. Alle würden wir nach einer gewissen Zeit als Sieger aus diesem weltweiten Kampf hervorgehen. Allen würde es besser gehen – in Deutschland wohlgemerkt. (Die damit zusammenhängenden Probleme globaler Ausbeutung wurden zur weiteren Bearbeitung in das Ressort Entwicklungshilfe abgeschoben.)

Das war vor rund einem Vierteljahrhundert. Und es wurde ernst gemacht. In wechselnden Regierungen begannen fast alle Parteien, unseren Sozialstaat bundesrepublikanischer Prägung zu »schleifen«.

Ausgerechnet »Solidarpakt« nannte Bundeskanzler Helmut Kohl sein Projekt, mit dem er nach der Vereinigung deren Folgekosten in den Griff bekommen wollte – ein Euphemismus sondergleichen. Es war das genaue Gegenteil von Solidarität, was die damalige Koalition aus Union und FDP mit diesem Pakt etablierte. Dabei war der Titel eigentlich gar nicht so schlecht. Die Vereinigung war ein historisch herausragender Glücksfall und eine historisch herausragende Herausforderung zugleich. Man hätte ein entsprechend historisch herausragendes Zeichen der Solidarität durchaus erwarten können. Viele erinnerten sich noch an den Adenauerschen Lastenausgleich nach dem Zweiten Weltkrieg, den allein und ganz gezielt die Reichen durch Abgaben auf ihr Vermögen stemmen mussten. 50 Prozent betrug die Lastenabgabe, zu zahlen binnen dreißig Jahren.[1] So etwas ging damals noch.

Was jedoch nach der Vereinigung unter dem Titel »Solidarpakt« firmierte, waren vor allem Kürzungen bei den Sozialleistungen. Es war in Wirklichkeit ein Pakt gegen die wirtschaftlich und politisch Schwachen, gegen die Ohnmächtigen, die keine

Lobby hatten und die nun um soziale Rechte und Leistungen gebracht wurden. Beim Erziehungsgeld wurde geknapst, beim BAföG gestrichen, beim Wohngeld, bei der Arbeitsförderung und schließlich auch beim letzten Netz, in der Sozialhilfe.[2] Es waren die Armen West, die nun mit den Armen Ost teilen sollten, um die Vereinigungslasten zu stemmen. Die Reichen sollten dabei so weit wie möglich geschont werden.

Auch dem Letzten hätte angesichts dieses Solidarpakts klar werden müssen, wohin die Reise in Deutschland nun endgültig gehen sollte und wer die Oberhand gewonnen hatte. Von vielen wurde der Mauerfall weniger als ein Symbol der Befreiung, der friedlichen Revolution, sondern vor allem als Symbol eines weltweiten Sieges des westlichen Kapitalismus über den im Osten praktizierten Sozialismus und Kommunismus interpretiert.

Es wurde nicht nur der Osten, sondern auch Westdeutschland einfach mal umgekrempelt. So viel freie Marktwirtschaft wie möglich, das war die Devise. Städtische Schwimmbäder wurden genauso in die »gewerbliche Freiheit« entlassen wie Energiebetriebe oder Wasserwerke. Städtisches Wohneigentum wurde verscherbelt. Die Bundesbahn wurde zur Aktiengesellschaft, selbst die altehrwürdige Bundesdruckerei wurde erst zur GmbH umgewandelt und dann ganz abgestoßen. Auch in der Medizin und der Pflege wurden gewinnorientierten Unternehmen gesetzliche Breschen geschlagen, damit sie dort ihre Profite machen konnten.[3]

1998 kam die Koalition aus SPD und Bündnis 90/Die Grünen. Im Gepäck hatte sie ein geradezu einmaliges Steuerentlastungsprogramm für Spitzenverdiener und Unternehmen. Der Spitzensteuersatz in der Einkommensteuer fiel von 53 auf 42 Prozent, die Körperschaftsteuer wurde auf 25 Prozent gesenkt und für Gewinne, die die großen Konzerne mit dem Verkauf von Aktienpaketen oder ganzen Tochtergesellschaften machten, mussten sie gar keine Steuern mehr entrichten.[4]

Es folgten Rentenreformen, die uns die Riesterrente bescherten und ansonsten vor allem das Ziel hatten, die Beiträge zu senken und langfristig zu deckeln. Hierzu wurde das Rentenniveau auf einen atemberaubenden Sinkflug geschickt, von damals noch 53 Prozent auf bis zu 43 Prozent in 2030.

Unter Arbeitsminister Wolfgang Clement (SPD) wurden die Regeln für die Leiharbeit gelockert. Die Branche begann zu boomen und die Zahl der Leiharbeiter verdreifachte sich. Waren es damals noch 280 000, sind es aktuell fast eine Million.[5] Der Umsatz der Branche explodierte von 6,6 auf 19,1 Milliarden Euro in 2014.[6]

Schließlich kamen die berüchtigte Agenda 2010 und damit auch die Hartz-Gesetze: Das Arbeitslosengeld wurde mächtig eingeschränkt. Vor allem ältere Arbeitslose erhielten viel kürzer Arbeitslosengeld I als vor den »Reformen«. Die Arbeitslosenhilfe schaffte Rot-Grün komplett ab und erfand stattdessen »Hartz IV«, was im Grunde nichts anderes war als Sozialhilfe für Erwerbsfähige. Viele Arbeitslose hatten nun deutlich weniger im Portemonnaie als vor der Agenda-Politik. Die Zahl all derer, die auf Sozialhilfeniveau leben mussten, stieg durch diese »Reformen« binnen eines halben Jahres von 4,5 Millionen auf 7,2 Millionen Menschen.

Hinzu kam, dass Arbeitslose mit Hartz IV nicht nur in die Armut geschickt wurden, sondern auch jeglichen berufsbiografischen Schutz verloren. So gut wie jede Arbeit war nun vom ersten Tag der Arbeitslosigkeit an rechtlich zumutbar und musste angenommen werden. Die Opfer dieser Neuregelung konnten es gar nicht fassen. Über Nacht vom Akademiker oder Facharbeiter zum Hilfsarbeiter degradiert. Hilfesuchend wandte sich damals ein arbeitsloser Bauingenieur, Ende fünfzig, an mich, der in einem Ein-Euro-Job mit Kindern an einer Grundschule Papierflieger basteln sollte. Nicht nur, dass er mit den Kindern und der Bastelei so gar nichts anfangen konnte. Er empfand es einfach als entwürdigend und beschämend. Aufmunternde Worte der Art, dass das Basteln mit Kindern ja eine durchaus sehr anspruchsvolle erzieherische Tätigkeit sein kann, verkniff ich mir lieber. Der Mann war nun einmal kein Erzieher, sondern Bauingenieur. Und von ihm wurde auch gar nicht erwartet, dass er eine qualifizierte pädagogische Arbeit leistet – dazu fehlte ihm schließlich jegliche Ausbildung. Er sollte ganz einfach mithelfen, Papierflugzeuge zu basteln. Seine ganze berufliche Lebensleistung wurde einfach mit Füßen getreten, sein beruflicher Ethos als Bauingenieur, sein Stolz und sein Selbstbild, seine Fachlichkeit spielten in dieser Hartz IV-Maschinerie überhaupt keine Rolle mehr.

Wer sich gegen solche Maßnahmen querstellte, wurde mit Kürzungen abgestraft. Die Wirtschaft nutzte das weidlich aus. Fast aus dem Stand waren es mit Inkrafttreten von Hartz IV über eine Million Erwerbstätige, die aufstocken mussten. Rund ein Drittel davon durchaus vollerwerbstätig, aber trotzdem vom Jobcenter abhängig.

Zwischen 2000 und 2010 stieg die Zahl der Menschen mit Minijobs, in befristeten Jobs oder in Leiharbeit von vier auf sechs Millionen.[7] Hinzu kam der sich ausbreitende Niedriglohnsektor: Ab Mitte der 2000er Jahre arbeitete bereits jeder Vierte für Kummerlöhne von rund 5 Euro im Osten und 7 Euro im Westen.[8] Es war die Amerikanisierung des deutschen Arbeitsmarktes. Und sie war keineswegs ein politischer Kollateralschaden, wie es heute manches Mal dargestellt wird, sondern gewollt und geplant.

Einmal arm, immer arm – das Neue an der Armut

Schleichend hat sich unsere Gesellschaft in den letzten fünfundzwanzig bis dreißig Jahren unter dem neoliberalen Diktat auseinanderentwickelt, sind Gräben vertieft worden zwischen

Arm und Reich, wurden die Reichen immer reicher und die Armen immer mehr. Der Anteil der Einkommensarmen an der Bevölkerung wuchs bis Mitte der 1990er Jahre auf 12 Prozent, sank dann kurzfristig,[9] um ab 1998 im Trend immer weiter zu steigen bis auf aktuell 15,7 Prozent.[10] 12,9 Millionen Menschen müssen heute, gemessen an ihrem Einkommen, zu den Armen gerechnet werden. Das heißt zum Glück nicht, dass 12,9 Millionen Menschen nach Pfandflaschen suchen, unter Brücken schlafen, betteln müssen oder nichts zu essen oder zum Anziehen haben. Solch extreme Armut, solches Elend geht in die Berechnungen des Statistischen Bundesamtes nicht einmal ein, da nur Personen mit eigenem Haushalt erfasst werden. Obdachlose werden in diesen Statistiken genauso wenig mitgezählt wie Flüchtlinge in Sammelunterkünften, Strafgefangene oder Pflegebedürftige in Einrichtungen, von denen mittlerweile auch etwa die Hälfte von Sozialhilfe leben muss. Bei den hier genannten 12,9 Millionen Armen geht es um Menschen, die zu wenig Geld haben, um am gewöhnlichen Leben und Alltag dieser Gesellschaft noch teilhaben zu können. Es sind diejenigen, die nicht mehr mithalten können, die Abgehängten unserer Wohlstandsgesellschaft; diejenigen, die tagtäglich erfahren, wie brutal es sein kann, nicht mehr dazuzugehören, auch wenn man noch nicht betteln muss, auch wenn man noch nicht obdachlos ist.

Armutsforscher zählen all jene zu den Armen, die weniger als 60 Prozent des sogenannten mittleren Einkommens haben.[11] Um das Wort Armut zu vermeiden, wird auch gern von »Armutsgefährdung« oder »Armutsrisiko« gesprochen. Das soll dann nicht ganz so schlimm klingen. Wie auch immer: Für einen Single lag die Armutsschwelle 2015 bei 942 Euro, für ein Paar mit zwei kleinen Kindern bei 1978 Euro.[12]

»Das ist zwar wenig Geld, aber doch keine Armut«, so oder ähnlich heißt es dann nicht selten. Man könne keine großen

Sprünge machen, aber man komme doch über den Monat. Und überhaupt: Mit Hartz IV oder Altersgrundsicherung sei doch alles geregelt ...

Was soll man dazu sagen? Es ist gar nicht so einfach, Menschen, die selbst genug oder sogar mehr als genug haben, zu erklären, dass es sich bei Hartz IV und auch bei den oben genannten Beträgen um echte Armut handelt. Nach meiner Erfahrung hängt das vor allem damit zusammen, dass Armut ein Wort ist, das sofort Gewissensbisse verursacht, wenn man selbst im Wohlstand lebt. Die Psychologen und Psychotherapeuten kennen den Mechanismus, dass wir Menschen dazu neigen, Sachverhalte, die uns belasten könnten, einfach nicht wahrzunehmen. Wenn Dinge nicht zueinanderpassen, nicht zu unserem Selbstbild passen wollen, dann beherrschen wir die Kunst, sie entweder einfach zu übersehen oder aber so umzudeuten, dass sie wieder passen. Wenn ich mich selbst als guten Menschen betrachte, dessen Gewissen es eigentlich gebietet, Menschen in Not zu helfen und zu teilen, wenn ich aber zugleich von meiner Persönlichkeitsstruktur her so gestrickt bin, dass es mir außerordentlich schwer fällt, abzugeben und zu verzichten, wenn ich also wirklich geizig bin, dann wird mich der Anblick von Not in meinem direkten Umfeld in seelische Konflikte stürzen können. Auf Dauer lässt sich damit nicht leben.

Eine Möglichkeit, mit dem Problem umzugehen und diese »psychische Dissonanz«, wie es die Psychologen nennen, aufzulösen, besteht darin, nicht an der Not, sondern an der Wahrnehmung der Not etwas zu korrigieren, die dann plötzlich gar nicht mehr so groß erscheinen will: »Viele von denen wollen doch gar nicht arbeiten und sind doch selbst schuld.« Oder: »Die können doch gar nicht wirklich arm sein, unser Sozialstaat kümmert sich doch ...« Wir kennen sie alle, diese Sprüche, die das Gewissen erleichtern und die psychische Balance wieder herstellen sollen. Und damit das auch gelingt, sind es weit mehr als Sprüche. Unsere Psyche sorgt dafür, dass wir wirklich fest daran glauben, dass wir von diesen Beschönigungen fest überzeugt sind. Sonst würde es nicht funktionieren.[13] Das ist auch der Grund, warum es nicht unbedingt schlechte Menschen sein müssen, die, selbst in Wohlstand oder Reichtum lebend, Armut leugnen oder kleinreden. Aus psychologischer Sicht würde man sagen: Sie wissen sich halt in ihrem Geiz nicht anders zu helfen.

Die meisten Menschen, die heute im Wohlstand leben und mit denen ich über Armut spreche, hatten selbst mal eine Lebensphase, in der sie mit sehr wenig Geld auskommen mussten. Gern erinnert man sich an die Studienzeit zurück in kleiner, karger Studentenbude und erzählt anekdotisch, wie man sich gelegentlich Kippen zusammenschnorrte und den verrosteten Wagen immer nur für 5 Mark auftankte, weil man nie wusste, wie lange er überhaupt noch zusammenhielt. Oder man denkt an die Familiengründung und den ersten eigenen Hausstand, als alles noch notdürftig zusammengesucht war und es ohne die gelegentliche Hilfe von Eltern oder Großeltern wirklich finster ausgesehen hätte. Mit leichtem Schaudern denkt man vielleicht daran zurück, als man seinen Job verlor und nun dastand mit seinen Krediten für Möbel oder Auto. Ältere Menschen verweisen gelegentlich auch auf eine entbehrungsreiche und schwierige Kindheit im Nachkriegsdeutschland.

Es ist die Biografie von Menschen, es sind ihre Erfahrungen, die Respekt verlangen und denen man nur schwerlich widersprechen kann. Dass man nun im Wohlstand oder sogar im Reichtum mit all seinem Überfluss lebt, wird zumeist als Ergebnis eigener Leistung und eigenen Fleißes empfunden, selbst dann, wenn ein Gutteil des Einkommens aus Kapitalerträgen besteht, aus Zinsen, Dividenden oder Mieteinnahmen, und damit ganz zweifelsfrei von anderen erarbeitet wurde und wird. Fleiß und Leistungsfähigkeit eines jeden Einzelnen sollen gar nicht angezweifelt werden, doch rate ich, sich gelegentlich mal aus der eigenen Biografie zu lösen. Dann kann man nämlich durchaus sehen, dass Armut in Deutschland heute schon eine ganz andere Qualität hat als in der Nachkriegszeit, als eine ganze Generation sich daran machte, ein zerstörtes Deutschland wieder aufzubauen, viele sehr hart arbeiten mussten zu Bedingungen, die heute zum Glück so meist nicht mehr denkbar wären. Viele sahen aber auch schon sehr bald wieder Perspektiven für sich und glaubten an das Aufstiegsversprechen der sozialen Marktwirtschaft, an Ludwig Erhards »Wohlstand für alle«: Ärmel hochkrempeln und anpacken, dann wird es schon. Es war der Slogan der jungen Bundesrepublik schlechthin. Bis in die 1970er Jahre, vielleicht auch bis in die 1980er hinein sollte er funktionieren, weil die Leute an ihn glaubten.

Für den sozialen Zusammenhalt der bundesrepublikanischen Gesellschaft war das zentral. Denn es geht bei Armut, Ausgrenzung und Ungleichheit nicht nur um wenig Geld. Es geht immer auch um Perspektiven, die jemand für sich entdecken kann, um Chancen des Aufstiegs, um das Gefühl, dazuzugehören und nicht abgehängt und ausgegrenzt zu sein. Und in dieser Hinsicht hat sich Vieles verändert im Vergleich zum Nachkriegsdeutschland und auch zu den 1960er und 1970er Jahren.

Das Brisante an der heutigen Armut ist ja nicht nur deren Größenordnung. Theoretisch könnte man mit 12,9 Millionen Armen leben, wenn es jedes Jahr andere 12,9 Millionen wären. So ist das aber nicht. Ganz im Gegenteil. In den letzten Jahren ist es für die Armen immer schwieriger geworden, wieder aus der Armut herauszufinden, Karriere zu machen und gesellschaftlich aufzusteigen. Der Arbeitsmarkt heute ist viel härter, viel anspruchsvoller als noch in den 1980er Jahren. Die Anforderungen an jeden einzelnen Ausbildungsberuf sind deutlich gestiegen. Den Automechaniker mit seinem Schraubenschlüssel gibt es schon gar nicht mehr, es sind jetzt Kfz-Mechatroniker. Aus der Sprechstundenhilfe wurde die medizinische Fachange-

stellte, aus dem Elektroinstallateur der Elektroniker. Für Hauptschüler ist es zunehmend schwieriger geworden, einen Ausbil-
dungsplatz zu finden, mit dem sie zurechtkommen und der
ihnen gute berufliche Zukunftsaussichten und vor allem Be-
schäftigungssicherheit bietet.[14]

Zugleich ist bildungspolitisch nur wenig bis gar nichts getan
worden, um Hauptschüler und Hauptschulabschlüsse an die
steigenden Anforderungen anzupassen. Wirtschaftsminister
Wolfgang Clement sprach irgendwann abfällig von der »Rest-
schule«. Auch in den weiterführenden Schulen wurde die Leis-
tungsschraube angezogen: Abitur in zwölf statt in dreizehn
Jahren – ohne freilich nennenswerte Abstriche beim Lernpen-
sum zu machen. An den Universitäten wurden Bachelor- und
Masterstudiengänge eingeführt, auch hier eine Verdichtung des
Lehrstoffes, wie es ganz und gar unpädagogisch heißt, um die
jungen Menschen schneller auf den Arbeitsmarkt zu bringen
und der Wirtschaft zuführen zu können. Die Bildungslatte
wurde immer höher gehängt. Doch gleichzeitig wurde kaum
etwas dafür getan, dass auch Kinder und Jugendliche mit
schlechteren Voraussetzungen sie überspringen können – etwa
durch kleinere Klassen oder durch inklusive Ganztagsbetreu-
ung. Das, was man soziale Mobilität nennt, konnte dabei nur
auf der Strecke bleiben. »Einmal arm, immer arm«, das ist für
ganz viele Menschen die bittere Realität im Jahr 2017.[15]

Die Chance der Armen, in absehbarer Zeit wieder aus ihrer
Armut herauszufinden, liegt seit der Jahrtausendwende bei
nicht einmal mehr 50 Prozent, wie Forscher des Deutschen Instituts für Wirtschaftsforschung (DIW) herausfanden, die ein-
kommensarme Haushalte über mehrere Jahre beobachteten.[16]
Das war schon einmal anders.

Ein Blick auf das unselige Hartz IV genügt, um zu begreifen,
was los ist: Mit der Abschaffung der Arbeitslosenhilfe und der
Einführung von Hartz IV wurden 2005 viele Arbeitslose mitsamt

ihren Familien in die Armut geschickt. Zugleich wurde ihnen versprochen, dass es nur für kurze Zeit sein werde. Mit einer völlig neu organisierten und modernisierten Arbeitsverwaltung, die auch nicht mehr Bundesanstalt hieß, sondern sich Bundesagentur nennen durfte, sollte es gelingen, die Menschen schnell wieder in Arbeit zu vermitteln. Als ein »Sprungbrett« auf den Arbeitsmarkt priesen Schröder, Clement und Co. ihr Hartz IV. Kurzfristige Armut gegen langfristige Perspektiven und soziale Mobilität, das war der Deal, den man den Arbeitslosen anbot; ein Angebot, das sie freilich nicht ablehnen konnten. Tatsächlich wurde ihnen jedoch ein ungedeckter Scheck angedreht. Für viele entpuppte sich Hartz IV als Sackgasse, genauso wie der Niedriglohnsektor oder die Leiharbeit. Nichts war es mit Einstieg und Aufstieg. Mehr als drei Viertel der Menschen in Hartz IV werden heute in der Statistik der Arbeitsverwaltung als Langzeitbezieher geführt. Sie sind bereits seit mehr als ein Jahr auf die Überweisungen der Jobcenter angewiesen. Über die Hälfte (58 Prozent) von ihnen lebt sogar schon vier Jahre und noch länger von Hartz IV.[17] Und über eine Million sind, seit Hartz IV im Januar 2005 in Kraft trat, ununterbrochen im Leistungsbezug, wie vor einiger Zeit bekannt wurde.[18]

Dabei geben diese Statistiken nicht einmal das ganze Ausmaß der Tristesse wieder. Denn wer auch nur einen Monat kein Hartz IV bezieht, fängt in der Zählung wieder bei null an, selbst dann, wenn er nach nur kurzer Zeit wieder in den Jobcentern auftauchen sollte. Dabei hat rund die Hälfte der Beschäftigungsverhältnisse, die Hartz-IV-Bezieher eingehen, nicht einmal ein halbes Jahr Bestand.[19]

Bei der Leiharbeit und im Niedriglohnsektor sieht es kein Stück besser aus. Nachdem Rot-Grün 2002 die Leiharbeit politisch von vielen Einschränkungen entregelt und damit erst so richtig hoffähig gemacht hatte, geschah das mit ähnlichen Versprechen wie bei Hartz IV: Eine echte Win-Win-Situation sollte es angeblich werden. Die Betriebe, die auf Leiharbeiter zurückgriffen, bekämen die Möglichkeit, risikofrei Personal zu beschäftigen, die Arbeitslosen bekämen die Chance zur Übernahme in einen festen Job. Hauptsache, man komme erst mal wieder zusammen, dann ergebe sich schon was. Es sei die Option auf Festanstellung, auf die es ankomme. Von einem »Klebeeffekt« war die Rede.

Ernüchterung dann, als das Rheinisch-Westfälische Institut für Wirtschaftsforschung 2012 eine Studie vorlegte, die zu dem Ergebnis kam, dass es gerade einmal 7 Prozent der Leiharbeiter waren, die vom entleihenden Betrieb tatsächlich in die Stammbelegschaft übernommen wurden.[20] Wieder nichts mit Einstieg und Aufstieg, nichts mit Win-Win. Die einzigen Gewinner waren die Unternehmen. Nicht nur, dass sie Leiharbeiter bei Produktionsspitzen oder vorübergehenden Personalengpässen einsetzen konnten, wie es ja eigentlich gedacht war. Firmen nutzten die neuen Leiharbeitsfreiheiten auch, um Tarife zu umgehen und Lohndumping zu betreiben. Dazu wurden sogar eigene Leiharbeitsfirmen gegründet, in die Teile der Belegschaften abgedrängt wurden. Nicht nur die Drogerieketten Schlecker und Rossmann fanden sich deshalb immer mal in den Schlagzeilen wieder. Die Praxis war gang und gäbe in vielen Branchen, von der Abfallwirtschaft bis hin zu Krankenhäusern.[21] Leiharbeiter, meist für wenig qualifizierte Tätigkeiten geordert, verdienten bei gleicher Tätigkeit deutlich schlechter als die Stammbelegschaften.[22] Es war eine neue, moderne industrielle Reservearmee, die da geschaffen worden war. Es dauerte bis 2011, dass die Bundesregierung wenigstens eine Lohnuntergrenze in der Leiharbeit einführte von 7,89 Euro in West- und 7,01 Euro in Ostdeutschland. Und es sollte bis 2016 dauern, bis wenigstens zaghaft Maßnahmen gegen den massenhaften Missbrauch der Leiharbeit in Richtung eines gleichen Lohnes von Stammbelegschaften und Leiharbeitern auf den Weg gebracht wurden. Zaghaft deshalb, weil nach dem neuen Gesetz Leiharbeiter zwar nach neun Monaten den gleichen Lohn bekommen müssen wie die Stammbelegschaft, alle aber wissen, dass nur rund jeder vierte Leiharbeiter überhaupt so lange an denselben Betrieb verliehen wird.[23] Sprich: Für drei Viertel der Leiharbeiter »verpufft« das Gesetz, bleibt also faktisch alles beim Alten.

Von den steilen Karrieren der Reinigungskräfte, Pizzaboten, Aushilfskellner oder wer sich sonst noch so alles im Niedriglohnsektor tummelt, hat man bis heute auch eher nichts gehört. Ganz im Gegenteil. Der zwischenzeitlich eingeführte gesetzliche Mindestlohn von aktuell 8,84 Euro ist wichtig und seine Einführung war überfällig. Nur sollten wir uns auch hier nichts vormachen: Er hat in dieser Höhe kaum einen armutspolitischen Effekt. 8,84 Euro in der Stunde bedeuten für einen vollzeitbeschäftigten Single netto knapp unter 1 100 Euro. Das liegt nicht allzu weit über der Armutsschwelle von 942 Euro. Und sobald Kinder im Haushalt sind, wird es richtig eng. Paare mit zwei Kindern schrappen mit Mindestlohn hart an der Armutsgrenze entlang, selbst wenn beide Eltern Vollzeit arbeiten sollten. Alleinerziehenden hilft der Mindestlohn ohnehin nicht über die Armutsgrenze. Und so war es auch wenig erstaunlich, dass sich mit der Einführung des Mindestlohns gerade mal 40 000 bis 60 000 der über eine Million Aufstocker aus Hartz IV verabschieden konnten.[24]

Soziale Zerrissenheit – die Opfer des Neoliberalismus

Wer sind sie nun, die da in immer größerer Zahl in Armut und Ausgrenzung leben, über viele Jahre oder auch ihr ganzes Leben? Die Opfer des Neoliberalismus sind schnell ausgemacht: Arbeitslose vor allem, die mit deutlich weniger Stütze auskommen sollten, Aufstocker, die trotz Arbeit nicht aus der Hartz-IV-Falle herauskommen, Alleinerziehende, Menschen mit schlechten oder gar keinen Bildungsabschlüssen, Ausländer und Migranten sowie in zunehmender Zahl auch ältere Menschen ohne ausreichende Rente. Schauen wir uns diese Gruppen einmal genauer an.

Erwerbslose

59 Prozent der Erwerbslosen leben heute unter der Armutsgrenze.[25] Meist wird das mit einem Schulterzucken abgetan, das meinen soll: »Nun ja, die sind ja auch arbeitslos. Kein Wunder. Passt schon.«

Es stimmt schon nachdenklich: Wann immer darüber gesprochen wird, wer ein besonders hohes Armutsrisiko hat, werden alle betroffenen Gruppen genannt – nur die Arbeitslosen werden häufig vergessen, obwohl unter ihnen die meisten Armen zu finden sind. Als sei es selbstverständlich, dass Arbeitslose arm sein müssen. Als sei es selbstverständlich, dass wir kein Arbeitslosengeld und kein Hartz IV anbieten, das diese Menschen mit ihren Familien vor Armut verschont. Und so schauen wir zu, wie der Anteil der Armen unter den Erwerbslosen wächst und wächst. Das war schon einmal anders, als das Arbeitslosengeld (genauso wie die Rente) Armut eigentlich verhindern sollte. Wir werden später darauf zurückkommen, wenn es darum geht, was zu tun ist.

Alleinerziehende und Kinderreiche

Bei den Alleinerziehenden sieht es nicht viel anders aus: 44 Prozent aller Alleinerziehenden müssen mit einem Einkommen unterhalb der Armutsschwelle auskommen – was schlechterdings gar nicht geht.[26] Für eine Alleinerziehende mit zwei kleinen Kindern liegt diese Schwelle bei 1 507 Euro.[27] Und bei diesem Betrag ist alles miteingerechnet, Wohngeld, Kindergeld oder Unterhalt. Nichts on top, wie häufig angenommen wird. Wer mit diesem Geld nicht das Glück einer sehr geringen Miete hat, hat wahrhaft ein schweres Leben – vor allem, falls noch Schulden da sind und Ratenzahlungen laufen, wie es bei so vielen armen Familien der Fall ist. Tatsächlich zur Verfügung haben viele deshalb deutlich weniger, als die Statistiker an Einkommen messen. Kinderreiche sind ebenfalls besonders häufig in Armut anzutreffen. Jeder vierte dieser Haushalte mit drei und mehr Kindern ist arm. Kein Wunder also, dass die Kinderarmut in Deutschland besonders hoch ist. Praktisch jeder fünfte Minderjährige (19,7 Prozent) lebt in einem Haushalt unterhalb der Armutsgrenze, 14 Prozent von ihnen, das sind fast zwei Millionen, leben in Hartz IV.[28] Und ebenfalls wenig erstaunlich: Fast die Hälfte dieser zwei Millionen Kinder und Jugendlichen in Hartz IV sind Kinder von Alleinerziehenden.[29]

Was aber vor allem beunruhigen muss: Bereits seit fünf Jahren nimmt die Zahl der Minderjährigen in Hartz IV Jahr für Jahr wieder zu. Es gibt mittlerweile Regionen wie Bremerhaven oder Gelsenkirchen mit Hartz-IV-Quoten unter den Kindern von über 40 Prozent[30] – eigentlich unvorstellbar.

Schlecht Qualifizierte und Migranten

Menschen mit niedrigen Bildungsabschlüssen (32 Prozent) sowie Ausländer (34 Prozent) und Menschen mit Migrationshintergrund generell (27 Prozent) sind ebenfalls besonders von Armut betroffen.[31] Eine gute Ausbildung garantiert heutzutage noch keinen guten Job, geschweige denn Wohlstand. Wohl aber gehen die Chancen ohne Ausbildung gegen null, beides jemals zu erlangen. Es sind nur 3,6 Prozent der Bevölkerung in

Deutschland, die über keinen Schulabschluss verfügen, doch 26 Prozent haben keinen Berufsabschluss.[32] Unter den Arbeitslosen ist es sogar die Hälfte. Was soll sich für diese Menschen auf einem Arbeitsmarkt finden, wo fast ausschließlich Fachkräfte gesucht werden? Gerade 16 Prozent der von den Jobcentern angebotenen freien Stellen sind solche für Anlern- und Helfertätigkeiten.[33] Neu ist das Problem wirklich nicht. Trotzdem hat sich die Situation in den letzten Jahren nicht entscheidend verbessert. Der Anteil der Menschen ohne abgeschlossene Berufsausbildung sank seit 2008 von 28 nur auf besagte 26 Prozent. Eine berufliche Bildungsoffensive lässt sich hinter diesen Zahlen schwerlich vermuten.[34]

Es ist ein Bildungsproblem, gegen das eigentlich nur Bildung hilft. Das hört sich genauso lapidar an, wie es ist. Trotzdem findet es keinen politischen Niederschlag. Ganz im Gegenteil: Die Bundesregierung zieht sich seit 2010 immer weiter aus der Verantwortung für diese Menschen zurück. Das entsprechende Hilfesystem (Möglichkeiten der außerbetrieblichen Ausbildung etwa oder Berufsvorbereitungsmaßnahmen) wurde seitdem – aus Kostengründen – massiv zusammengestrichen.[35]

Rentnerinnen und Rentner

Fragen wir nach den Opfern des Neoliberalismus, können wir seit einiger Zeit auch Rentnerinnen und Rentner nicht mehr unerwähnt lassen. Das hat mit Langzeitarbeitslosigkeit und mit Niedriglöhnen zu tun, aber auch mit der Rentenpolitik selbst.

In den 1960er Jahren, als die Sozialhilfe eingeführt wurde, waren es schon einmal besonders viele Alte, die in Armut lebten – vor allem Frauen, viele davon Witwen. Doch bald darauf schien Altersarmut kein Thema mehr zu sein. Immerhin waren es zuletzt gerade mal nur gute 3 Prozent aller Alten, die den

Gang zum Sozialamt antraten. Das hängt damit zusammen, dass die heutigen Rentner meist noch auf eine erfüllte Erwerbsbiografie zurückblicken. Es sind Rentner mit ausreichend Versicherungsjahren, die zumeist auch zu auskömmlichen Löhnen gearbeitet haben.

Doch wird das nicht so bleiben. Allen, die sich auskennen, ist schon seit Jahren klar, dass eine neue Welle der Altersarmut auf uns zurollt.[36] Warum? Weil seit den 1980er Jahren immer mehr Menschen langzeitarbeitslos wurden und immer mehr Menschen keine festen und sicheren Stellen mehr fanden, sondern sich von Job zu Job hangeln mussten. Und es hängt damit zusammen, dass die Rente nun einmal immer nur das zugespitzte Abbild der Erwerbsbiografie ist. Mit anderen Worten: Wer zu Erwerbszeiten schon schlechte Karten hatte, der bekommt im Alter kein besseres Blatt; ganz im Gegenteil. Es wird noch schlimmer.

Anfang der 1980er sah sich die Bundesrepublik erstmals mit 100 000 Langzeitarbeitslosen konfrontiert. Bis dahin kannte man das Phänomen in solcher Größenordnung gar nicht. Und es sollte auch nicht wieder verschwinden. Jedes Jahr wurden es mehr. Ende der 1980er waren es schon 600 000, fast jeder dritte registrierte Arbeitslose. 1994, vier Jahre nach der Vereinigung, wurde die Eine-Million-Schwelle überschritten, und weitere vier Jahre später (1998) waren es über eineinhalb Millionen. Wie viele Menschen zusätzlich zu den sogenannten Mehrfacharbeitslosen gezählt werden müssen, die zwar selten ein ganzes Jahr und länger, dafür aber umso häufiger arbeitslos waren, darüber gibt es keine verlässliche statistische Auskunft.

Bisher sind gerade einmal einige Hunderttausend aus der »Langzeit- und Mehrfacharbeitslosengeneration« im Rentensystem angekommen.[37] Die meisten Opfer der Arbeitsmarktverwerfungen der 1990er Jahre sind jedoch noch keine 65 Jahre alt. Mit ihrer Ankunft in der Rente wird erst Mitte des nächsten

Jahrzehnts zu rechnen sein. Spätestens dann werden die heutigen Statistiken zur Rentnerarmut nicht wiederzuerkennen sein.

Die gesetzliche Rente ist deshalb von so großer Bedeutung, weil sie für die meisten Menschen nach wie vor die Haupteinkommensquelle im Alter darstellt.[38] Gerade mal ein Drittel der abhängig Beschäftigten riestert, nur etwas mehr als die Hälfte spart in eine betriebliche Altersversorgung. Nur rund 45 Prozent haben Wohneigentum. Richtig ist: Man kann und darf von der Rentenhöhe nicht ohne weiteres auf das tatsächliche Einkommen eines Rentners schließen. Doch wissen wir auch: Gerade alte Menschen mit nur kleineren Renten verfügen heute auch über weniger Wohneigentum oder Zusatzeinkünfte.[39] Und auch Langzeitarbeitslose, Mehrfacharbeitslose und Arbeiter im Niedriglohnsektor sind in der Regel nicht mit Zusatzrenten, Lebensversicherungen, Häusern oder Aktienpaketen gesegnet. Die muss man schon woanders suchen.

Deshalb ist die schon erwähnte, politisch vereinbarte Absenkung des Rentenniveaus von so großer Bedeutung. Sie war übrigens keine Erfindung von Rot-Grün. Schon Unions-Arbeitsminister Nobert Blüm ersann 1998 einen sogenannten Demografiefaktor, der die Rente drücken sollte. Die SPD machte heftig Wahlkampf gegen diesen Faktor, schaffte ihn nach gewonnener Wahl auch gleich wieder ab – allerdings nur, um ihn schon drei Jahre später, in 2001, durch den sogenannten Riesterfaktor zu ersetzen, der im Prinzip nichts anderes war als der Blümsche Demografiefaktor. 2004 installierte Rot-Grün noch einen sogenannten Nachhaltigkeitsfaktor in die Rentenformel. Der Sinkflug des Rentenniveaus konnte nun so richtig starten: eine Absenkung von damals noch 53 Prozent auf bis zu 43 Prozent in 2030. Schon vor Jahren warnte die damalige Arbeitsministerin Ursula von der Leyen, dass das sinkende Rentenniveau dazu führe, dass selbst bei vierzig Arbeitsjahren das regelmäßige Bruttoeinkommen

2 200 Euro betragen haben muss, um mit der Rente über Sozialhilfeniveau zu landen; und bei nur fünfunddreißig Versicherungsjahren seien es sogar 2 500 Euro.[40] Das entspricht aktuell Stundenlöhnen von rund 12,50 und 14,50 Euro.

Wer sich etwas besser auskannte in der Materie, war gewarnt, und wer den Mut hatte hinzusehen, konnte auch in der offiziellen Armutsstatistik untrügliche Warnzeichen einer auf uns zukommenden Altersarmut erkennen. Betrug die allgemeine Armutsquote in Deutschland im Jahr 2015 15,7 Prozent, lag sie bei Rentnerinnen und Rentnern bei 15,9 Prozent. Schon im Jahr zuvor errechneten die Statistiker bei den Rentnern mehr Armut als im Bevölkerungsdurchschnitt.[41]

Alarmierend auch die Hinweise aus dem aktuellen Alterssicherungsbericht, den die Bundesregierung alle vier Jahre veröffentlicht: Danach hatten 9 Prozent der alleinstehenden älteren Menschen ein Einkommen von unter 750 Euro und 7 Prozent der Ehepaare eines von unter 1 250 Euro. Das sind zusammen 1,4 Millionen Menschen, die praktisch unter oder nur knapp über Sozialhilfeniveau liegen, wenn sie nicht über Vermögen oder Wohneigentum verfügen – was jedoch bei einkommensschwachen Haushalten bekanntermaßen weniger der Fall ist.[42]

Was auch auffällt, wenn man es denn sehen will: Die Armut bei Rentnerinnen und Rentnern nahm in den letzten Jahren in geradezu atemberaubenden Tempo zu, nämlich um 49 Prozent seit 2005. Zum Vergleich: Die allgemeine Armutsquote nahm im gleichen Zeitraum um »nur« 7 Prozent zu.[43] Auch bei der Grundsicherung ist genaues Hinsehen empfohlen: Seit der Einführung dieser Leistung hat sich die Zahl der alten Menschen, die auf sie angewiesen sind, auf 536 000 verdoppelt. Höchste Zeit, sich dem Thema Altersarmut endlich mit der nötigen Konsequenz zu stellen.

Die tief zerklüftete Republik – regionale Zerrissenheit

Die Armutsentwicklung ist regional sehr unterschiedlich. Deutschland ist, was seinen Wohlstand angeht, eine »tief zerklüftete Republik«, wie der Paritätische Wohlfahrtsverband schon vor zwei Jahren so treffend formulierte.[44] Von gleichwertigen Lebensverhältnissen in ganz Deutschland, wie sie unser Grundgesetz vorsieht, kann längst keine Rede mehr sein.

Die gesamtdeutsche Armutsquote lag 2015 bei 15,7 Prozent. Die regionalen Abweichungen von diesem Durchschnitt sind enorm: auf der einen Seite die reichen Südländer Baden-Württemberg und Bayern mit Quoten von 11,6 und 11,8 Prozent, auf der anderen Seite Sachsen-Anhalt, Mecklenburg-Vorpommern, Berlin und Bremen mit Quoten von über 20 Prozent. Beim Schlusslicht Bremen sind es sogar 24,8 Prozent, also praktisch jeder vierte Einwohner.

Schauen wir genauer hin, also in einzelne Regionen, fallen die Unterschiede noch extremer aus: 8,1 Prozent Arme im Raum München stehen 33,4 Prozent Arme in Bremerhaven gegenüber. Das sind 25,3 Prozentpunkte Unterschied. 2005 waren es noch »lediglich« 17,6 Prozentpunkte Differenz.[45] Wenn die regionale Armutsbetroffenheit jedoch mittlerweile von 8 bis 33 Prozent reicht und wenn damit die ärmste Region eine mehr als viermal so große Armut aufweist wie die am wenigsten betroffene, dann steht Deutschland davor, nicht nur sozial, sondern auch regional auseinanderzubrechen. Auch bei diesem Befund hilft kein Drumherum- oder Schönreden. Da darf man sich nicht blenden lassen von den hübschen Altstadtfassaden einer Hansestadt Bremen oder den gepflegten Vorgärten entlang der Radwanderwege in Mecklenburg-Vorpommern. Man muss den Blick hinter die Fassaden wagen, in die Stadtteile gehen, in die schon lange kaum noch investiert wird. Und man muss sich vor allem von den Oberschicht-klischees der Armut befreien: Wer arm ist, muss noch lange nicht verwahrlost sein.[46]

Es geht mittlerweile um komplette Regionen, die von der Verarmung eines großen Teils ihrer Bevölkerung geprägt sind. Anders lassen sich Quoten von um die 25 Prozent wie in Vorpommern oder der Sachsen-Anhaltinischen Altmark beim besten Willen nicht mehr deuten. Das sind abgehängte Gebiete, die sich in einer Abwärtsspirale befinden: Arbeitslosigkeit, Armut, ausbleibende Steuereinnahmen und damit weniger Möglichkeiten, in Infrastruktur zu investieren, vom öffentlichen Schwimmbad über den Kindergarten bis zur Straße. Es ist der sprichwörtliche Teufelskreis. Menschen mit guter Ausbildung fragen sich, was sie hier noch sollen, und suchen im Zweifel woanders ihr Glück. Firmen, die investieren könnten, fragen sich das Gleiche und bringen ihr Geld dann lieber in finanzkräftigere Gegenden, die ein besseres Fachkräfteangebot haben und die für die Belegschaft attraktiver sind.

Das gängige Ost-West-Schema greift dabei schon lange nicht mehr. Brandenburg (16,8 Prozent) hat mittlerweile weniger Armut als Nordrhein-Westfalen (17,5 Prozent). Armutsquoten von rund 20 Prozent finden sich nicht nur in Mecklenburg-Vorpommern, Sachsen-Anhalt und Berlin, sondern genauso in Hannover oder Nürnberg. Auch das Ruhrgebiet, mit seinen fünf Millionen Einwohnern der größte Ballungsraum Deutschlands, hat mittlerweile eine Armutsquote von über 20 Prozent.[47]

Nennt man all diese Fakten, so finden sich immer welche, die aufgeregt dagegenhalten, man könne doch nicht die Lebensverhältnisse in Duisburg mit denen in München oder Stuttgart vergleichen. In Duisburg bekäme man doch viel mehr für sein Geld, dort sei doch alles viel billiger. Vor allem die Mieten seien viel günstiger. Auch wenn das gar nicht so unplausibel klingt, ist das eine Argumentation vom wissenschaftlichen, journalistischen oder politischen Elfenbeinturm herab. Mit der Lebensrealität armer Menschen hat sie nämlich nichts zu tun. Denn: Arme Menschen kaufen nicht zu Duisburger oder Münchener Durchschnittspreisen ein. Arme Menschen kaufen in Duisburg genauso wie in München bei Discountern, bei Lidl, Aldi und Co. Sie kaufen in Second-Hand-Shops und auf den Trödelmärkten. Viele gehen sogar, ob in München oder in Duisburg, zur Tafel, weil sie nicht wissen, wie sie sonst über den Monat kommen sollen. Sie leben schon lange nicht mehr zu Durchschnittsmieten, falls sie dies jemals getan haben sollten. Sie sind längst herausgedrängt und heraussaniert aus den für Investoren und Miethaie attraktiven Wohngebieten, in die Armenviertel, an den Stadtrand oder darüber hinaus. Wenn die Kaufkraft armer Menschen in verschiedenen Regionen Deutschlands verglichen werden soll, ist es komplett sinnlos, von Durchschnittspreisen auszugehen und von sogenannten Warenkörben von Durchschnittshaushalten. Vieles in diesen Warenkörben, mit denen die Statistiker rechnen, können sich arme Menschen überhaupt nicht leisten. Wer es gerne wissenschaftlich haben will, warum solche Kaufkraftvergleiche unter Armen Unfug sind, der kann dies im aktuellen Armutsbericht des Paritätischen Wohlfahrtsverbandes ausführlich nachlesen.[48]

Mit gleicher Aufgeregtheit wird gelegentlich auch geschimpft, man könne doch nicht eine einzige Armutsschwelle für ganz Deutschland berechnen und diese dann an Duisburg genauso wie an München anlegen. Die Durchschnittseinkommen in den einzelnen Regionen wichen zum Teil so sehr voneinander ab, dass für jede Region eine eigene Armutsschwelle berechnet werden müsse. Ähnlich wie das Preisargument hört sich auch dieser Einwand auf den ersten Blick gar nicht so abwegig an. In München, einer Stadt mit durchaus höherem Durchschnittseinkommen, würde man dann etwas schneller zu den Armen zählen als in Duisburg mit insgesamt niedrigeren Einkommen.

Wenn man sich jedoch etwas intensiver damit beschäftigt, wird klar, wie absurd dieser Vorschlag ist. Denn was hieße das für die Berechnungen? In einer Region, in der gemessen am bundesweiten Maßstab fast nur Arme leben, würde die Armut statistisch ganz einfach verschwinden. Wir hätten sie weggerechnet. Denn wo nur noch Arme leben, die alle etwa gleich arm sind – sagen wir Hartz-IV-Bezieher –, gibt es keine Einkommensunterschiede mehr und damit auch keine relative Armut. Man würde die Armen zu ihrem eigenen Vergleichsmaßstab machen, sie an ihrer eigenen Armut messen. Nehmen wir als Beispiel Berlin. Die Hauptstadt hat, gemessen an der bundesweiten Armutsschwelle, eine relative Artmutsquote von 22,4 Prozent. Würden wir das mittlere Einkommen und eine eigene Armutsschwelle nur für Berlin berechnen, wären es nicht mehr 22,4 Prozent Arme, sondern gerade noch 15,3 Prozent. Berlin stünde für seine Verhältnisse gut da. Der Anteil armer Menschen wäre sogar kleiner als in Gesamtdeutschland (15,7 Prozent). Und das in einer Stadt, in der rund 20 Prozent der erwerbsfähigen Bevölkerung mit ihren Kindern von Hartz IV leben.

Klar wird: Mit den Lebenswirklichkeiten und den frappierenden sozialen und regionalen Ungleichheiten in Deutschland hätten solche Rechenergebnisse rein gar nichts mehr zu tun. Bei der Berechnung von Armutsquoten gibt es eine Vielzahl von Manipulationsmöglichkeiten. Sie müssen nicht einmal wissenschaftlich unredlich sein, doch bieten sie in jedem Fall reichlich Möglichkeiten, Armut kleinzurechnen, wenn es gewünscht ist.[49] Regionale Armutsschwellen sind eine solche Möglichkeit.

Deutschland fällt auseinander, sozial und auch regional. Neu ist das eigentlich nicht. Fast in jedem Jahr sind es mehr Arme, die die Statistiker ausweisen. Kaum etwas wird besser in diesen Statistiken, aber fast alles schlechter. Lag die allgemeine Armutsquote 2005 noch bei 14,7 Prozent, betrug sie

2015 15,7 Prozent. Waren 2005 noch 39 Prozent der Alleinerziehenden arm, waren es 2015 schon 44 Prozent. War 2005 die Hälfte der Arbeitslosen arm, so betrug die Quote 2015 59 Prozent. Waren 2005 noch 23 Prozent der schlecht Qualifizierten arm, waren es 2015 schon 32 Prozent.

In Ausnahmefällen stieg die Armut ein Jahr nicht weiter an oder ging sogar ganz geringfügig zurück. Das war es dann aber auch schon. Im Trend nimmt die Armut immer weiter zu. Das Schlimme ist, dass zu viele sich daran gewöhnt haben, dass zu viele schon zu abgestumpft sind, dass zu viele schon als frohe Botschaft glauben verkünden zu müssen, wenn die Armut nur etwas langsamer ansteigt als in irgendwelchen Vorjahren.[50] Dieses Schönreden ist der eigentliche gesellschaftliche und politische Skandal hinter dem Armutsskandal.

Wer hat, dem wird gegeben – neoliberale Armutsbekämpfung

Wie aber kann es angehen, dass wir über Jahrzehnte immer mehr Armut und Ausgrenzung zulassen? Die Gründe für das offensichtliche politische Versagen sind komplex und einfach zugleich. Komplex und kompliziert wird es, wenn man sich auf die einzelnen Felder begibt, auf denen etwas geschehen müsste: Bildung, Arbeitsmarktpolitik, Rentenpolitik und Wohnungsbaupolitik. Wir werden später noch ausführlich darauf zu sprechen kommen. Etwas einfacher ist es, wenn man sich das gemeinsame Schema anschaut, das all diese Politikfelder geprägt hat. Die Antwort liegt in der Logik des Neoliberalismus, der als gesellschaftspolitisches, sozial- und wirtschaftspolitisches Modell die bundesrepublikanische Politik zwar seit Jahrzehnten mehr und mehr beherrscht, aber keinerlei Antworten zur Lösung der genannten Probleme parat hat.

Die neoliberale Antwort auf Armut ist: noch mehr Armut. Mehr gibt dieser Ansatz, diese Theorie, diese Politik, diese Haltung einfach nicht her. Warum ist das so? Um das zu verstehen, müssen wir uns etwas grundsätzlicher den wirtschaftspolitischen Vorstellungen des Neoliberalismus zuwenden: Die liberale Wirtschaftspolitik geht von einem funktionierenden Markt aus. Auf einem funktionierenden Markt finde jeder alles, was er brauche, zu fairen Preisen. Denn was die Menschen kaufen wollten, wofür also eine Nachfrage besteht, würde auch irgendwann von irgendwem angeboten. Lasse die Nachfrage mal nach, erschlaffe damit keinesfalls gleich die ganze Wirtschaft. Vielmehr würden risikobereite Unternehmer dadurch erst recht angetrieben, vermehrt zu investieren, um sich im Investitions- und Preiswettbewerb zusätzliche Nachfrage zu sichern, ein möglichst großes Stück von dem kleiner werdenden Kuchen sozusagen. Dadurch nehme die Wirtschaft wieder Fahrt auf und der Kuchen werde wieder größer. Es entstünden zusätzliche Arbeitsplätze, der Wohlstand würde gemehrt und alle bekämen ordentlich was ab vom Kuchen. Auch wenn es bei dem einen oder anderen nur ein paar Krümel sein sollten, es würde schon reichen.

Sollten die an sich mutigen Unternehmer einmal nicht investieren, so liege dies nicht an den Unternehmern. Vielmehr müsse irgendwo eine Störung des an sich ja funktionierenden Marktes vorliegen. Und potenzielle Störungen gibt es, glaubt man den Marktliberalen, ziemlich viele. Vermeintlich zu hohe Löhne sind so eine Störung. Geradezu gebetsmühlenartig wird seit den 1970er Jahren von Arbeitgebern und den ihnen nahestehenden Wirtschaftsinstituten ein zu hohes Lohnniveau beklagt, das die Produktion zu teuer werden ließe und diese letztlich für den Unternehmer unrentabel mache. Gleiches gelte für die Staatsquote, also den Anteil der Staatsausgaben am Bruttoinlandsprodukt. Für die Neoliberalen ist die Staatsquote eigentlich fast immer zu hoch. Schließlich gehört das angebliche Übermaß an arbeitsmarkt- und wirtschaftspolitischen Regulierungen, vom Arbeitsschutz über den Mietschutz bis hin zum Umweltschutz, zu den beklagten Störungen. Auch sie trieben die Kosten hoch.

Die Logik ist sehr schlicht: Alles, was Kosten verursacht, schmälert die kalkulierbare Rendite. Das würde die Unternehmer mindestens verunsichern. Wenn es schlecht laufe, verlören sie ganz die Lust oder könnten nicht mehr mithalten im weltweiten Konkurrenzkampf. Dann aber blieben die notwendigen Investitionen erst recht aus, die Produktion stagniere oder gehe sogar zurück. Die Arbeitslosigkeit steige und damit auch das Armutsrisiko. Dem Staat brächen die Steuereinnahmen weg, die er aber bräuchte, um die ansteigende Armut zu bekämpfen. Wer Armut also mit Umverteilung bekämpfen will, mit auskömmlichen Renten, auskömmlichen Löhnen und besseren Grundsicherungsleistungen, der schaffe nur noch mehr Armut. Wer Armut nachhaltig bekämpfen wolle, müsse stattdessen die Kräfte des Marktes wieder freisetzen. Die würden es dann richten. Staat und Gewerkschaften müssten dazu für Angebotsbedingungen sorgen, die vor allem und in erster Linie gute Renditen versprechen. Renditen sind das A und O, der Motor der Wirtschaft. Im Klartext heißt das: zurückhaltende Lohnpolitik, Abbau der Staatsquote, Zurückfahren staatlicher Aufgaben und Ausgaben, vor allem aber Reduzierung der Sozialausgaben, Reduzierung der »Abgabenlast« für die Unternehmen durch die Senkung von Steuern und Sozialabgaben, Abbau staatlicher Regulierungen, insbesondere auf dem Arbeitsmarkt und am besten auch gleich beim Umwelt- und Klimaschutz. All dies senke die Kosten, die Renditen könnten wieder optimistischer kalkuliert werden, und dann würde auch wieder investiert. Die Wirtschaft nehme wieder Fahrt auf, Arbeitsplätze entstünden und der Staat nehme auch wieder Steuern ein. So einfach …

Die neoliberale Therapie heißt immer Verzicht: Verzicht auf Lohnzuwächse, auf soziale Sicherheit und im Zweifel sogar auf Schutz vor Armut. Und wenn es, wie in den letzten Jahrzehnten, dann doch nicht klappen will mit dem versprochenen Aufschwung und dem Wohlstand für alle, spricht das nicht etwa gegen die Theorie, sondern ist nach neoliberaler Lesart lediglich der Beleg dafür, dass eben noch nicht genug verzichtet wurde. Die Theorie irrt nie.

Wer zu verzichten hat, ist auch klar: Es wird sauber unterschieden zwischen guten und schlechten Staatsausgaben. Gut sind wirtschaftsnahe Investitionen, also Ausgaben und Subventionen für Forschung, für Telekommunikation und Internet, für Verkehrsinfrastruktur, auch für Bildung und in das Humankapital, wenn man denn Fachkräfte braucht. Aber bitte nicht mehr als nötig, die Staats- und Steuerquote und die kurzfristige Rendite müssen im Blick behalten werden. Schlecht und schädlich sind hingegen Ausgaben für den Staatsapparat selbst, sobald sie ein gewisses Minimum überschreiten. Schlecht sind auch Ausgaben für Rentner, Arbeitslose, Sozialhilfebezieher und andere, die keine Rolle im Produktionsprozess spielen, kein verwertbares Humankapital darstellen und die man deshalb eigentlich nicht braucht. Die Trennlinie folgt einer ebenso schlichten wie verlogenen und interessengeleiteten »Anthropologie«: Es gibt eine Leistungselite, durchschnittliche Leistungsträger und Kostgänger.

Leistungselite sind nach neoliberaler Vorstellung unsere Topmanager, unsere erfolgreichen Unternehmer und Firmeneigner, sofern sie richtig Kasse machen. Ob deren Leistungsvermögen und die erbrachte Leistung dann im Einzelfall wirklich so hoch sind, spielt bei dieser Klassifizierung keine Rolle. Manager können ganze Kaufhausketten vor die Wand fahren, können Flughafenträume in Bauruinen verwandeln, können Automobilkonzerne oder Banken in die Schwerkriminalität abdriften lassen – ganz selbstverständlich lassen sie sich weiter als die Leistungselite Deutschlands feiern. Und das Skurrile ist: Halb Deutschland macht bei dieser Farce mit. Selbst wenn die größte »Leistung« eines Familienunternehmers vor allem darin bestanden haben sollte, pünktlich bei der Testamentseröffnung erschienen zu sein und in den anschließenden Erbstreitigkeiten die besten Anwälte gehabt und sich auch sonst im familiären Intrigenspiel recht gut behauptet zu haben, es spielt keine Rolle. Der Besitz allein und die Einkommenshöhe definieren unsere sogenannte Leistungselite. Und die kann sich im real existierenden Neoliberalismus über Steuersenkungen aller Art, eine Absenkung der Sozialabgaben, deregulierte Finanzmärkte, privilegierte Zugänge zur politischen Elite (bis hin zur Geburtstagsfeier eines Deutsche-Bank-Chefs im Kanzleramt) und so allerlei anderes freuen, was die Renditeerwartung oder sonst die Stimmung hebt.

Als »Leistungsträger«, wahlweise auch als »die wahren Leistungsträger«, werden im Politjargon neuerdings vor allem Krankenschwestern, Altenpfleger und Polizisten genannt, wenn man den Wahlreden so lauscht. Sie sollen dann beispielhaft stehen für alle, die hart arbeiten müssen und dabei keine Managergehälter beziehen, also die Mehrzahl von uns. Die Haltung des Neoliberalismus zu dieser Gruppe ist widersprüchlich. Auf der einen Seite braucht man sie, denn irgendjemand muss ja nun mal den Reichtum Deutschlands erarbeiten. Auf der anderen Seite sollen sie bescheiden bleiben, sei es in ihren Lohnforderungen oder ihren Ansprüchen an den Sozialstaat. Werden sie als Arbeiter und Konsumenten auch durchaus ernst genommen in der neoliberalen Vorstellungswelt, so sind sie dadurch längst nicht bevorzugtes Objekt des neoliberalen Pamper-Programms. Das bleibt doch eher die vermeintliche Leistungselite.

Wer aber ohne Zweifel immer und stets gemeint ist, wenn von Verzicht die Rede ist, sind die »Kostgänger«, also diejenigen, die von Arbeitslosengeld oder Renten leben, Erwerbsunfähige, chronisch kranke Menschen, kurzum: die »Unproduktiven«, die in diesem Denken vor allem als Kostenfaktor auftauchen, die kein echtes »Humankapital« sind, kein lohnendes »Investment«.

1980 bis 2017 – vom Rückzug des Staates aus der »Gleichheitspolitik«

Das neoliberale Rezept zur Armutsbekämpfung heißt: Willst du Armen helfen, dann gib den Reichen. Es klingt paradox, und das ist es auch. In der Psychotherapie würde man es eine paradoxe Intervention nennen, im Alltag einfach Unsinn. Eigentlich ist es schon ein ziemlich starkes Stück, was uns da an Irrationalität, an blindem und aller Vernunft widersprechendem Aberglauben in die heilenden Kräfte des Marktes abverlangt wird. Denn lassen wir die letzten Jahrzehnte noch einmal mit unverstelltem Blick Revue passieren und betrachten ganz nüchtern die Fakten, müssen wir feststellen, dass es trotz des einen oder anderen Regierungswechsels in den letzten dreißig Jahren stets die gleiche Leier war, die gespielt wurde, und zwar mit immer gleichem Ergebnis. Seit Anfang der 1980er ging es im Grunde immer nur weiter in eine Richtung – und die hieß Neoliberalismus. Wie auch immer die koalitionspolitischen Varianten (von Schwarz-Gelb über Rot-Grün bis Schwarz-Rot) aussahen, der wirtschaftsliberale Dreisprung von Steuersenkung, Ausgabenreduzierung und Abbau von Arbeitsschutzrechten bildete stets das Grundmuster; anfangs noch eher verhalten und immerhin mit einem gewissem Respekt vor den Errungenschaften unseres Sozialstaates, später dann zunehmend rabiater, radikaler und skrupelloser, wenn es darum ging, beste Bedingungen für beste Renditen zu schaffen. Es folgte der sukzessive Rückzug des Staates aus seiner sozialstaatlichen Verantwortung, wobei sich in der

Rückschau verschiedene Etappen unterscheiden und grob den Dekaden der 1980er Jahre, der 1990er Jahre und der Zeit ab der Jahrtausendwende zuordnen lassen.

Etappe 1: die 1980er

Zu Beginn der 1980er Jahre versuchte man sich noch immer vom sogenannten Ölschock, der großen Wirtschaftskrise Mitte der 1970er, zu erholen. Doch wollte die Wirtschaft nicht so richtig anspringen. Stattdessen steuerte sie bereits auf die nächste Rezession zu. Die Zahl der Sozialhilfebezieher ging in der Bundesrepublik bedrohlich in Richtung eine Million, die der Arbeitslosen näherte sich der Zwei-Millionen-Grenze. Die schwarz-gelbe Koalition gelangte an die Regierung und mit ihr Helmut Kohl (CDU). Die Antwort der neuen Bundesregierung auf die wirtschaftliche Situation war wie aus einem Lehrbuch für angebotsorientierte Wirtschaftspolitik entnommen: ein rigoroses Kürzungsprogramm, vor allem bei den Ausgaben für Soziales[51], massive Steuersenkungen, vor allem für die Wirtschaft[52], und die Rücknahme von Arbeitnehmerschutzrechten auf breiter Front, im neoliberalen Jargon gern auch »Deregulierung« genannt[53]. Ende der 1980er Jahre folgten dann noch einmal deutliche Einschnitte in die Arbeitsförderung, die gesetzlichen Krankenkassen[54] und bei der Rentenversicherung[55], um die Sozialabgaben zu senken. Das Ergebnis: Der Anteil der Sozialausgaben am jährlichen Bruttoinlandsprodukt sank in diesen zehn Jahren wunschgemäß von 26 auf 24 Prozent.[56] Auch die Steuerquote, der Anteil der Steuern am Bruttoinlandsprodukt, ging deutlich zurück.[57] Profiteure der Steuerentlastungen waren vor allem Unternehmen und Besserverdienende.[58]

Das Bruttoinlandsprodukt stieg bis Ende der 1980er von 860 Milliarden Euro auf über 1,2 Billionen, auch preisbereinigt blieb ein Wachstum von 23 Prozent.[59] Eigentlich also alles bestens. Nur: Die Zahl der Arbeitslosen übersprang trotzdem die Zwei-Millionen-Marke, die Zahl der Sozialhilfebezieher stieg ebenfalls weiter auf 1,7 Millionen, und die Armutsquote kletterte von unter 10 auf 11,4 Prozent.[60] Ein Szenario, das Anfang der 1980er niemand für möglich gehalten hätte. Irgendwas war da schiefgelaufen – oder doch nicht?[61]

Etappe 2: die 1990er

In den 1990er Jahren stellte die Vereinigung wirtschafts-, finanz- und sozialpolitisch eine echte Herausforderung dar. Der Investitionsbedarf in Ostdeutschland war enorm. So verlangte der zerrüttete Arbeitsmarkt immense Mittel für die Arbeitsförderung, um eine Massenarbeitslosigkeit von nicht mehr händelbarer Größe und mit nicht mehr abschätzbaren Folgen abzuwenden. Zehn Millionen Erwerbstätige hatte die DDR. Ende 1991 – nach dem Zusammenbruch der DDR-Wirtschaft und ein Jahr nach der Vereinigung – war die Zahl auf gerade noch die Hälfte gesunken. Um das Schlimmste zu verhindern, wurden 400 000 Arbeitsbeschaffungsmaßnahmen aufgelegt, für weitere 900 000 wurden Fort- und Weiterbildungsmaßnahmen eingerichtet und eine weitere Million bezog Kurzarbeitergeld. Die Zahl der registrierten Arbeitslosen konnte so auf eine Million gedrückt werden. So etwas kostete, genauso wie die Einbeziehung der ostdeutschen Rentnerinnen und Rentner in die gesetzliche Rentenversicherung und vieles andere, was die Vereinigung mit sich brachte.

Bei alldem blieb man den wirtschaftspolitischen Glaubenssätzen so treu, wie es eben ging. Trotz Vereinigung und des damit einhergehenden enormen Finanzbedarfs wurde 1991 die dritte Stufe der bereits angekündigten Steuerreform gezündet, unter anderem mit der Absenkung des Spitzensteuersatzes von 56 auf 53 Prozent. Auf 40 Milliarden DM wurde das Entlastungsvolumen dieser dritten Stufe taxiert. Sogar der 1991 wegen der Kosten des Golfkrieges erhobene Solidaritätszuschlag auf die Einkommens- und Körperschaftssteuer wurde 1993 ausgesetzt und erst ab 1995 notgedrungen wieder erhoben. Mit dem sogenannten Solidarpakt (1993) wurde wirtschaftsliberal ganz klassisch gerade bei den Schwächsten der Rotstift angesetzt und Sozialleistungen in fast allen sie betreffenden Bereichen massiv gekürzt. Auf dem Arbeitsmarkt wurde kräftig »dereguliert« und mit gleich drei Gesetzen (1993, 1996 und 1997) wurden Leistungen in der gesetzlichen Krankenversicherung gestrichen.[62]

1998 lösten SPD und Grüne die Unions-FDP-Regierung ab. Wirklich ändern sollte sich damit wirtschafts- und sozialpolitisch allerdings nicht viel. Ganz im Gegenteil. Die neue Regierung stieg mit einem großen Kürzungsprogramm ein, das von der Rente über die Arbeitslosenversicherung bis sogar zum Zivildienst reichte.[63] Das Ergebnis unterm Strich: Die Sozialleistungsquote stieg in den 1990ern trotz Vereinigung und Massenarbeitslosigkeit gerade einmal um drei Prozentpunkte auf 29,5 Prozent. Die Steuerquote wurde trotz all der Mehrausgaben mittels großzügiger Neuverschuldung im Griff gehalten. Je nach Berechnungsweise sank sie sogar von 22,2 auf 21,9 Prozent.[64]

Das BIP legte immerhin von 1,3 auf über 2 Billionen Euro zu. Das war auch preisbereinigt ein Plus von 16 Prozent.[65] Nur: Über vier Millionen Menschen waren mittlerweile arbeitslos. Das ließ sich nicht allein der Vereinigung zuschieben. Die Zahl der Sozialhilfebezieher stieg bis Ende der 1990er ebenfalls auf 2,8 Millionen. Die Armutsquote, die zwischenzeitlich sogar etwas zurückgegangen war, zog ab 1997 deutlich an und lag 2000 wieder bei fast 12 Prozent.[66]

Etappe 3: die Nuller- und die Zehner-Jahre

Anfang der Nuller-Jahre begann sich die nächste Rezession anzubahnen. Gelang es zuerst noch, die Zahl der Arbeitslosen wieder etwas unter die Vier-Millionen-Marke zu drücken, zeigte die Statistik schon in 2002 wieder steil nach oben. Und auch die Zahl der Sozialhilfebezieher, die zwischen 1998 und 2000 durchaus etwas rückläufig gewesen war, legte stark zu und übersprang 2003 zusammen mit den Beziehern der neu eingeführten Altersgrundsicherung erstmals die Drei-Millionen-Marke.[67] Die Antwort der rot-grünen Bundesregierung fiel nach mittlerweile bekanntem angebotspolitischem Muster aus – nur viel brachialer als unter Helmut Kohl. Der Spitzensteuersatz wurde unter Rot-Grün von 53 auf 42 Prozent gesenkt. Auch die Körperschaftssteuer wurde deutlich abgesenkt: von 40 beziehungsweise 30 auf einheitliche 25 Prozent.[68] Die Steuerpflicht beim Verkauf ganzer Aktienpakete oder von Unternehmenstöchtern wurde gleich ganz abgeschafft. Die Ökonomen Achim Truger und Dieter Teichmann vom Institut für Makroökonomie und Konjunkturforschung beziffern die Steuerausfälle auf Grund dieser Gesetzgebung allein für das Jahr 2005 auf über 40 Milliarden Euro.[69] In den Vorstandsetagen der Konzerne müssen unablässig die Sektkorken geknallt haben.

Auch sozial- und arbeitsmarktpolitisch blieb kaum ein Unternehmerwunsch unerfüllt. Es ist keine Übertreibung, sondern eine ganz nüchterne Feststellung: Es war der wohl radikalste und enthemmteste Eingriff in die bundesdeutsche Sozialstaatlichkeit seit Bestehen der Bundesrepublik. Tradierte sozialstaatliche Prinzipen wurden einfach beendet. Es war eine schnörkellose und völlig unverbrämte Hinwendung zu dem, was Neoliberale sich unter einem »modernen« Sozialstaat vorstellen. Es ging nicht mehr nur um Prozentsätze und bloße Kürzungen von Leistungen, sondern um Strukturen, die abgeräumt wurden. Es ging um die Privatisierung sozialer Risiken, die offene Entpflichtung des Staates, den unverblümten Rückzug aus seiner Verantwortung für Lebensstandards, für die soziale Sicherheit der Menschen. Die Sicherung des Lebensstandards hatte als Leitnorm bundesdeutscher Sozialstaatlichkeit ausgedient, war nach diesen Eingriffen bestenfalls noch Restgröße. Stattdessen zog sich der Staat mehr und mehr darauf zurück, allenfalls das Existenzminimum zu garantieren, beziehungsweise das, was Rot-Grün sich unter Existenzminimum anscheinend vorstellte: zum Leben zu wenig, zum Sterben zu viel.

So gut wie nichts wurde ausgelassen. In der gesetzlichen Krankenversicherung wurde sogar das den Sozialdemokraten bis dahin »hochheilige« Prinzip der paritätischen Finanzierung durch Arbeitgeber und Arbeitnehmer aufgegeben. Fortan mussten die Arbeitnehmer mehr zahlen. In der Rente wurde das Prinzip der Lebensstandardsicherung durch das der Beitragsstabilität für die Unternehmen ersetzt. Das Rentenniveau wurde, wie bereits dargelegt, auf Talfahrt geschickt. Den Menschen wurde empfohlen zu »riestern«, sprich bei Allianz, Hamburg-Mannheimer und Co. eine mit staatlichen Zuschüssen geförderte, kaum durchschaubare und teure Lebensversicherung abzuschließen – für Geringverdiener eine Empfehlung von geradezu provozierender Alltagsferne und Lebensfremdheit, für die Versicherungswirtschaft jedoch eine Lizenz zum Gelddrucken. In der Arbeitslosenversicherung wurde die Bezugsdauer des Arbeitslosengeldes gekürzt. Die etwas geringere Arbeitslosenhilfe wurde gleich ganz abgeschafft – das Geld also, das bis dahin bei Bedarf gezahlt wurde, wenn der Anspruch auf Arbeitslosengeld ausgelaufen war. Stattdessen gab es nun Hartz IV, Arbeitslosenunterstützung auf Armutsniveau. Jede Arbeit war ab sofort rechtlich zumutbar. Wer nicht spurte, wurde mit Leistungskürzungen abgestraft.

Man kann es drehen und wenden, wie man will, und es kann den Machern von damals passen oder auch nicht: All das entspricht und entspringt der Gedankenwelt des Neoliberalismus. Es war nichts Geringeres als ein neoliberaler Paradigmenwechsel, der uns durch Rot-Grün verkündet und dann durchgezogen wurde – und der bis heute wirkt. Rot-Grün hat damit in trauriger Weise Sozialstaatsgeschichte geschrieben.

Ein weiterer Schritt auf diesem Weg war die Rente mit 67. Vom damaligen sozialdemokratischen Arbeitsminister Franz Müntefering wurde sie mit der demografischen Entwicklung begründet. Letztlich ging es aber in erster Linie um Kostendämpfung und um die vielbeschworene Beitragsstabilität. Denn ob die Menschen später tatsächlich einmal bis 67 arbeiten werden und überhaupt so lange arbeiten können, weiß auch heute noch niemand. Viele Berufe sind körperlich zu belastend, viele Ältere werden von der Wirtschaft einfach nicht mehr eingestellt. Das ist die Realität. Beim Konzept der Rente mit 67 spielt das allerdings gar keine Rolle, denn gespart wird in jedem Fall: entweder dadurch, dass die Versicherten tatsächlich länger arbeiten, oder aber durch schmerzhafte Rentenabschläge, wenn sie doch vorher in Rente gehen.

2007 kam die Schuldenbremse, die Festschreibung finanzpolitischer Austeritätsvorstellungen in unserem Grundgesetz. Ansonsten war die zweite Hälfte dieses Jahrzehnts vor allem durch die Banken-, Finanz- und Wirtschaftskrise geprägt. Das Bruttoinlandsprodukt ging schon 2008 ganz spürbar zurück und brach 2009 mit minus 5,6 Prozent völlig ein. Die Bundesregierung sah sich tatsächlich gezwungen, ihren Kurs zu verlassen und die Krise mit Ausgabenprogrammen nach keynesianischem Muster zu bekämpfen. So sehr schien man den selbstheilenden Kräften des Marktes doch nicht vertrauen zu wollen. Mit drei Konjunkturprogrammen in den Jahren 2008 und 2009 wurden über 60 Milliarden Euro zur Krisenbekämpfung »freigemacht« und neue Schulden von 37 Milliarden Euro in Kauf genommen. Unter den vielen einzelnen Maßnahmen fand sich nicht nur so

Unsägliches und Klientelpolitisches wie die Abwrackprämie, neue Steuervorteile für Erben oder die als Mövenpicksteuer bekannt gewordene Umsatzsteuerermäßigung für Hoteliers und Sesselliftbetreiber. Es gab auch viel Vernünftiges: Das Kurzarbeitergeld wurde von zwölf auf achtzehn Monate verlängert. Programme für ältere und geringqualifizierte Arbeitslose wurden aufgestockt, ein Sonderkreditprogramm zur Förderung der Infrastruktur in finanzschwachen Kommunen wurde aufgelegt, Verkehrsinvestitionen wurden getätigt und es wurde viel investiert in Kindergärten, Schulen und Hochschulen, Krankenhäuser und Städtebau.[70]

Als man 2010 jedoch aus dem Gröbsten wieder raus war, präsentierte Finanzminister Schäuble prompt die Rechnung. Da auch für die damalige CDU/FDP-Koalition Steuererhöhungen oder eine Vermögensabgabe schon Teufelszeug waren, über das man nicht einmal nachdenken durfte, blieben nur Haushaltskürzungen. Rund 80 Milliarden Euro sollten zwischen 2011 und 2014 eingespart werden. Und das meiste musste mal wieder der Sozialbereich beisteuern. Die Wohngeldleistungen wurden gekürzt und bei der Arbeitsförderung wurde richtig zugelangt.[71] Über ein Drittel der Streichungen fiel in den Bereich der Bundesagentur für Arbeit. Für Bildung und Beschäftigungsmaßnahmen für Arbeitslose blieb da nicht mehr viel übrig, allein bei den Integrationshilfen für die Langzeitarbeitslosen in Hartz IV sollten 6 Milliarden Euro eingespart werden. Das war nur mit einem radikalen Abbau der Hilfen umzusetzen. Am Ende stand eine Zwei-Klassen-Arbeitsmarktpolitik: gute Vermittlung für gut vermittelbare Kurzzeitarbeitslose, während hunderttausende Langzeitarbeitslose und Hartz-IV-Bezieher auf der Straße stehen gelassen wurden.

2013 flog die FDP aus dem Bundestag und es folgte die große Koalition. Ein politischer Richtungswechsel in irgendeiner Form war nicht zu erwarten und kam auch nicht. Der Koalitionsvertrag erklärte Steuererhöhungen zum absoluten Tabu. Die schwarze Null trug die Bundesregierung wie eine Monstranz vor sich her: keine Schulden! Es war zugleich der einvernehmlich gebilligte Verzicht auf eine offensive Sozialpolitik, auf eine Politik, die richtig Geld in die Hand nimmt, um es in die Bekämpfung der Armut zu investieren. Erlaubt war nur, was mit Kleingeld zu machen war.

Das Ergebnis heute unter dem Strich: Das Bruttoinlandsprodukt, das bei Regierungsantritt von Gerhard Schröder noch 2 Billionen Euro betrug, liegt heute trotz der tiefen Rezession 2009 bei über 3 Billionen Euro, auch real ein Plus von über 20 Prozent.[72] Das Sozialbudget wurde in dieser Zeit mit 28 Prozent stabil gehalten.[73] Auffällig und bezeichnend sind dabei jedoch die Verschiebungen innerhalb der Sozialausgaben: Der Anteil für die Arbeitslosenversicherung sank von 9 auf nur noch 3 Prozent, der der Rentenversicherung von 34 auf 31 Prozent. Der Beitragssatz zur Rentenversicherung ist aktuell so niedrig wie seit zehn Jahren nicht mehr. Angestiegen ist dagegen der Ausgabenanteil für Arbeitslosenhilfe beziehungsweise Hartz IV. Die registrierte Arbeitslosigkeit ist ab 2005 tatsächlich eindrucksvoll zurückgegangen auf heute unter drei Millionen Menschen. Was diejenigen, die das feiern, meist jedoch nicht erwähnen: Die Zahl derer, die mit einem Einkommen auf Sozialhilfeniveau auskommen müssen, hat sich im gleichen Zeitraum mehr als verdoppelt. Sie stieg von unter drei auf siebeneinhalb Millionen Menschen. Über eine Million Langzeitarbeitslose werden seit Jahren im Grunde nur noch verwaltet, aber nicht mehr vermittelt oder sonst wie in gute Arbeit gebracht. Die Armutsquote kletterte folglich unermüdlich. Betrug sie nach Daten des DIW im Jahr 2000 noch gut 10 Prozent, werden heute nach den aktuellsten verfügbaren Daten des Mikrozensus bereits 15,7 Prozent erreicht.[74] Mehr Beschäftigung, aber auch mehr Niedriglöhne, mehr befristete Jobs, viel mehr Teilzeit ohne auskömmliches Einkommen und immer mehr Armut. Es ist die Amerikanisierung des deutschen Arbeitsmarktes. Das definitive Ende der sozialen Marktwirtschaft.[75] Daran ändert auch der viel zu geringe Mindestlohn nichts.

Widersprüche – von den Mühen der Ebenen und dem Schweiß der Edlen

»Moment mal«, wird nun der eine oder die andere einwenden. »So einseitig verlief das Ganze ja nun doch nicht. Wir haben in all diesen Jahrzehnten doch auch durchaus das eine oder andere verbessert, zum Teil gegen erbitterten Widerstand aus der Wirtschaft!« Das stimmt sogar. Denn ganz so schlicht und geradlinig funktioniert der Rückzug des Staates aus der »Gleichheitspolitik« in der politischen Praxis tatsächlich nicht. Vieles erscheint auf den ersten Blick eher widersprüchlich. So war es beispielsweise schon in den 1980er Jahren durchaus falsch, wenn man Helmut Kohl »sozialpolitischen Kahlschlag« vorwarf. Das war kein Kahlschlag. Kahlschlag hätte politisch auch gar nicht funktioniert. Die Staatsausgaben abzusenken, das Sozialbudget zu drücken oder die Steuerquote, das sind sehr diffizile und komplizierte Angelegenheiten. In der Sache wird nicht »einfach mal kahlgeschlagen«, sondern es wird sehr genau geschaut, was gerade opportun ist. Aufgaben und Ausgaben, die für den Wirtschaftsprozess von direkter Bedeutung sind, wie etwa die Verkehrsinfrastruktur oder die Forschung, können zwar ebenfalls Kürzungen zum Opfer fallen, doch sind die Barrieren ungleich höher als etwa bei der Sozialhilfe. Die Folgeprobleme für den Staat wären viel zu hoch, wenn er der Wirtschaft das Wasser abgraben würde: rückgängige Wirtschaftsdaten, fehlende Steuereinnahmen, steigende Arbeitslosigkeit. Bei Hartz IV rumstreichen oder Langzeitarbeitslose schlicht auf der Straße stehen lassen, das geht meist ohne größere Folgeprobleme.

Auch ist bei Kürzungen aller Art zu beachten, dass Politiker ja auch wiedergewählt werden wollen. Wenn man nicht aufpasst, kann es am Ende sogar passieren, dass man aus seinen Ämtern gejagt wird. Man wird also bei allen Streichungen und Kürzungen schauen, dass man sich nicht unbedingt mit ausgesprochenen Mehrheiten oder sehr gut organisierten Lobbys anlegt, die in der Lage sind, öffentlich Stimmung und Meinung zu machen.[76] Es geht also um ökonomische Aspekte und um das demokratische Widerstandspotential, das im Einzelfall mobilisiert werden kann. Es geht um die ökonomischen und insbesondere politischen Folgeprobleme von Kürzungen, bei Privatisierung oder bei Steuersenkungen: Wo können Widerstände in der Wirtschaft, bei den Medien oder in der Zivilgesellschaft womöglich wahlentscheidend werden? Das gilt es von Politikern zu bedenken. Und das wird auch bedacht.[77]

Der neoliberale Schwenk in der bundesdeutschen Wirtschafts-, Finanz- und Sozialpolitik vollzog sich daher immer in politischen Widersprüchen und alles andere als geradlinig. Mal ist die Rente mit 67 angesagt, dann wieder Rente mit 63, um ein aktuelles Beispiel zu bemühen. Mal ist es der Ausbau des Niedriglohnsektors, dann wieder der Mindestlohn. Es hängt immer von der jeweiligen konkreten politischen Lage ab, was gerade opportun ist, was geht und was nicht, welche Parteien und welche Strömungen und Kräfte in den Parteien mit welcher Macht zum Zuge kommen.

Wenn daher die bundesrepublikanische Sozialpolitik seit den 1980ern vor allem von Kostendisziplin geprägt war, war sie deshalb nicht einfach ein ständiger Rückzug an allen Fronten. Es gab immer auch vereinzelte Leistungsverbesserungen, die durchaus System zeigten. Der christlich-liberale Rotstift der 1980er Jahre setzte fast ausschließlich bei den ohnehin Randständigen an: bei Schülern und Studenten aus einkommensschwachen Familien, Arbeitslosen, Menschen mit Behinderung und Sozialhilfebeziehern. Es wurden Einschnitte vorgenommen beim Arbeitslosengeld, bei der Sozialhilfe, beim Wohngeld, bei der Sprachförderung für Migranten, bei der Erwerbsunfähigkeitsrente und beim BAföG. Auch Rentner wurden für ihre Krankenversicherung zur Kasse gebeten und Patienten mit Eigenbeteiligungen belegt, was insbesondere chronisch Kranke und Behinderte traf.

Für die sogenannten Leistungsträger dieser Gesellschaft wurde jedoch weiterhin eine durchaus ehrgeizige Familienpolitik betrieben. Es wurden Kindererziehungszeiten in der Rente eingeführt und der Kinderfreibetrag im Steuerrecht. Eltern bekamen Erziehungsurlaub, Elterngeld und sogar Baukindergeld. Das ließ man sich durchaus etwas kosten.

Auch bei der Arbeitsförderung wurde unter Kohl nicht einfach mit der Abrissbirne reingeschlagen. Es wurden, wo wirtschaftlich sinnvoll und politisch opportun, durchaus Anpassungen und Leistungsverbesserungen vorgenommen. Der Vorruhestand wurde auf den Weg gebracht, um den Arbeitsmarkt zu entlasten, der Arbeitslosengeldbezug für ältere Arbeitslose wurde verlängert und es wurden Programme für arbeitslose Jugendliche aufgelegt. Allerdings – und dieses Schema sollte uns in den nächsten Jahrzehnten immer wieder begegnen – wurde das Ganze im Wesentlichen durch Kürzungen an anderer Stelle bei den Arbeitslosen selbst finanziert.

Auch Rot-Grün stand nicht nur für Agenda 2010 und Leistungsabbau. In der Rehabilitation oder der Behindertenhilfe wurden beispielsweise durchaus neue Wege beschritten. Sie durften nur nicht zu viel kosten. Mit der neuen Altersgrundsicherung wollte man die sogenannte »verschämte Altersarmut« bekämpfen, den Umstand also, dass viele alte Menschen keine Sozialhilfe beantragen, weil sie fürchten, die Sozialämter würden sich das Geld dann bei ihren Kindern zurückholen.[78] Aber auch hier galt eiserne Kostendisziplin. Mit dem sogenannten Kinderzuschlag wollte man vermeiden, dass erwerbstätige Eltern nur wegen ihrer Kinder mit Hartz IV aufstocken müssen. Am Ende war das neue Gesetz jedoch so kompliziert und so kleinlich angelegt, dass nur relativ wenige es in Anspruch nahmen.

2007 wurde schließlich das Elterngeld eingeführt. An kaum einer Reform lässt sich besser darstellen, wie sich die Auffassung vom Sozialstaat mittlerweile verändert hat. Beim neuen Elterngeld handelte es sich nämlich nicht wirklich um eine Leistungsverbesserung. Es war vielmehr ein Umsteuern im Sinne der Agenda-Politik. Das Geld, das für die Familien ausgegeben wurde, wurde umgeleitet vom »Randbereich« dieser Gesellschaft zur vielumworbenen Mitte. Das Elterngeld löste das bereits 1987 unter Helmut Kohl eingeführte Erziehungsgeld ab. Dieses wurde nach der Geburt des Kindes entweder zwölf Monate mit 450 Euro im Monat oder 24 Monate mit 300 Euro ausgezahlt. Man konnte wählen. Um das volle Erziehungsgeld zu bekommen, durften aber bestimmte Einkommensgrenzen nicht überschritten werden.[79] Andernfalls wurde gekürzt oder der Zuschuss entfiel ganz. Es war eine Leistung, die sich maximal an Bezieher mittlerer Einkommen, vor allem aber an Familien wandte, die wirklich jeden Cent brauchen konnten. Und es war eine Unterstützung, die umso höher war, je weniger die Familien hatten. Es war Armutsbekämpfung.

Das 2007 eingeführte Elterngeld folgte dagegen genau der umgekehrten Logik. Es war kein Zuschuss an Bedürftige, sondern eine klassische Lohnersatzleistung. Sprich: Wer gut verdient hatte, sollte mehr bekommen, wer schlecht verdient hatte, weniger. Das Elterngeld beträgt im Prinzip 65 Prozent des letzten Monatsnettoeinkommens. Maximal werden 1 800 Euro ausgezahlt. Gutverdiener profitieren von dieser Umstellung ganz beträchtlich. Für den jedoch, der vor der Geburt seines Kindes nur wenig Geld nach Hause brachte oder sogar arbeitslos war, ist es eine schmerzhafte Verschlechterung. Die maximale Bezugsdauer wurde von 24 auf zwölf Monate verkürzt. Zugleich wurde der Mindestzahlbetrag gegenüber dem Erziehungsgeld von 450 Euro auf 300 Euro abgesenkt. Doch damit nicht genug: Seit 2011 wird das Elterngeld voll auf Hartz IV angerechnet. Sprich: Die Ärmsten gehen nun völlig leer aus. Das ist familienpolitische Umverteilung von unten nach oben.[80]

Selten hat mich in den letzten Jahren ein politischer Vorgang mehr aufgewühlt und wütender gemacht als diese borniert Kaltherzigkeit. Denn um wen ging es? Um eine überschaubare Zahl von meist jungen Müttern in Hartz IV, meist alleinerziehend, ohne irgendjemanden, der mal ein bisschen Geld zustecken konnte; um junge Mütter, die gerade ein Kind zur Welt gebracht hatten, die häufig ziemlich verzweifelt waren und nicht wussten, wie sie alles schaffen sollen, und die bis dahin wenigstens ein Jahr lang nach der Geburt ihres Kindes etwas großzügiger bedacht wurden als die anderen, die in der Hartz-IV-Armut lebten. Aber nicht einmal mehr das war im kalten Neoliberalismus möglich, nicht einmal mehr eine solche Geste der Menschlichkeit – »aus ordnungspolitischen Gründen«, wie mir der FDP-Politiker Martin Lindner damals in einer Talkshow völlig ungerührt entgegenhielt. Da war sie, die neue neoliberale Ordnungspolitik.

Was die derzeitige große Koalition anbelangt, so hat sie ebenfalls durchaus einige sozialpolitische Leistungsverbesserungen auf den Weg gebracht. Vorneweg die Reform der gesetzlichen Pflegeversicherung und die Erhöhung der Beiträge zur Pflegeversicherung. Das ist etwas, das nicht kleingeredet werden kann. Eine BAföG-Reform ist sozialpolitisch ebenfalls auf der Haben-Seite zu verbuchen, eine Erhöhung des Wohngeldes, zusätzliche Ausgaben für Kinderbetreuungsplätze oder auch zusätzliche Mittel für den sozialen Wohnungsbau.

Die zu Recht umstrittene Rente mit 63 und die Ausweitung der Mütterrenten hatten dagegen für die Regierung den glasklaren Vorteil, dass sie erst mal aus den Reserven der Rentenversicherung finanziert werden können und erst in der nächsten Legislaturperiode mit steigenden Beiträgen zur Sozialversicherung und einem steigenden Steuerzuschuss zur Rentenkasse richtig Ärger machen werden. Von ähnlichem Charme sind auch der Mindestlohn, die neue eingeführte Pflegezeit oder Vorhaben wie die Erhöhung des Frauenanteils bei den Top-Verdienern unserer Dax-Konzerne und anderer Unternehmen bis hin zu mehr Transparenz bei der Entlohnung von Männern und Frauen. Sie kosten den Steuerzahler und die Sozialversicherung erst einmal nichts. Weder Steuern noch Sozialabgaben müssen erhöht werden, und wenn man in der konkreten Ausgestaltung all dieser Neuregelungen nicht »übertreibt« und immer schön kompromissbereit bleibt, hält sich auch der Widerstand der Unternehmen in Grenzen.

Bei allem ehrlichen Respekt vor dem harten parlamentarischen Kampf oder auch dem Kampf in der Öffentlichkeit, zum Teil gegen milliardenschwere Lobbyverbände der Wirtschaft oder meinungsstarke Medien, und im Wissen um die Arbeit, die Energie und die ehrliche Überzeugung vieler Parlamentarier, die sich abrackern und durchbeißen, nicht selten als Einzelkämpfer, die in der jeweils eigenen Fraktion und bei den eigenen Parteifreunden alles andere als wohlgelitten sind: Sie wissen selbst am besten, dass echte Armutsbekämpfung, geschweige denn eine Politik, die wieder für mehr Gleichheit sorgen und das zunehmende Auseinanderfliegen dieser Gesellschaft verhindern könnte, anders aussehen müsste. Die meisten Maßnahmen dieser Koalition sind halbherzig, unzureichend und gleichen dem berühmten Tropfen auf dem heißen Stein. Auch hier hilft kein Drumherumreden.

Die Erhöhung des BAföG, die erste überhaupt seit 2010, konnte am Ende nicht einmal die Preissteigerungen ausgleichen. Beschlossen 2014, sollte sie den Bund nur 500 Millionen Euro kosten und wurde trotzdem, um den Haushalt zu schonen, erst 2016 in Kraft gesetzt.

Zum Ausbau der Kitaplätze wurde auf das bereits 2008 eingerichtete Sondervermögen noch einmal über eine Milliarde draufgepackt.[81] Das ist gut so. Das Geld wird gebraucht. Klar ist aber auch: Es wird nicht reichen. Es wird vor allem nicht reichen, wenn nicht nur die Anzahl der Kitaplätze erhöht werden soll, sondern wenn wir auch die notwendige Qualität in den Kitas sicherstellen wollen, wenn wir kleinere Gruppen schaffen, wenn wir auch Kinder mit Behinderungen ganz selbstverständlich einbeziehen und wenn wir unsere Erzieherinnen endlich angemessen bezahlen wollen.

Gravierender noch ist die Lücke beim sozialen Wohnungsbau. Die Zuschüsse dazu hat die große Koalition verdoppelt, von 500 Millionen auf eine Milliarde Euro pro anno für die Jahre 2016 bis 2019. Das hört sich gewaltig an. Doch wissen wir genau, dass auch das hinten und vorne nicht reicht. Hatten wir 1987 in der Bundesrepublik noch vier Millionen Sozialwohnungen, so sind es derzeit gerade noch eineinhalb Millionen. Und jedes Jahr fallen rund 100 000 weitere aus der Sozialbindung heraus. Nach Berechnungen und Modellen des renommierten Pestel-Instituts müssten in den nächsten fünf Jahren jährlich rund 80 000 Sozialwohnungen zusätzlich gebaut werden, um dem Bedarf gerecht zu werden. 6,4 Milliarden Euro müssten dazu zusätzlich pro Jahr investiert werden. So gesehen ist die Verdoppelung der Zuschüsse zum sozialen Wohnungsbau, der seit 2001, politisch gewollt, faktisch zum Erliegen gekommen war, tatsächlich nur der berühmte Tropfen.[82]

Richtig bizarr wird es bei der Integration von Langzeitarbeitslosen. Arbeitsministerin Nahles (SPD) hat gleich zwei Programme aufgelegt, die jedoch angesichts der Zahl von einer Million Langzeitarbeitslosen geradezu absurd klein dimensioniert sind. Wahrscheinlich ging es in erster Linie darum, als sozialdemokratische Ministerin überhaupt irgendetwas zu tun. Für das erste Programm wurden für die Jahre 2015 bis 2018 insgesamt 450 Millionen Euro bereitgestellt für rund 10 000 gesundheitlich Eingeschränkte und Langzeitarbeitslose mit Kindern in Hartz IV. Das zweite Programm wurde für den Bundeshaushalt sogar völlig kostenneutral geplant. Von den insgesamt veranschlagten 885 Millionen Euro sollte die Hälfte aus EU-Mitteln kommen, die andere Hälfte aus den vorhandenen Mitteln der Bundesagentur für Arbeit zur Integration von Langzeitarbeitslosen. 33 000 Langzeitarbeitslose sollten auch damit erreicht werden. Allerdings lief zeitgleich ein anderes Programm für Langzeitarbeitslose aus. Also mehr oder weniger ein Nullsummenspiel. Quantitäten im homöopathischen Bereich, bestenfalls ein sozialdemokratisches Trostpflästerchen. Es ist ein echtes Trauerspiel, das da aufgeführt wird. Frau Nahles und manch andere könnten einem wirklich leidtun, wenn sie nicht gewusst hätten, worauf sie sich einlassen. In dem Moment, in dem diese Koalition Steuererhöhungen zum Tabu erklärte, war bereits alles »gelaufen«. Keinerlei Spielraum für eine expansive Sozialpolitik. Wer trotzdem etwas bewegen wollte in der Regierung oder in den Regierungsfraktionen, musste sich Felder suchen oder Programme auflegen, die nichts oder kaum etwas kosten. Nur kann man so weder Armut bekämpfen noch diese Gesellschaft zusammenhalten.

Das ist alles zugegebenermaßen etwas gerafft dargestellt, konzentriert auf das Wesentliche. Allerdings ist es wichtig, sich gelegentlich loszulösen vom politischen Klein-Klein, von den alltäglichen politischen Scharmützeln und parteipolitischen und persönlichen Zuschreibungen, um wieder die großen Linien in den Blick zu bekommen. Denn nur so können wir sehen, wieso und wie wir gerade diese Gesellschaft zerlegen.

Es liegt im Wesen kapitalistischen Wirtschaftens, dass es nun mal Ungleichheit befördert. In einer sozialen Marktwirtschaft hätte der Staat eine wichtige Korrekturfunktion. Es wäre seine Aufgabe, diese Gesellschaft gegen die zerstörerischen Marktmechanismen zusammenzuhalten, dafür zu sorgen, dass die Einkommen und das Vermögen nicht immer weiter auseinandertreiben und Deutschland auseinanderfällt, regional und sozial. Unsere Rückschau zeigt jedoch: Mit zunehmendem Einfluss des Neoliberalismus hat sich der Staat aus dieser Funktion immer weiter zurückgezogen. Immer unverblümter und immer einseitiger beeinflussten die Renditeerwartungen der Wirtschaft die politischen Entscheidungen. Manch einer befürchtet wirklich, man könne andernfalls die ökonomische Basis Deutschlands gefährden, zum Teil war es aber auch nur gut kalkulierte Angstmacherei, mit der Verteilungskämpfe zugunsten der Reichen beeinflusst wurden. Der sogenannte »Wirtschaftsstandort Deutschland« wurde zur dominierenden Sichtweise auf unser Land. Kriterien wie soziale Sicherheit, Gerechtigkeit oder Solidarität wurden dagegen im Zweifelsfall hintangestellt. So wurde nicht nur kaum etwas gegen die zunehmende Armut getan – die Konzentration des Reichtums in den Händen weniger wurde sogar noch gefördert, die soziale und regionale Spaltung Deutschlands mindestens billigend in Kauf genommen.

Auf einige der größeren Sozialabbauprogramme und Steuerreformen habe ich bereits hingewiesen. Keinesfalls sollte bei dieser Aufzählung jedoch die Aussetzung der Vermögenssteuer fehlen. Sie steht geradezu symbolisch für den neoliberalen Schwenk. Die Vermögenssteuer wurde in der Bundesrepublik, ganz selbstverständlich, bereits seit 1952 erhoben. 1 Prozent mussten sogenannte »natürliche Personen« auf ihr Vermögen entrichten – bei großzügigen Freibeträgen –, 0,6 Prozent waren es bei den Firmen. 1995 monierte das Bundesverfassungsgericht, dass Immobilien von den Finanzämtern günstiger bewertet wurden als andere Vermögensarten. Dies würde dem Gleichheitsgrundsatz unserer Verfassung widersprechen. Anstatt nun jedoch die Immobilien in ihrem Wert jeweils zeitnah zu bewerten, wurde die Kritik des Bundesverfassungsgerichts zum willkommenen Anlass genommen, die Vermögenssteuer einfach auszusetzen. Seit 1997 wird sie nicht mehr erhoben – mit der fadenscheinigen Begründung, der Aufwand, sie korrekt zu erheben, sei viel zu hoch. Doch dazu später mehr.

Abgehängt und abgehoben – die Superreichen und der Rest

Mit dem Reichtum in unserer Republik ist das so eine Sache. Wenn ich an meine Kindheit und Jugend zurückdenke, kamen wir eigentlich prima zurecht mit unseren Reichen. Problematisiert wurde Reichtum meist nicht einmal dann, wenn die Reichen ihn völlig schamlos zur Schau stellten. Man blätterte beim Friseur oder beim Zahnarzt in den Illustrierten und schaute sich interessiert, belustigt oder auch etwas neidisch an, was sie da trieben im Winter in Sankt Moritz oder im Sommer auf Sylt. Namen wie Gunter Sachs und so einige andere prägten sich ein. Lebemänner wurden sie von den Eltern abschätzig genannt. Aber alles in allem war das kein Grund, diese Welt in Frage zu stellen. Wir hatten den Eindruck, wir können sie uns leisten, unsere Reichen. Es zeigte ja für so ziemlich alle so ziemlich alles nach oben. Gut, zu einem Leben in Saus und Braus wie bei Gunter Sachs würde es wohl niemals reichen, aber ein kleiner Wohlstand schien schon erreichbar. Man musste halt sehen, dass man sich anstrengte und eine gute Ausbildung machte. Das war die Mentalität, mit der viele Kinder von Arbeitern und sogenannten kleinen Angestellten aufwuchsen. Wer einen Hauptschulabschluss machte, so wurde uns beigebracht, konnte ein Handwerk erlernen und »gutes Geld« verdienen, wer die Realschule abschloss, ging »ins Büro« und brauchte sich nicht mehr die Hände schmutzig machen, und für den, der sogar das Abi schaffte, war sowieso alles geregelt: studieren und als Akademiker in eine ganz andere Spielklasse aufsteigen. Jedem das Seine, nach Neigung und Begabung, alles war gut – das war die vorherrschende Mentalität bei uns, und das war die Mentalität, die Deutschland zusammenhielt.

Es war tatsächlich ein gewisser Glaube an den Markt, die soziale Marktwirtschaft und den Sozialstaat mit seinem BAföG, seinem Wohngeld, seinem zweiten Bildungsweg und später beim Berufseinstieg mit seinen ABM (Arbeitsbeschaffungsmaßnahmen). Selbstverständlich gab es auch reichlich schreiende Ungerechtigkeiten und natürlich auch soziale Verwerfungen, aber sie fielen nicht so ins Gewicht, sie schienen erträglich, weil es für einen selber ja aufwärtsging. Und am Wochenende kaufte man einen Lottoschein. Vielleicht ja doch einmal das ganz große Los ziehen …

Vieles hat sich seitdem verändert. Nicht nur, was die Armut anbelangt, sondern auch, was den Reichtum angeht. Der Traum vom Wohlstand für alle ist geplatzt. An seine Stelle trat ein erbitterter Verteilungskampf, den die Reichen für sich entscheiden konnten.[83] Das Volkseinkommen, also die Summe aller einzelnen Einkommen in dieser Gesellschaft, stieg zwischen Anfang der 1980er bis heute von 609 Milliarden auf 2,3 Billionen Euro. Das ist ein Zuwachs von 270 Prozent. Spannend ist nun, wie sich dieser Zugewinn zwischen Arbeitnehmern, Vermögenden und Unternehmern verteilt hat. Die Arbeitnehmerentgelte stiegen nämlich weniger kräftig um lediglich 246 Prozent. Den deutlich größeren Zuwachs verzeichneten die Einkommen aus Unternehmertätigkeit und aus Vermögen, Vermietungen, Geldanlagen und so weiter: Sie stiegen überproportional um 340 Prozent.[84]

Knapp drei Viertel des gesamten Volkseinkommens entfielen Anfang der 1980er noch auf die Arbeitnehmerentgelte, ein Viertel auf Unternehmertätigkeit und Vermögen. Heute ist das Verhältnis nur noch zwei Drittel zu ein Drittel.[85] Das heißt: Die Einkommenszuwächse flossen vor allem zu denjenigen, die ohnehin schon Unternehmen oder andere Vermögenswerte besaßen und die ihre Vermögen damit immer weiter ausbauen konnten.[86] Die anderen durften sehen, wie sie sich den Rest aufteilten.

Nach der Jahrtausendwende wurde diese verteilungspolitische Schieflage besonders unerfreulich. Während die Einkommen aus Unternehmertätigkeit und Vermögen seit 2000 bis 2014 um 30 Prozent stiegen, waren es bei den Einkommen aus Arbeit gerade noch spärliche 6 Prozent.[87]

Wo sich Unternehmer und Vermögende derart große Stücke aus dem gemeinsamen Einkommenskuchen herausschneiden konnten, kann es nicht wirklich überraschen, dass die Lohnentwicklung mehr als mau ausfiel. Die Reallöhne in Deutschland sind heute kleiner oder nur geringfügig höher als 1990.[88] Das Mehr auf dem Gehaltskonto wurde von den steigenden Preisen wieder aufgefressen.

Doch zerren die Fliehkräfte in dieser Gesellschaft ja nicht nur an der Nahtstelle zwischen Kapital und Arbeit. Ein Lagerarbeiter, ein Facharbeiter in der Automobilindustrie und dessen Chefs in den Vorstandsetagen, ein Pförtner im Krankenhaus, eine Krankenschwester und ihr Klinikchef – sie alle werden in der Statistik als Arbeitnehmer geführt. Nur sah ihre Lohnentwicklung im letzten Vierteljahrhundert sehr unterschiedlich aus. Eigentlich kann man gar nicht von *der einen* Lohnentwicklung sprechen. Wer Anfang der 1990er einen vergleichsweise guten Lohn bekam, für den ging es auch weiter bergauf. Es waren keine Steigerungsraten wie bei den Vermögenseinkommen, aber immerhin lagen sie noch ganz deutlich im zweistelligen Bereich, in der verarbeitenden Industrie beispielsweise bei plus 17 Prozent. Wer dagegen zu den Geringverdienern gehörte, für den ging es ziemlich bergab, gleich um minus 15 Prozent etwa im Dienstleistungssektor.[89]

Wie Marcel Fratzscher im letzten Jahr in seinem vielbeachteten Buch *Verteilungskampf* nachzeichnete, waren es insbesondere die exportorientierten Branchen, bei denen man als Arbeiter noch gutes Geld verdienen konnte, die Pharmaindustrie etwa, der Maschinenbau, die Automobilindustrie oder die Chemiebranche.[90] Das ist kein Zufall. Die bundesdeutsche Wirtschafts- und Finanzpolitik hat von jeher auf den Export gesetzt und den Binnenkonsum als Wirtschaftsmotor eher vernachlässigt. Die internationale Konkurrenzfähigkeit deutscher Firmen hatte stets politische Priorität. Wo jedoch der deutsche Standortvorteil im internationalen Wettbewerb dadurch erkauft wird, dass man staatliche Ausgaben, wo immer möglich, herunterfährt, um die Steuer- und Abgabenlasten für die Unternehmen so gering wie möglich zu halten, ist es nur eine logische Konsequenz, dass die Löhne in den erfolgreichen und renditestarken exportorientierten Branchen deutlich stärker steigen konnten als die jener Berufsgruppen, die sich vor allem aus öffentlichen Kassen finanzieren: Lehrer, Erzieher, Pflegekräfte und andere.[91]

Wir haben bis hierhin nur über die Einkommen aus der Wirtschaft, über Unternehmensgewinne und Löhne gesprochen, also über das, was die Ökonomen »Primärverteilung« oder »Markteinkommen« nennen. In einem Sozialstaat fließen jedoch auch Renten, Kindergeld, BAföG, Wohngeld, Hartz IV und manches andere, was in die Kategorie »Sozialtransfers« fällt. Sozialtransfers sollen für einen gewissen gerechten Ausgleich sorgen, zum Beispiel beim Familienlastenausgleich zwischen Eltern und Kinderlosen. Vor allem aber sollen sie Verteilungspositionen korrigieren, wenn sich die Markteinkommen immer weiter auseinanderentwickeln. Sie sollen garantieren, dass unsere Gesellschaft an ihren Rändern nicht auseinanderfällt, dass alle mitgenommen und keine Gruppe abgehängt wird vom allgemeinen Wohlstandsgewinn. Netto-Markteinkommen und Sozialtransfers ergeben zusammen das verfügbare Einkommen, also das, was die Menschen nach Abzug von Steuern und mit Kindergeld und anderem tatsächlich in der Tasche oder auf dem Konto haben.

Wie sah es nun in den letzten Jahren in Deutschland aus? Haben Steuern und Sozialleistungen dafür gesorgt, dass die verfügbaren Einkommen nicht so stark auseinanderdriften wie die Markteinkommen?

Die Ökonomen Markus Grabka und Jan Goebel vom Deutschen Institut für Wirtschaftsforschung (DIW) widmeten sich genau dieser Frage. Sie unterteilten dazu in ihrer Analyse alle Haushalte nach ihrem Einkommen geordnet in zehn Einkommensklassen und schauten, wie sich die einzelnen Klassen in den Jahren 2002 bis 2012 entwickelt haben. Ihr Fazit: Es sieht nicht wirklich besser aus als bei den Markteinkommen. Während die reichsten 10 Prozent noch einmal 17 Prozent zulegen konnten, hat die gesamte untere Hälfte auf der Einkommensskala überhaupt keinen Zugewinn verbuchen können. Die untersten 40 Prozent hatten 2012 sogar weniger Kaufkraft in der Tasche als 2002.[92] DIW-Chef Marcel Fratzscher sieht in diesem Befund zu Recht das zentrale Problem dieser auseinanderfallenden Gesellschaft: Es geht beileibe nicht mehr nur um 15 Prozent Arme. Es geht um 40 Prozent unserer Bevölkerung, die von der Wohlstandsentwicklung abgekoppelt sind. Es geht um weite Teile unserer (ehemaligen) Mittelschicht. Die gesellschaftlichen Zentrifugalkräfte sind mittlerweile so stark, dass sich selbst OECD und Weltbank schon mahnend zu Wort meldeten: Die Einkommensungleichheit nehme bei uns sogar noch stärker zu als in den USA und allemal stärker als in Frankreich oder Großbritannien.[93]

Die tatsächliche Kluft zwischen Arm und Reich ist höchstwahrscheinlich sogar noch viel größer, als die Wissenschaftler von Weltbank oder OECD mit ihren Datenbanken nachzeichnen können. Das Problem sind die Superreichen, die sich statistisch

nicht recht einfangen lassen wollen. Das Einkommen der bestverdienenden 10 Prozent in Deutschland dürfte, so die Wissenschaftler, noch deutlich höher sein als in der Statistik ausgewie-
sen.[94]

Für einige Überraschung sorgte Mitte 2016 eine Studie der
Firma Kienbaum. Die Unternehmensberater verglichen darin
die Jahresgehälter der Top-Verdiener in 1 300 Unternehmen.[95]
Schaut man sich die Ergebnisse an, dürften die Vorstände und
Geschäftsführungen über die amtlichen und quasi-amtlichen
Statistiken bestenfalls müde lächeln, in denen Spitzeneinkom-
men bei 150 000 Euro anfangen und im Schnitt irgendwo bei
200 000 Euro liegen sollen.[96] In der Kienbaum-Untersuchung
verdienten die Geschäftsführer durchschnittlich 442 000 Euro
und Vorstände 500 000 Euro. Um satte 42 Prozent konnten die
befragten Geschäftsführer seit 1997 ihre ohnehin üppigen Gehälter aufbessern, um sogar 59 Prozent die Vorstände. Geradezu unglaublich schließlich die Gehaltssteigerungen beim
Spitzenpersonal der Dax-Konzerne: Ihre Millionensalärs ver-
mochten sie in den letzten zwanzig Jahren gleich um 186 Prozent hochzuschrauben. Die durchschnittliche Vergütung eines
Dax-Konzern-Vorstandes lag 2015 bei über 5 Millionen Euro.
Nur zur Einordnung: Das durchschnittliche Bruttojahresein-
kommen aller Arbeitnehmer nahm im gleich Zeitraum gerade
mal um 27 Prozent zu und lag 2015 bei 43 300 Euro.[97]

Mit den Vermögen verhält es sich naturgemäß nicht anders
als mit den Einkommen. Jeder Haushalt in Deutschland verfügt
theoretisch über etwa 160 000 Euro Vermögen. Nur hat diese
Durchschnittszahl keinerlei praktische Relevanz. Tatsächlich
verhält es sich so, dass die reichsten 10 Prozent im Schnitt rund
1,2 Millionen Euro haben.[98] Sie teilen fast zwei Drittel des gesamten Privatvermögens in Deutschland unter sich auf (63 Prozent) – mindestens. Denn auch beim Vermögen klagen die Forscher, dass man eigentlich gar nicht so genau weiß, wie viel

unsere Superreichen besitzen. Es gibt keine Statistiken, die das zuverlässig erfassen würden, und eine Vermögenssteuer wird ja auch nicht mehr erhoben. Sonst wüsste man es ja.

In einer bemerkenswerten Studie haben sich daher die beiden Ökonomen Markus Grabka und Christian Westermeier vom DIW daran gemacht, dieses Datenloch zu füllen. Sie haben dazu die zur Verfügung stehenden Angaben mit der sogenannten Forbes-Liste abgeglichen. Das bekannte Wirtschaftsmagazin *Forbes* gibt regelmäßig eine Zusammenstellung der Personen beziehungsweise Familien mit einem Vermögen ab einer Milliarde US-Dollar heraus. Immerhin fanden sich 2013 auch 55 deutsche Milliardäre auf der Liste, die zusammen 230 Milliarden Euro ihr Eigen nannten. Die Forscher kommen zu dem Schluss, dass unter Berücksichtigung dieser gewaltigen Summe die reichsten 10 Prozent in Deutschland nicht nur gute 63 Prozent des gesamten Privatvermögens in Deutschland auf sich vereinigen, wie gemeinhin angenommen wird, sondern dass es tatsächlich sogar 74 Prozent sind.[99]

Entsprechend wenig bleibt für die anderen. Die ärmsten 40 Prozent der Bevölkerung haben definitiv gar nichts oder sogar Schulden. Sie leben von der Hand in den Mund. Und wenn mal etwas kaputt geht im Haushalt, muss ein Kredit her oder ein Ratenkauf. Passiert dann irgend etwas Schlimmes, der plötzliche Verlust des Arbeitsplatzes, eine Krankheit oder sogar der Tod eines Ehepartners, kann es ganz schnell finanziell völlig bergab gehen: Überschuldung, auf unabsehbare Zeit keine Chance, den Kredit bedienen zu können, und keine Chance, überhaupt wieder auf einen grünen Zweig zu kommen und in absehbarer Zeit wieder mehr auf dem Konto zu haben als bis zur Pfändungsfreigrenze. 6,8 Millionen Menschen sind derzeit von diesem Schicksal getroffen, über 10 Prozent der geschäftsfähigen Bevölkerung, sprich der Menschen über achtzehn Jahre.[100]

Die geradezu obszöne Vermögensverteilung in Deutschland ist nicht erst und nicht allein durch die Regierungspolitik der letzten Jahrzehnte entstanden. Das ist klar. Die Wurzeln reichen sehr viel weiter zurück. Doch wurde auch nichts getan, sie zu korrigieren oder wenigstens abzumildern. Ganz im Gegenteil, die deutliche »Entlastung« von Spitzenverdienern in der Einkommensteuer, die Absenkung der Kapitalertragssteuer oder die steuerliche Entlastung von Großunternehmen beförderten diesen Prozess der immer ungleicheren Vermögensverteilung, und zwar ganz erheblich, ganz bewusst und gewollt. Der Verzicht auf die Vermögenssteuer und der Verzicht auf eine nennenswerte Erbschaftssteuer sind weitere Eckpfeiler einer solchen Politik von geradezu provozierender Maßlosigkeit, wenn es darum geht, die Vermögen Reicher und Superreicher immer weiter zu päppeln und dabei in Kauf zu nehmen, dass die Zahl der Habenichtse immer größer wird.

Unsicherheiten – von Staatsreligionen, Häretikern und schlichtem Unglauben

Die Gegenrede von eingefleischten Neoliberalen könnte etwa so lauten: »Es mag ja durchaus sein, dass nicht alles so funktioniert hat, wie wir uns das vorgestellt und versprochen hatten: Wohlstand für alle! Aber was wäre denn die Alternative gewesen? Was wäre, wenn die bundesrepublikanische Wirtschafts- und Sozialpolitik nicht den Weg gegangen wäre, den sie gegangen ist: Löhne und Sozialleistungen runter, Deckelung der Sozialabgaben, Privatisierung von Aufgaben und Risiken, Deregulierung von Märkten? Wir wären von einer Wirtschaftskrise in die andere getaumelt. Am Ende hätten nicht nur ein paar Arme verloren, sondern wir alle – und zwar richtig. Unser wirtschaftliches Fundament wäre zerstört worden. Die Armut wäre noch viel schneller und viel stärker gewachsen.«

Doch stimmt dieser Einwand? Auch wenn es denkbar unpopulär ist, so etwas zu sagen: Man weiß es nicht genau. Neoliberale erzählen es genau so und versuchen, insbesondere Hartz IV, die Beförderung von Leiharbeit und befristeten Arbeitsverhältnissen, die Abschaffung der paritätischen Finanzierung der Krankenversicherung und all das andere, womit man den Sozialstaat torpedierte, im Nachhinein als große Rettungstat zu verklären. Tatsache ist: Es gibt keinerlei Beweis oder auch nur einen plausiblen Anhaltspunkt dafür. Man kann zwar leicht nachweisen, dass die neoliberal ausgerichtete Wirtschafts- und Sozialpolitik der letzten Jahrzehnte zu immer mehr Ungleichheit, immer tieferer Spaltung und immer mehr Armut geführt hat und dass diese Gesellschaft tatsächlich im Begriff ist, sich zu zerlegen. Das sind Fakten. Man kann jedoch nicht empirisch und zuverlässig nachweisen, was passiert wäre, wenn die Regierungen einen anderen Kurs eingeschlagen hätten.

Wirtschaftswissenschaft ist trotz all der empirischen Studien und mathematischen Modelle eine Glaubenslehre. Annahmen, sprich Glaubenssätze, sind ihre Grundlagen, Annahmen etwa darüber, wie die Armen sich verhalten, wenn man ihnen Hartz IV erhöht oder kürzt, oder wie die Reichen reagieren, wenn man sie mehr oder weniger besteuert. Es sind Annahmen über Auswirkungen von einzelunternehmerischen Entscheidungen auf volkswirtschaftliche Entwicklungen, von Investitionsentscheidungen auf Börsenkurse, von währungspolitischen Entscheidungen auf Finanzmärkte und so weiter. Diese Komplexität kann man nicht vollends durchdringen.

Auf welch wackeligen Beinen die Wirtschaftswissenschaft steht, zeigen ihre maladen Prognosen. Eine Wissenschaft, deren Annahmen und Theorien wenigstens einigermaßen zutreffen und die in der Lage ist, Wirklichkeiten halbwegs realitätsnah einzufangen, zu beschreiben und zu erklären, sollte eigentlich auch in der Lage sein, auf ihrem Forschungsfeld wenigstens kurzfristige Prognosen abzugeben. Die Prognosefähigkeit sagt viel über die Zuverlässigkeit und Belastbarkeit der hinter den Prognosen stehenden Theorien aus.

Werfen wir vor diesem Hintergrund mal einen Blick auf die vielbeachteten Wirtschaftsprognosen unseres Sachverständigenrats zur Begutachtung der wirtschaftlichen Entwicklung, der sogenannten »Wirtschaftsweisen«. Es ist das absolute Top-Gremium der Wirtschaftswissenschaft, der akademische Olymp eines jeden Ökonomen: vom Bundespräsidenten persönlich berufen, ausgestattet mit einem Millionenbudget für ihre Gutachten, die sie in jedem Herbst und in jedem Frühjahr der Kanzlerin mit großem Pomp übergeben. Tatsächlich ist die Trefferquote dieser Starökonomen mehr als lausig: Seit der Jahrtausendwende gab es nur eine einzige Punktlandung. In der Mehrzahl der Fälle lagen sie brutal daneben. Meist kamen sie nicht einmal in die Nähe dessen, was uns die Wirtschaft dann im nächsten Jahr tatsächlich bescherte.[101] Besonders eklatant war das Versagen im Krisenjahr 2009, als die Ökonomen ein Null-Wachstum prophezeiten, tatsächlich jedoch die Wirtschaft mit minus 5,6 Prozent völlig einbrach. Krisen können unsere Sachverständigen offenbar gar nicht.

Um noch einmal klar zu sagen, um wen es sich bei dieser glücklosen Tippgemeinschaft handelt: Es sind genau dieselben Berater, die bereits seit Mitte der 1970er ganz überwiegend und nahezu unisono auf eine immer neoliberalere Wirtschaftspolitik drängen: weniger Sozialstaat, weniger soziale Sicherheit, mehr Markt, mehr Rendite. Fast in jedem Jahresgutachten erfolgt das Mantra von den notwendigen Ausgabenkürzungen und den großen Gefahren, die von der Sozialpolitik für die Wirtschaft ausgingen. Es ist schon ganz erstaunlich, welchen Einfluss und welche Autorität ein paar Volkswirte besitzen können, die mit ihren Prognosen fast in jedem Jahr lediglich den Nachweis erbringen, dass es ihnen offenbar nicht möglich ist, auch nur annähernd zu sagen, wo es langgehen wird. Aber wie das so mit Prophezeiungen und guten Ratschlägen von Propheten aller Art schon immer war: Sie werden gern gehört, wenn sie nur die richtigen Interessen bedienen. Es ist pure Scheinsicherheit, die da vermittelt wird und auch vermittelt werden soll. Den Vorteilsnehmern, Privilegierten, Reichen und Superreichen kommt es gut zupass.[102]

Wirtschaftswissenschaft bleibt eine Glaubenswissenschaft. Und zu einem jeden Glauben gehört der Wille zu glauben oder zumindest die Einsicht, dass man sich ja notgedrungen an irgendetwas festhalten muss. Der Mensch kann gut mit falscher, aber nicht ohne Orientierung leben. Das große Gegenmodell zur angebotsorientierten Wirtschafts- und Steuerpolitik hatte der britische Wirtschaftswissenschaftler John Maynard Keynes bereits in den 1930er Jahren entworfen. Anders als die Angebotstheoretiker sah er den Schlüssel für ein stabiles Wachstum und für Vollbeschäftigung nicht in der Optimierung der Renditebedingungen für die Unternehmen, sondern in einer stabilen Nachfrage. Anders als die Angebotstheoretiker glaubte er dabei nicht, dass der Markt von sich aus in der Lage wäre, eine solche stabile Nachfrage zu gewährleisten. Vielmehr sei es so, dass sich Investoren und Konsumenten dann, wenn die Nachfrage nachlasse und sich eine kleine Wirtschaftsflaute abzeichne, aus Vorsicht zurückhielten. Statt ihr Geld auszugeben, was nötig wäre, legen sie es zurück – und die kleine Wirtschaftsflaute wächst sich zur handfesten Krise mit stark steigender Arbeitslosigkeit aus. Von Selbstheilung des Marktes keine Spur. Daher ist nach Keynes der Staat gefordert: Wenn wachsende Arbeitslosigkeit letztlich das Ergebnis mangelnder Nachfrage ist, weil Verbraucher und Investoren sich zurückhalten, muss der Staat für die fehlende Nachfrage sorgen. Er kann dazu in Infrastruktur investieren (von Straßen bis Schulen), oder er kann den Verbrauchern über Steuererleichterungen oder Sozialtransfers mehr

Geld an die Hand geben, das sie ausgeben können.[103] Hauptsache, die Nachfrage zieht wieder an.

Anders als die neoliberalen Rezepte lässt der keynesianische Ansatz staatliche Ausgabenprogramme und gute Sozialleistungen damit nicht nur zu. In konjunkturell schwachen Zeiten fordert er sie unter Umständen geradezu. Die erste große Wirtschaftskrise der Bundesrepublik im Jahr 1967 wurde genau so bewältigt – wobei man natürlich auch damals schon zwischen den Glaubensschulen trefflich darüber stritt, ob es denn nun wirklich die Ausgabenpolitik des damaligen Wirtschaftsministers Karl Schiller (SPD) war, die aus der Krise herausführte, oder nicht doch ganz andere Faktoren.[104] Wie auch immer: Mit der Übernahme der Regierung durch die christlich-liberale Koalition Anfang der 1980er Jahre war ohnehin mehr oder weniger Schluss mit derlei Wirtschaftsdenken.[105] Keynes hatte regierungspolitisch ausgedient. Der Neoliberalismus hielt als neue Staatsreligion Einzug.

Ökonomen, die sich dem neuen Kurs entgegenstellten, wurden marginalisiert und gerieten in ein »Sperrfeuer des ökonomischen Mainstreams«, wie es der Koblenzer Ökonom Stefan Sell beschreibt.[106] Bereits seit 1975 legt beispielsweise die Arbeitsgruppe »Alternative Wirtschaftspolitik« unverdrossen Jahr für Jahr ihre kluges »Memorandum für eine alternative Wirtschaftspolitik« vor. Es ist eine Art Gegengutachten zum Jahresgutachten der Sachverständigenkommission.[107] Während allerdings Vertreter Letzterer von der Wirtschaftspresse wie Popstars behandelt werden, erhalten die Alternativen mittlerweile überhaupt keine öffentliche Aufmerksamkeit mehr. Ganze drei Pressevertreter kamen zur Präsentation ihres letzten Gutachtens. Mehr Beachtung finden zum Glück die Arbeiten des gewerkschaftsnahen Instituts für Makroökonomie und Konjunkturforschung (IMK) unter Leitung des Ökonomen Gustav Horn. Auch sie stellen sich explizit gegen den Mainstream, kritisieren wachsende Ungleichheit, mahnen, dass die Wirtschaft sich damit ihr eigenes Wasser abgräbt, und plädieren für einen wirtschaftspolitischen Kurswechsel.[108] Doch wie klug und profund auch immer argumentiert wird, der Mainstream zieht sich im Zweifelsfalle einfach darauf zurück, dass es sich ja nur um eine wissenschaftliche Minderheitenmeinung handele, um »linke Ökonomen«.[109]

Und so wirkte es wie ein kleines wirtschaftswissenschaftliches Erdbeben, als 2014 die gleichen Mahnungen und Warnungen, die doch sonst nur von den viel geschmähten »linken Ökonomen« vorgetragen wurden, plötzlich mitten aus den Tempeln des Neoliberalismus selbst kamen: Man dürfe es nicht übertreiben mit der Ungleichheitspolitik. Es sei Zeit gegenzusteuern. Ausgerechnet Jonathan Ostry, der stellvertretende Forschungsdirektor des Internationalen Währungsfonds, eine Hochburg des Neoliberalismus, überraschte im Februar 2014 mit einer Studie, die die negative Wirkung von Einkommensungleichheit auf das Wirtschaftswachstum selbst zum Thema machte.[110] Wenig später, im Dezember 2014, erreichte ein Arbeitspapier des Italieners Frederico Cingano von der ebenfalls neoliberal geprägten OECD die Öffentlichkeit.[111] Es stieß in das gleiche Horn: Deutschland hätte ein um 6 Prozentpunkte höheres Bruttoinlandsprodukt haben können, wenn sich die Einkommensschere zwischen Arm und Reich seit den 1990er Jahren nicht weiter geöffnet hätte.[112] Und OECD-Generalsekretär José Ángel Gurría, sozialistischer Umtriebe nun wirklich unverdächtig, ließ überhaupt keinen Zweifel daran, wohin die Reise auch aus ökonomischer Sicht gehen müsse: »Unsere Analyse zeigt, dass wir nur auf starkes und dauerhaftes Wachstum zählen können, wenn wir der hohen und weiter wachsenden Ungleichheit etwas entgegensetzen. Der Kampf gegen Ungleichheit muss in das Zentrum der politischen Debatte rücken«, so seine Botschaft im Advent 2014[113], die ganz ausdrücklich auch oder gerade Deutschland galt.[114]

Deutschlands Reformen hätten zu viele schlechte Jobs geschaffen, schlecht bezahlt, befristet oder als Minijobs ohne soziale Sicherung. Im Interesse der Wirtschaft selbst sei Deutschland aufgerufen, die gewachsene Ungleichheit zu bekämpfen und sich um die Qualität der Arbeitsplätze zu kümmern. Es gehe um Ausbildung, Weiterbildung und die Stärkung der Sozialsysteme, gerade für die Menschen in Teilzeitjobs. Und es gehe darum – man wollte seinen Augen und Ohren gar nicht trauen –, das Steuersystem effizienter in Richtung Umverteilung zu gestalten.

Das saß. Ausgerechnet das U-Wort! Ausgerechnet aus den Tiefen der OECD. Das gesamte Lager- und Freund-Feind-Denken, in dem man sich in all den Jahren doch so gut eingerichtet hatte, geriet durcheinander. Das Argument, mit dem man jede Umverteilungsdiskussion bislang so bequem beenden konnte – es handele sich ja nur um eine Minderheitenmeinung –, geriet mächtig ins Wanken. Nervosität bei den Stakeholdern. Und so machte sich das von Arbeitgeber- und Unternehmensverbänden getragene Institut der Deutschen Wirtschaft (IW) auch gleich eifrig daran, die gefährlichen Zweifel am neoliberalen Kurs, die die Studien gesät haben könnten, mit einer Gegenstudie und vielen bunten Schaubildern zerstreuen zu wollen. Das wenig überraschende Fazit der beiden IW-Wissenschaftlerinnen Galina Kolev und Judith Niehues: »Die vorliegenden Analyseergebnisse sprechen eindeutig dagegen, dass die Einkommensungleichheit in Deutschland ein negativer Wachstumstreiber ist. Für einen ausgereiften Wohlfahrtsstaat, wie die Bundesrepublik mit einem unterdurchschnittlichen Ungleichheitsniveau, ist – wenn überhaupt – eher von einem positiven Effekt der Einkommensungleichheit auf das Wachstum auszugehen.«[115] Etwas schlichter formuliert: Lasst euch nicht verrückt machen. Alles ist gut, vor allem die Ungleichheit.

Die besagten Studien der OECD und des Internationalen Währungsfonds sind möglicherweise Marksteine der volkswirtschaftlichen und der politischen Diskussion um Gleichheit und Ungleichheit. Sie haben möglicherweise das ganze Koordinatensystem der neoliberal geprägten Volkswirtschaft durcheinandergebracht. Hoffentlich. Doch muss man abwarten, wie die Diskussionen und medialen und politischen Schlachten, die sie ausgelöst haben, weitergehen.

Mir kommt es hier auf einen anderen Punkt an, den die permanenten ökonomischen Fehlprognosen und das Gegeneinander wirtschaftswissenschaftlicher Strömungen deutlich werden lassen: dass es nämlich beim besten Willen nicht möglich ist, den empirischen Beleg dafür zu finden, was gewesen wäre wenn. Zu Agenda-Zeiten wurde Schröders Niedriglohnsektor und seine Leiharbeit als das Nonplusultra moderner Wirtschaftspolitik verkauft. »Sozial ist, was Arbeit schafft«, hieß es, und: »Jede Arbeit ist besser als keine Arbeit.« Zehn Jahre später nun plädieren die Wirtschaftswissenschaftler von OECD und Internationalem Währungsfonds für das Gegenteil, empirisch gestützt, versteht sich. Volkswirtschaftler arbeiten mit Modellrechnungen, allerdings können die Ergebnisse immer nur das widerspiegeln, was sie an Grundannahmen in ihre Rechenprogramme eingegeben haben. Ab wann wird der Unternehmer aufhören zu investieren, weil ihm die erwartbare Rendite zu niedrig ist? Ab wann wird der Mensch keiner Erwerbsarbeit mehr nachgehen wollen, weil die Sozialleistungen so hoch sind, dass er keinen Anreiz mehr verspürt? Oder ist gar alles viel komplexer? Kommt es gar nicht nur auf das Zehntelprozent Extrarendite oder auf die 100 Euro Sozialleistung mehr oder weniger an?

Hierzu haben die Wissenschaftler, wenn sie ihre Rechenmodelle entwerfen, durchaus ihre Vorstellungen. Vor einigen Monaten erklärte mir beispielsweise der Chef des Münchener ifo Instituts Clemens Fuest in einer Talkshow allen Ernstes, in Deutschland würden deshalb vergleichsweise wenig Menschen Wohneigentum erwerben, weil der Mieterschutz hier zu hoch sei. Es bestünden, so mussten wir ihn verstehen, ja gar keine Anreize mehr, aus einer Mietwohnung auszuziehen und sich ein Haus oder eine Eigentumswohnung zu kaufen. Der Umstand, dass die Menschen dazu vielleicht gar kein Geld haben, spielte für ihn offenbar keine Rolle. Man kann sich lebhaft vorstellen, was aus Modellrechnungen herauskommt, die auf solchen Phantasien fußen …

Wie unsicher und völlig an der Wirklichkeit vorbei derlei Modellrechnungen häufig sind, hat zuletzt die Diskussion um die Einführung des Mindestlohnes gezeigt. Die Horrorszenarien, die von einigen Ökonomen an die Wand gemalt wurden, ließen gelegentlich das Gefühl aufkommen, nach Inkrafttreten des Mindestlohns am 1. Januar 2015 werde man kein Taxi mehr auf deutschen Straßen sehen und keinen Frisör mehr finden, Zeitungen würden nicht mehr zugestellt, der Spargel bleibe im Boden und das Obst verfaule an den Bäumen.[116]

Mal war von 57000[117] wegfallenden Arbeitsplätzen die Rede, mal von 35000[118]. Der damalige Chef des ifo-Instituts, Hans-Werner Sinn, preschte wieder besonders forsch vor. Er verkündete als Ergebnis seiner Berechnungen sogar bis zu 900000 Arbeitsplätze, die der Mindestlohn vernichten würde.[119] Alles heiße Luft, wie sich dann herausstellte. Der Mindestlohn kam und tat dem Beschäftigungsaufbau in Deutschland keinen Abbruch. Ganz im Gegenteil: Die Zahl der sozialversicherungspflichtig Beschäftigten stieg in 2015 weiter von 30,4 Millionen (Dezember 2014) auf 31,1 Millionen (Dezember 2015). Stattdessen bauten die Unternehmen mit Einführung des Mindestlohns Minijobs ab. Waren es im Dezember 2014 noch 7,7 Millionen geringfügig Beschäftigte, war die Zahl zwölf Monate später auf 7,6 Millionen gesunken.[120]

Wer nun geglaubt hätte, Sinn und Co. wären nach solch einer Pleite erst einmal in Sack und Asche gegangen, der kennt die Branche schlecht. Immerhin seien ja 170000 bis 180000 Minijobs weggefallen, versuchte sich Sinn im Dezember 2015 in der *Welt* zu rechtfertigen, … und die Wechselkurse, … der Euro sei unterbewertet, … Schröders Reformen hätten ja auch erst nach Jahren gewirkt, … die Umwälzungsmöglichkeiten der Kosten habe man unterschätzt … und …und … und … Von Selbstzweifel keine Spur, stattdessen schon wieder heiße Luft.[121]

Wem bisher nicht klar war, wie Volkswirtschaft funktioniert und wie einige unserer Top-Volkswirte politische Beratung betreiben, sollte es spätestens mit der Einführung des Mindestlohns begriffen haben.

Nun kann eingewandt werden, dass der prognostizierte Zusammenbruch des Arbeitsmarktes zwar ausgeblieben ist, aber ohne den Mindestlohn ja vielleicht noch viel mehr Arbeitsplätze entstanden wären. Die Überlegung ist legitim,[122] führt jedoch geradewegs wieder zu der Frage, was die gesellschaftlichen und letztlich wirtschaftlichen Folgen eines weiteren ungehemmten Zuwachses ausbeuterischer Arbeitsverhältnisse gewesen wären. Mit dieser Frage schließt sich der Kreis und wir sind wieder bei den Studien des Währungsfonds und der OECD angelangt.

Es ist bedauerlich und mag unserem Streben nach Sicherheit und Planbarkeit zuwiderlaufen, aber man kann nicht wie in einem Labor voraussagen: Was wäre wenn? Genauso wenig, wie man im Nachhinein sagen kann: Was wäre gewesen wenn? Man kann nur vermuten, man kann sich dabei auf die Geschichte besinnen, man kann sich der verschiedenen und sich meist widersprechenden Denkmodelle bedienen, die die Wissenschaft anbietet und die in ihren Teilaspekten immer auch irgendwie empirisch gestützt sind. Doch so traurig es ist: Man weiß schlechterdings nicht, was wirklich alles passiert, wenn man an einer der unzähligen Stellschrauben dreht, die unsere Wirtschaft und gar unsere Gesellschaft zusammenhalten oder eben auch nicht – seien es Steuern, seien es Sozialleistungen, seien es Regelungen zum Mieterschutz, seien es Investitionsprogramme.

Wenn wir uns mal nicht beindrucken lassen vom Habitus eines Herrn Professor Sinn, von der Autorität eines Herrn Professor Rürup und wie sie alle heißen, wenn wir uns mal nicht bluffen lassen durch Zuschreibungen wie »Wirtschaftsweise« oder »führende Wirtschaftsinstitute«, wenn wir uns also mal, ganz unserem eigenen Verstand vertrauend, anschauen, welche Show da abläuft und wie kläglich die Weisen dann doch allzu oft an der Realität scheitern, kommen wir ganz unweigerlich zu dem Ergebnis: Wir können diese Gesellschaft nicht berechnen. Wir können sie nur gestalten. Mit allen Risiken des Unbekannten, mit allen Risiken des Irrtums und des Scheiterns.

Die Frage, was denn die Alternative gewesen wäre zu dreißig Jahren zunehmender Ungleichheit als Ausfluss einer zunehmend neoliberalen Wirtschaftspolitik, ist daher völlig falsch gestellt. Nicht »Was *wäre* die Alternative *gewesen*?« ist die Frage, sondern: »Was *ist* die Alternative?« Was ist die Alternative, die wir uns wünschen, die wir uns vorstellen wollen und können? Was ist die Alternative, für die es sich einzusetzen lohnt, die vielleicht wirklich in der Lage ist, diese auseinanderfallende Gesellschaft zusammenzuhalten und sie für alle gleichermaßen lebenswert zu machen. Mit anderen Worten – und jetzt kommt ein superböses Wort: Haben wir noch eine Vision?

Teil 2:
Warum wir es zulassen

Wenn es wirklich »nur« um 15 Prozent Arme ginge und es 85 Prozent der Menschen hierzulande richtig gut ginge, sie sich fair und gerecht behandelt fühlten, könnte man das Ganze ja noch irgendwie verstehen: Wohlstand zwar nicht für alle, aber zumindest doch für eine überwältigende Mehrheit von 85 Prozent. Das Hemd ist den meisten nun einmal näher als der Rock. Worauf jedoch die Forscher des Währungsfonds und der OECD oder der Chef des Deutschen Instituts für Wirtschaftsforschung Marcel Fratzscher aufmerksam machen und was sie zur Alarmglocke greifen lässt: Es geht schon lange nicht mehr »nur um ein paar Arme«. Es geht um die unteren 40 Prozent der Gesellschaft, die sie als Opfer der neoliberalen Ungleichheitspolitik ausmachen. Es geht um unsere Mittelschicht.

Wenn in unserer Demokratie tatsächlich alle Macht vom Volke ausgeht, was wir einmal unterstellen wollen, und wenn das Ergebnis dessen ist, dass 10 Prozent der Bevölkerung rund drei Viertel des gesamten Vermögens und Jahr für Jahr rund 40 Prozent des gesamten Einkommens unter sich aufteilen,[1] dann muss es sich entweder um ein Volk großartiger Humoristen oder großartiger Trottel handeln.

Die Frage ist, warum wir uns immer wieder bluffen lassen, warum wir uns so schwer tun, mit unverstelltem Blick auf die letzten dreißig Jahre zu schauen, warum wir immer wieder auf das Versprechen eines »Wohlstands für alle« hereinfallen, während in Wirklichkeit die Ungleichheit unübersehbar wächst, immer mehr Menschen abhängt werden und unsere Gesellschaft auf dem besten Wege ist, sich selbst zu zerlegen.

Was hindert uns daran, die Fakten unverstellt zur Kenntnis zu nehmen und unseren eigenen Verstand zu benutzen? Diese Frage müssen wir uns beantworten, wenn wir etwas zum Positiven verändern wollen. Es ist die Schlüsselfrage für einen politischen Kurswechsel. Denn wie soll dieser jemals kommen, wenn wir ständig gegen alle Empirie und gegen alle Vernunft neoliberalen Modernismen und Leitbildern hinterherlaufen?

Weshalb also hat uns der Neoliberalismus derart fest im Griff? Es ist ein schlimmes Wechselspiel: Der Neoliberalismus, eigentlich eine Wirtschaftstheorie, schwappte mit der Zeit in immer neue Bereiche unseres Leben hinein, vom Sportverein über unsere Freundschaften bis hinein in unsere Familien. Selbst dort begann er sich breitzumachen, wo wir uns doch eigentlich vor wirtschaftlichem Denken, Konkurrenz und Wettbewerb sicher wähnten, wo wir doch so viel Wert darauf legten, dass es dort gerade nicht zugehen soll wie in der Wirtschaft.[2] Der Neoliberalismus begann allmählich, unser Denken, unser Selbstbild und unsere Vorstellungen vom menschlichen Miteinander zu bestimmen. Und je mehr er das tat, umso selbstverständlicher wurde er uns und umso fragloser. Dass Wettbewerb etwas Gutes sei, dass Leistung immer auch mit materiellen Vorteilen einhergehen müsse, dass ein jeder am Ende seines Glückes Schmied sei, dass Ungleichheit gut sei und Sozialismus böse, dass Eigentum völlig unantastbar sei und Privilegien angeblich immer auch irgendwie verdient sein sollen, dass Menschen immer und zuvorderst für sich allein verantwortlich seien – derlei neoliberale Setzungen blieben im Laufe der Zeit nicht mehr nur unhinterfragt, sie brannten sich auch gleichsam wie Naturgesetzlichkeiten in unser Denken ein. Dass man auch anders denken und handeln kann, als der neoliberale Mainstream es vorgibt, geriet mehr und mehr aus dem Blickfeld. Wie konnte das geschehen?

Um darauf eine Antwort zu erhalten, müssen wir uns noch einmal in die Theorie des Neoliberalismus selbst hineinbegeben, eine Theorie, die sich zunehmend radikalisierte.

Homo oeconomicus – von der Universalität des Neoliberalismus

Was das Verhältnis von Staat, Wirtschaft und Gesellschaft anbelangt, beschränkte sich die liberale Wirtschaftswissenschaft anfangs noch darauf, den Staat in seine Grenzen zu verweisen. Der Markt sollte den Bürgern überlassen bleiben. Im Gegenzug akzeptierten die Marktliberalen, dass der Staat und weite Teile dieser Gesellschaft nach durchaus anderen Prinzipien funktionierten als der Markt und die raue Wirtschaft. Staatliches Handeln und die Verwaltung sollten Prinzipien wie Verantwortung, Ordnung und Regelhaftigkeit folgen, die Motivation sollte sich aus einem Dienst an der Gemeinschaft speisen. In Familie und Freundschaft hatten Konkurrenz und Vorteilsdenken erst recht nichts verloren. Hier sollten Emotionen, Zuneigung, familiäre Bande, Rücksicht und Fürsorge herrschen. Es bestand Konsens, dass eine Gesellschaft dieses Nebeneinander sehr unterschiedlicher Logiken zwingend braucht, um als Ganzes funktionieren zu können. Ausschließlich wirtschaftliches Denken, immer und überall, würde eine Gesellschaft genauso ruinieren wie ausschließlich grenzenlose Barmherzigkeit oder der Versuch, überall mit staatlichen Vorgaben einzugreifen.[3]

Schon einen Schritt weiter als der klassische Liberalismus gingen die sogenannten Ordoliberalen (benannt nach ihrer Jahreszeitschrift *Ordo*), die sich nach dem Zweiten Weltkrieg in der Bundesrepublik formierten und mit so klangvollen Namen wie

Walter Eucken und Franz Böhm verbunden waren. Auch sie vertraten keinesfalls die Idee, dass ihre marktökonomischen Prinzipien mehr regeln könnten als den Markt. Ganz im Gegenteil: Das Konkurrenzgebaren auf dem Markt bräuchte dringend einen völlig anders funktionierenden Gegenpol, solle Konkurrenz nicht als »soziales Sprengmittel wirken« und nicht »entarten«, wie es der Ökonom und Sozialphilosoph Wilhelm Röpke, einer der geistigen Väter der sozialen Marktwirtschaft, 1950 in einer Schrift formulierte.[4] Allerdings sollte der Staat nach ordoliberalem Verständnis nicht mehr nur darauf achten, dass er die Grenzen zum Markt nicht verletzt. Er müsse darüber hinaus ganz aktiv alles tun, damit das Prinzip der marktwirtschaftlichen Konkurrenz in der Praxis auch funktioniere.[5] Er müsse unlautere Konkurrenz beispielsweise genauso verbieten wie Kampfpreise oder die Bildung von marktbeherrschenden Monopolen. Der Markt, besser die Marktliberalen begannen den Staat stärker zu fordern: nicht nur gewähren lassen, sondern aktiv staatliche Verantwortung übernehmen für die Prinzipien des Marktes und deren Durchsetzung.

Derart überzeugt von Kraft und Segen des Wettbewerbs, war es nur eine Frage der Zeit, bis die Markteuphorie in Marktgläubigkeit und irgendwann in Marktradikalismus umschlagen musste. Auch in Deutschland begann der Neoliberalismus einen geradezu universellen Erklärungsanspruch zu erheben. Alles und jedes wurde nach und nach der ökonomistischen Logik unterzogen – nicht mehr nur wirtschaftliche Abläufe im eigentlichen Sinn, sondern so gut wie jedes gesellschaftliche Phänomen. Wenn es darum ging, Sozialleistungen anzuheben, waren sie da, unsere neoliberalen Ökonomen, und mahnten, so etwas trübe die Arbeitsmotivation. Wenn das Kindergeld erhöht werden sollte, rechneten sie uns penibel vor, wie viele Frauen dadurch vom Arbeitsmarkt ferngehalten werden könnten.

Die theoretischen Grundlagen für diese Ökonomisierung des

Sozialen lieferte ein amerikanischer Wirtschaftswissenschaftler namens Gary Becker. Bereits seit den 1960ern kämpfte der radikale Hardliner immer ganz vorne mit, wenn mit schlichter neoliberaler Marktlogik eigentlich ganz und gar nicht ökonomische, geschweige denn marktgängige Felder erobert werden sollten. Zusammen mit anderen legte er damals den Grundstein für die Betrachtung des Menschen als »Humankapital«, also die Verkürzung des Menschen auf das, was er mit seinen Kenntnissen und Fertigkeiten in betriebswirtschaftliche Verwertungsprozesse einzubringen hat. Seit den 1970ern war dann nichts mehr sicher vor dem »ökonomischen Imperialisten«, wie man ihn sehr treffend bezeichnete.[6] Jedes menschliche Verhalten, jede menschliche Entscheidung resultiere aus einer im weiteren Sinne rationalen Nutzenabwägung und habe allein die Maximierung des eigenen Vorteils zum Ziel. Phänomene der Rassendiskriminierung wollte er damit ebenso erklären wie Kriminalität oder eine ungesunde Lebensführung. Geradezu berüchtigt sind seine ökonomischen Erklärungsversuche zur Familie, galt die Familie bis dahin doch als das letzte allgemein anerkannte Refugium vor ökonomischer Rationalität und Marktlogik. Eheschließung? Nach Becker nichts anderes als das Ergebnis eines Kosten-Nutzen-Vergleichs zum Alleinbleiben oder aber zur Mühe der weiteren Partnersuche. Entscheidung für Kinder? Ergebnis einer Abwägung der Kosten ihrer Aufzucht und ihres Nutzens für die Eltern. Und so weiter und so fort, immer nach der gleichen platten Grundlogik.

Da das menschliche Zusammenleben in dieser Vorstellungswelt im Prinzip nach den gleichen Regeln funktioniert wie das Marktgeschehen, gelten auch die gleichen Rezepte.[7] Jedes Individuum wird als eine Art Vermögensverwalter verstanden. Es ist seine Sache, wie es mit diesem Vermögen umgeht. Dem einen sei Freizeit wichtiger als Luxus, dem anderen Freundschaft wichtiger als Macht. Ein Dritter tausche Liebe gegen materiellen Wohlstand ein. Vertreten wird das Prinzip des »Non-Tuismus«[8], also das genaue Gegenteil von Altruismus: Nichts wird verschenkt. Keiner soll sich auf dem Markt als Anwalt des anderen fühlen. Freundschaftliche Zuwendung hat auf dem Markt nichts verloren. Ganz im Gegenteil: Sie setze falsche Anreize und unterminiere geradezu Eigeninitiative und Selbstverantwortung.

So ließ sich bestens gegen jegliche fürsorgende Sozialpolitik polemisieren, und das sogar noch mit wissenschaftlichem Segen. Sozialhilfe- oder Hartz-IV-Abhängigkeit? Nichts weiter als die individuelle Entscheidung zwischen Müßiggang und Arbeit. Und beeinflusst werde diese Entscheidung für den Müßiggang durch zu hohe Sozialleistungen. Arbeitslosengeld, Hartz IV, sogar das Kindergeld: All das verführe die Menschen lediglich dazu, sich vom Arbeitsmarkt fernzuhalten. Kein Wunder, dass derartige Theorieangebote begierige Abnehmer bei Wirtschaftsverbänden und bei jeglicher Form organisierten privaten Reichtums fanden (und finden). 1992 wurde Becker ganz folgerichtig der Nobelpreis verliehen.

Erschaffen wurde so der Homo oeconomicus, der Mensch, gesehen durch die ökonomische Brille, der Verwalter eines menschlichen Vermögens, seines Humankapitals nämlich. Der Homo oeconomicus handelt immer rational und informiert. Ständig wägt er Kosten und Nutzen ab, sucht seinen Vorteil. Ständig tauscht er, ständig trifft er Entscheidungen. Er ist der permanente Kunde, der permanente Unternehmer und Kapitalist seiner selbst.

Selbstverständlich gibt es diesen Homo oeconomicus nicht wirklich. Schon die Vorstellung wäre absurd. Wir wissen sehr gut, wie weit es mit unseren rationalen Abwägungen und Entscheidungen her ist. In der Psychologie und Anthropologie finden wir mehr als genügend Forschungsarbeiten darüber, wie unbewusst und irrational »Entscheidungen« häufig fallen. Wir handeln nicht selten so, als hätten wir irgendetwas ganz kühl abgewogen. Tatsächlich wurde jedoch kein einziger rationaler Gedanke gefasst. Wir stehen morgens auf, ohne immer neu abzuwägen, ob das nun zu unserem Vorteil ist, wir gehen zur Arbeit, ohne immer neu abzuwägen, wie die Alternativen aussähen. Unser Entscheidungsspektrum, unsere Handlungsalternativen und Wahlmöglichkeiten sind in aller Regel ziemlich begrenzt. Nicht alles, was denkbar wäre, wird auch gedacht, und nicht alles, was gedacht wird, wird rational abgewogen. Ganz im Gegenteil. Vieles wird von unserer Psyche gar nicht zugelassen, wird weggedrängt oder emotional blockiert. Der Mensch ist nicht rational, sondern menschlich und damit ziemlich komplex. Ob wir gerade erschöpft sind oder Schmerz empfinden, beeinflusst unsere Entscheidungen ebenso wie unser Hormonhaushalt, unsere Sexualität, Glück oder Trauer.

Nicht einmal der bornierteste Neoliberale wird ernsthaft glauben, dass Frauen für 50 Euro mehr Kindergeld ihre Arbeit an den Nagel hängen und zu Hause bleiben – es sei denn, die Arbeit hätte es nicht anders verdient. Keiner wird ernsthaft glauben, dass Menschen für 10 Euro mehr Hartz IV ihre Zukunft aufgeben. Der Homo oeconomicus ist eine Fiktion, ein Konstrukt, nicht mehr als eine modellhafte Vorstellung vom Menschen zum Zwecke der Forschung. Ein Modell menschlichen Verhaltens, um daran ökonomische Modellrechnungen vorzunehmen.[9] Dazu muss der Mensch auf wenige Verhaltensmuster reduziert und simplifiziert werden. Anders geht es nicht. Der Homo oeconomicus ist lediglich ein Als-ob, ein heuristisches Laborwesen, von der komplexen Lebenswirklichkeit und der komplizierten menschlichen Psyche weit entfernt.

In den 1990er Jahren begann dieser Homo oeconomicus jedoch ein eigenartiges Eigenleben zu entwickeln. Er wurde zum Leben erweckt, verließ sein wissenschaftliches Labor und begann, sich in unsere Köpfe einzupflanzen. Wie das? Indem den Menschen eingebläut wurde, dass sie sich genauso wie dieses Als-ob-Modell zu verhalten hätten, wenn sie künftig in einer immer mehr durchökonomisierten Gesellschaft noch eine Chance haben wollen. Aus der wissenschaftlichen Fiktion wurde mit einem Mal eine Zielgröße, ein ideelles Menschenbild. Das »unternehmerische Selbst« wurde propagiert, wie der Soziologe Ulrich Bröckling es nennt. Der Mensch als Wettbewerber, der nicht nur tauscht und handelt und abwägt und entscheidet, sondern darüber hinaus bestrebt sein muss, sein Kapital und seine Vermögensstruktur ständig zu verbessern, um in der permanenten Konkurrenz seine individuelle Position auszubauen. Wettbewerb nicht mehr nur dort, wo er nicht zu vermeiden ist, sondern überall und permanent.

Propagiert wurde zugleich die konsequente Individualisierung des Menschen, ganz praktisch wurde er in die Vereinzelung getrieben. Wo jeder auf seinen Vorteil bedacht sein muss und wo kein Pardon zu erwarten ist, ist für Gemeinschaft, Solidarität und kollektives Handeln kein Platz; Team-playing nur, solange der individuelle Nutzen es nahelegt. Tradierte Rollenmuster waren damit mehr oder weniger erledigt. War man auf der Arbeit bisher Kollege, von dem in erster Linie Kollegialität erwartet wurde, so sollte man sich nun als Wettbewerber neu erfinden. Jeder ist eines jeden Konkurrent. Loyalität gilt ausschließlich der Firma, aber auch nur, solange es zum eigenen Nutzen ist. Wettbewerb, rationale Interessen- und Vorteilsabwägung werden zur erwünschten Verhaltenskonstante in einer kälter werdenden Gesellschaft.

Das neoliberale Theorieangebot hatte damit vieles, woran eine gute Kampagne ansetzen konnte: die Fiktion vom mündigen Entscheider, die wir doch alle sein wollen; die Fiktion von der stets gegebenen Alternative (wir müssen uns nur entscheiden); und die Fiktion, schließlich doch als Sieger aus dem permanenten Wettbewerb hervorzugehen, die Konkurrenz hinter sich zu lassen und sich in einer immer härter werdenden Gesellschaft zu behaupten. Spätestens mit dem Zusammenbruch der DDR war jegliche Form von Kollektivismus ohnehin völlig out. Auch westdeutsche Kommunarden waren mittlerweile in die Jahre gekommen und hatten ihre besten Zeiten hinter sich. Mit alternativem Wirtschaften war nicht mehr viel. Die Lifestyle-Angebote des Neoliberalismus wirkten dagegen frisch und verhießen Erfolg. Sie trafen den Zeitgeist, wie man so schön sagt.

Die Gunst der Stunde – von neoliberalen Frontmännern und einer rührigen Initiative

Dem französischen Lyriker Victor Hugo wird der vielzitierte Ausspruch zugeschrieben: »Nichts auf der Welt ist mächtiger als eine Idee, deren Zeit gekommen ist.« Das klingt schon sehr metaphysisch und soll es ja wohl auch: eine Idee, die irgendwo irgendwem kommt und die unversehens von einer unerklärlichen, aber nicht aufzuhaltenden Woge der Zustimmung getragen wird, weil die Zeit es so wollte, weil die Zeit halt reif war. Der Erfolg einer Idee als weltgeschichtlich zwingend, als geradezu schicksalhaft. Diese Vorstellung ist genauso weit verbreitet wie falsch, oder, sagen wir, extrem verkürzt. Natürlich muss eine Idee auf Umstände treffen, die ihr überhaupt eine Chance einräumen, muss eine soziale oder ökonomische Idee an irgendeinem Problem anknüpfen, für irgendetwas eine Lösung bereithalten oder, wenn schon keine Lösung, dann doch zumindest eine Verheißung. Sprich: Sie muss den Leuten zumindest vorgaukeln können, sie hätte eine Lösung.

Doch entscheidet über Erfolg oder Scheitern einer Idee nicht irgendein geheimnisvoller Zeitgeist. Ganz banal hängt ihre Durchsetzungskraft in erster Linie von der Durchsetzungskraft und der Macht ihrer Befürworter ab. Entscheidend ist, ob die Idee das Interesse Mächtiger findet, die sie propagieren und im

Zweifelsfall auch gegen Widerstände durchdrücken. Und das hat wiederum sehr viel mit politischem Einfluss und vor allem mit Geld zu tun. Wer kann sich im Kampf der Interessengruppen durchsetzen? Wer vermag am effektivsten die öffentliche Meinung zu beeinflussen? Wer kann die Regierenden auf seine Seite ziehen? Der gesellschaftliche Durchmarsch des Neoliberalismus hat weder etwas Schicksalhaftes noch irgendetwas historisch Zwangsläufiges, auch wenn es zu Beginn der 1990er Jahre gelegentlich so scheinen konnte.

Es war völlig kurios: Eigentlich hatte der Neoliberalismus zu diesem Zeitpunkt ja schon ziemlich offensichtlich abgewirtschaftet. Wie schon dargelegt, hatte er sein zentrales Versprechen, nämlich Wohlstand für alle, in keiner Weise halten können. Stattdessen gab es stetig wachsende Massen- und Langzeitarbeitslosigkeit. Und so hatten Ende der 1980er Ideen Auftrieb bekommen, die nun so gar nichts mit Neoliberalismus zu tun hatten. Gewerkschaften forderten selbstbewusst die 35-Stunden-Woche. Die Idee des bedingungslosen Grundeinkommens für alle wurde populär und wurde sehr viel ernsthafter diskutiert als heute. Eine »Maschinensteuer« schien damals vielen die naheliegende Antwort auf sprunghaft ansteigende Produktivitätsraten und explodierende Gewinnmargen bei gleichzeitig darbenden Sozialversicherungssystemen. In der Rentenversicherung wurden armutsfeste Mindestsicherungskonzepte diskutiert. Es waren aus heutiger Sicht geradezu radikal anmutende Positionen und sehr ungezwungene Diskussionen. Es sah wirklich schlecht aus für den Neoliberalismus.

Dann fiel die Mauer. Die Sowjetunion löste sich auf. Marode Volkswirtschaften kamen hinter den planwirtschaftlichen Systemen zum Vorschein. Die Neoliberalen witterten wieder Morgenluft. Die friedliche Revolution und der Fall der Mauer wurden kurzerhand als Sieg des Kapitalismus über sozialistische Wirtschaftssysteme definiert. Egal, ob man nach dem Mauerfall auf die eigene Langzeitarbeitslosigkeit hinwies oder auf die wachsende Armut, egal, ob man Arbeitszeitverkürzung oder Sozialreformen forderte, die Antwort war ab sofort immer die gleiche: »Schau doch mal rüber.« Die Neoliberalen nutzten die Gunst der Stunde und setzten zu einem unglaublichen Siegeszug an.

Frontmänner waren die neoliberalen Wirtschaftsprofessoren selbst. Sie stiegen sozusagen von ihrem Elfenbeinturm herab, um in wissenschaftlichem Gewand ganz kräftig mitzumischen im Kampf um die öffentliche Meinung und mediale Deutungshoheit. Ihr plötzlicher Reputationsgewinn und ihre Popularität waren nach der erfolglosen wirtschaftsliberalen Politik der 1980er geradezu verstörend. (Für mich jedenfalls!) Dass sie sich mit ihren Gutachten in alles und jedes einmischten, was es politisch zu entscheiden galt, war an sich nicht neu. Immerhin wurden sie von Politik und Wirtschaftslobby für einen Gutteil dieser Meinungsäußerungen in Form von Stellungnahmen und Gutachten sehr gut bezahlt. Doch wurde ihnen auch in der breiten Bevölkerung plötzlich eine ganz andere Aufmerksamkeit zuteil. Keine Diskussionsrunde mehr, in der man auf Meinung und Kenntnis der Ökonomen verzichten wollte; keine Talkshow, in der sie nicht saßen wie die Inkarnation objektiven Sachverstandes, als Richter über Richtig und Falsch, als vermeintlich interessensfreie Felsen in der ungestümen Brandung eigeninteressierter Lobbyisten und gesellschaftspolitischer Scharlatane.

Und sie wussten die neue Rolle zu spielen. Manche von ihnen entwickelten sich – dank der Vielseitigkeit ihres Talents – zu echten Stars in ihrer Disziplin. Leute wie der mittlerweile verstorbene Norbert Walter waren mit ihren Kommentaren zum Wirtschaftsgeschehen ständig in den Nachrichtensendungen. Dass Nobert Walter Chefvolkswirt der Deutschen Bank war und damit Angestellter und Interessenvertreter dieses Unternehmens, schien niemanden zu stören. Ganz im Gegenteil: Wer sonst hätte so viel Durchblick und wüsste uns so gut zu beraten wie die erfolgreiche Deutsche Bank? Hans-Werner Sinn, der frühere Präsident des ifo-Instituts für Wirtschaftsforschung, der mit seiner Barttracht immer an Kapitän Ahab aus »Moby Dick« in der Verfilmung von John Huston erinnert, war noch so ein Kandidat. Dass er nebenbei auch jahrelang im Aufsichtsrat der HypoVereinsbank saß, um das Wohl der Bank zu mehren, erwähnte er bei seinen vielen öffentlichen Auftritten nicht. Schließlich gab es den damals geradezu unvermeidlichen Bert Rürup, SPD-Mitglied, langjähriger Vorsitzender des Sozialbeirates der Bundesregierung, langjähriger Vorsitzender des Wirtschafts-Sachverständigenrates der Bundesregierung, Mitglied zahllos anmutender Regierungskommissionen, später auch mal tätig für den berüchtigten «Finanzdienstleister» AWD des häufig in die Schlagzeilen geratenen Schröder-Freundes Carsten Maschmeyer[10] oder für das *Handelsblatt*. Auch Michael Hüther, Direktor des von verschiedenen Wirtschaftsverbänden und Unternehmen mitfinanzierten Instituts der Deutschen Wirtschaft Köln (IW), darf nicht vergessen werden, wenn es um neoliberale Ökonomen mit außergewöhnlichem Kommunikationstalent geht. Sie entwickelten sich zu festen Größen im gesellschaftlichen Leben zwischen Politik, Wirtschaft und Medien. Sie machten sich, ihre Disziplin und ihre Botschaften tatsächlich populär. Sie übernahmen unangefochten die Deutungshoheit in dieser Republik. Wahrscheinlich weil sie sich so gut verkauften, weil sie den Nimbus der Professoren hatten und weil ihre Analysen und Vorschläge so prächtig mit den Renditeinteressen der großen Wirtschaft korrespondierten. Deren kräftiger Unterstützung konnten sie sich damit sicher sein.

Mit fast sieben Millionen Euro Etat ist nach eigenen Angaben allein die »Initiative Neue Soziale Marktwirtschaft« (INSM) ausgestattet, finanziert durch die Arbeitgeberverbände der Metall- und Elektroindustrie. Es ist das propagandistische Sprachrohr des Neoliberalismus schlechthin. Es tut im Wesentlichen nichts anderes, als mit mal geschickten, mal eher geschmacklosen oder albernen Öffentlichkeits- und Lobbystrategien gegen alles zu Felde zu ziehen, was nach neoliberalistischer Auffassung »des Teufels ist«. Im Wahljahr 2013 schickte die INSM einem ausgewählten Personenkreis, zu dem ich mich auch zählen durfte, kleine Voodoo-Puppen ins Haus. Diese konnte man mit Nadeln piksen, die Fähnchen trugen Aufschriften wie »Erbschaftsteuer«, »Vermögensteuer«, »Mindestlohn« oder »Zusatzrente«. Prominente mit einschlägigem Profil und von zuverlässiger Gesinnung treten als Botschafter der INSM auf: Ex-Wirtschaftsminister Wolfgang Clement etwa und sein Kompagnon aus alten Zeiten Florian Gerster, der kurze Zeit mal Chef der Bundesagentur für Arbeit war, bis er wegen allzu freihändiger Auftragsvergaben in Ungnade fiel, Unternehmensberater Roland Berger oder Ex-Bundesbankpräsident Hans Tietmeyer. Und natürlich wieder die Professorenschaft, am bekanntesten wohl, weil recht medienpräsent, Bernd Raffelhüschen von der Universität Freiburg und der bereits erwähnte Michal Hüther vom IW Köln.

Das IW Köln ist es auch, das der INSM die wissenschaftlichen Analysen und Informationen zuliefert, die sie streuen kann. Vor allem die Medien selbst sind dann Adressaten der Initiative. Mittels sogenannter Kooperationen oder Medienpartnerschaften wird nach Recherchen von LobbyControl mal zusammen mit der *Wirtschaftswoche* pünktlich zur Bundestagswahl ein Sonderheft zur Frage »Wie gerecht ist Deutschland?« herausgegeben, mal wird zusammen mit *Focus Money* ein Schulprojekt mit dem Namen »Wir erklären Wirtschaft« ins Leben gerufen, mal wird zusammen mit der *Frankfurter Allgemeinen Zeitung* der »Blockierer« oder der »Reformer« des Jahres ausgerufen. Und immer geht es darum, die eigenen neoliberalen Ansichten unters Volk zu bringen oder am besten gleich in die Klassenzimmer zu tragen, mal ganz offen, mal eher verdeckt. Auch der *Zeit-*

Verlag, die *Frankfurter Rundschau* oder die *Welt* waren bereits partnerschaftlich zu Diensten. Die Kooperation mit den Medien hat für die INSM unzweifelhaft Vorteile, genießen sie doch auch heutzutage noch einen gewissen Ruf des unparteilichen Journalismus und der Berichterstattung fernab von lobbyistischen Eigeninteressen. Wenn man sich hinter solchen Partnern verstecken kann, wird interessengeleitete Öffentlichkeitsarbeit erst so richtig effektiv.[11] Wie weit die INSM dabei gehen kann, zeigte sich, als 2005 bekannt wurde, dass sie an die Produktionsfirma der ARD-Schmonzette »Marienhof« 58 670 Euro gezahlt hatte, um auf die Dialoge in der Vorabendserie Einfluss zu nehmen und dadurch ihre neoliberalen Ansichten verbreiten zu können.[12]

Anstrengende Überzeugungsarbeit in der Sache wird die INSM in so manchem Herausgeberbüro und so mancher Redaktionsstube wohl kaum leisten müssen. Immerhin hat es der Neoliberalismus geschafft, fast die gesamte Volkswirtschaftslehre zu dominieren, Lehrstühle zu besetzen und wichtige, wenn nicht entscheidende Gremien wie den Sachverständigenrat zur Begutachtung der Wirtschaft zu beherrschen. Da wäre es schon ein Wunder und wirklich nicht mehr erklärbar, wenn nicht auch viele Wirtschaftsredakteure auf Linie wären. Und ich unterstelle ihnen sogar, dass sie wirklich an das glauben, was sie schreiben.[13]

Solch massive Beeinflussung öffentlicher Meinung bleibt natürlich nicht ohne Wirkung auf unser Denken, unser Selbstbild und unser Bild von dieser Gesellschaft, vor allem dann, wenn alternative Meinungs- und Deutungsangebote immer weniger Veröffentlichung finden und sogenannte Leitmedien in ihrem wirtschaftspolitischen Meinungsspektrum immer schmaler und uniformer werden. Es ist die schleichende Normalisierung des Neoliberalismus besonderer Art: Neoliberalismus ist normal, ist die Norm, alles andere ist unnormal, anormal. Letzteres ist das eigentlich Bedenkliche.

Alle einer Meinung – vom Turnaround der Sozialdemokratie und dem Verschwinden der Opposition

Die politischen Ereignisse um die Jahrtausendwende, als die deutsche Sozialdemokratie unter ihrem Vorsitzenden Gerhard Schröder zu einem erst noch gemäßigten, dann immer zügelloseren Neoliberalismus konvertierte, haben ganz erheblich zur gesellschaftlichen Normalisierung desselben in Deutschland beigetragen. Die Wirkung dieser Ereignisse erschöpft sich bei weitem nicht in dem schon beschriebenen Sozialstaatsabbau unter Rot-Grün. Sie reichte wesentlich weiter: Es begann damit, dass Schröder und sein britischer Amtskollege aus der Laborpartei 1999 ihr sogenanntes Schröder-Blair-Papier in die Welt setzten. Es war der Versuch, eine »linke Angebotspolitik« zu skizzieren, wie sie es nannten.[14] Tatsächlich wollten sie unter dem Titel »Der Weg nach vorne für Europas Sozialdemokraten« die Sozialdemokratie auf einen neoliberalen Politikschwenk einschwören. Das war durchaus heikel. Immerhin hatte Schröder kaum ein Jahr zuvor den Menschen im Wahlkampf noch »ein Land der sozialen Sicherheit und Gerechtigkeit« versprochen. Im Wahlprogramm der SPD von 1998 wurde das Wort »Gerechtigkeit« noch zwanzigmal strapaziert, von »Geborgenheit« war die Rede gewesen, von der »Solidarität der Stärkeren mit den Schwächeren«.[15]

Nun plötzlich die unverblümte Aufforderung an die Partei, endlich die alten Zöpfe abzuschneiden und sich vermeintlich modernen, neoliberalen Denkweisen zu öffnen. Schröder verlangte in seinem Papier, das er mit erheblichem Medienbohei vorstellte, nichts Geringeres als das geradezu unbedingte Primat der Wirtschaft. Er forderte von seinen Parteifreunden mehr Rücksicht auf die Wirtschaft und klare Grenzen zu ziehen, wenn es um die Solidarität der Stärkeren mit den Schwächeren ging. Das ganze Papier war ein Plädoyer für eine neue, nämlich neoliberal eingefärbte Sichtweise der Sozialdemokratie auf diese Gesellschaft. Die Sozialdemokraten hätten in der Vergangenheit die Bedeutung von Leistung und Verantwortung geradezu ignoriert, klagten die beiden Parteiführer Blair und Schröder, und zwar zugunsten eines falsch verstandenen Gerechtigkeitsbegriffs.[16] Werte wie »Leistung und Erfolg, Unternehmergeist, Eigenverantwortung und Gemeinsinn« seien zu häufig zurückgestellt worden hinter universelles Sicherungsstreben. Aufgabe der Politik sei es jedoch vor allem, »Bedingungen (zu) schaffen, in denen bestehende Unternehmen prosperieren und sich entwickeln und neue Unternehmen entstehen und wachsen können«. Unternehmen dürften nicht durch »Regulierungen und Paragrafen erstickt werden«.[17] Die Steuern müssten runter. Der Sozialstaat sei dringend zu modernisieren. Wörtlich hieß es dazu: »Ein Sozialversicherungssystem, das die Fähigkeit, Arbeit zu finden, behindert, muss reformiert werden. Moderne Sozialdemokraten wollen das Sicherheitsnetz aus Ansprüchen in ein ›Sprungbrett‹ in die Eigenverantwortung umwandeln. Für unsere Gesellschaft besteht der Imperativ der sozialen Gerechtigkeit aus mehr als der Verteilung von Geld. Unser Ziel ist eine Ausweitung der Chancengleichheit. (…) Die Menschen verlangen (…) aber auch nach Fairness gegenüber denen, die das bezahlen. Alle sozialpolitischen Instrumente müssen Lebenschancen verbessern, Selbsthilfe anregen, Eigenverantwortung fördern.«[18]

Wenn auch recht hübsch verpackt für seine Sozialdemokraten, war dies jedoch nichts anderes als klassische neoliberale Versatzstücke. Der Homo oeconomicus war auch im SPD-geführten Kanzleramt angekommen, und die Partei folgte ihm. Eine der hartnäckigsten und mächtigsten Bastionen des Widerstands, die Sozialdemokratie, war eingenommen. Das war der entscheidende politische Durchbruch des Neoliberalismus, spätestens jetzt war er endgültig der alles überwältigende politische Mainstream. Eine rot-grüne Regierung, die ihm huldigte, und eine Opposition aus CDU und FDP, die ohnehin auf Kurs war und die alles, was Schröder und sein Vizekanzler Joschka Fischer wirtschafts-, steuer- und sozialpolitisch anzettelten, lediglich nicht radikal genug fanden. Von 669 Abgeordneten war es nur ein kleines Häufchen von 36 Volksvertretern der PDS, die das grundsätzlich anders sahen. Eine verschwindend kleine parlamentarische Opposition, die schließlich so gut wie ganz verschwunden war, als Schröder 2003 seine Agenda ausrief. Die PDS war 2002 an der 5-Prozent-Hürde gescheitert und mit nur noch zwei direkt gewählten Abgeordneten ohne Fraktionsstatus im Bundestag vertreten. Es gab damit keine vernehmbare parlamentarische Opposition mehr gegen den neoliberalen Schwenk, gegen Hartz IV, gegen Privatisierungen im Renten- und im Gesundheitssystem und all das andere. Es gab keine wirkliche parlamentarische Auseinandersetzung um den Neoliberalismus und über mögliche Alternativen mehr.

Die politischen Konsequenzen dieser Konstellation oppositionsloser Politik sind das eine. Ich bin der festen Überzeugung, dass Gerhard Schröder seinen Sozialstaatsabbau mit einer linken Opposition im Bundestag, die man nicht einfach mit einem gelegentlichen Basta hätte einschüchtern können, so nicht hätte durchziehen können. Die Diskussionen wären andere gewesen. Die SPD-Fraktion selbst, in der ja nicht wenige Parteilinke an ihrem Kanzler und der neuen Mainstreampolitik verzweifelten, hätte ganz andere Dynamiken erlebt. Es wäre schwieriger gewesen mit dem Basta. Auch die Grünen hätten nicht so reibungslos funktioniert. Es wäre für die damaligen Fraktionsvorsitzenden Christa Sager und Katrin Göring-Eckardt deutlich schwieriger gewesen, ihre Grünen-Abgeordneten für die ganzen sozialpolitischen Gräueltaten zu organisieren, wenn sie von einer linken Opposition dabei gestellt worden wären.

Für weit gravierender, weil nachhaltiger noch als das, was sich ohne Opposition im Parlament abspielen konnte, halte ich allerdings die gesamtgesellschaftliche Wirkung dieser Konstellation. Politische Berichterstattung funktioniert ganz überwiegend als Regierungs- und Parlamentsberichterstattung oder Hauptstadtberichterstattung, wie die Journalisten es nennen. Was nicht im Bundestag passiert, findet so gut wie gar nicht statt. Alles wird dabei medial auf politische Akteure und Parteipolitik heruntergebrochen. Die Frage, was es bedeutet, wenn einige Hunderttausend Flüchtlinge zu uns kommen, ist für die Hauptstadtberichterstattung offenbar weit weniger interessant als der Parteienstreit zwischen CDU und CSU, den das auslöst. Und dieser Parteienstreit ist weit weniger interessant als die Beziehung zwischen Merkel und ihrem Kontrahenten Seehofer. Die Frage des Für oder Wider von TTIP ist für die Berichterstattung bei weitem nicht so interessant wie die SPD-interne Auseinandersetzung darüber, und diese wiederum wird erst so richtig unterhaltsam, wenn man sie zur politischen Schicksalsfrage eines Parteivorsitzenden stilisieren kann. Wann lacht die Kanzlerin, wann zieht Gabriel seine Stirn kraus, wann wirkt die Kanzlerin angestrengt, wann ist Gabriel gut gelaunt? Das sind die Geschichten, die unsere Zeitungen uns erzählen wollen. Gelegentlich glaubt man, es mit »Baby Schimmerlos« unter der Reichstagskuppel zu tun zu haben.

Was sich nicht im Bundestag abbildet, ist, medial gesehen, keine Politik ersten Ranges und findet in den Medien faktisch kaum statt. Vielleicht noch im Feuilleton als Buchbesprechung oder in einem interessanten Kongressbericht. Aber mit alternativen außerparlamentarisch-oppositionellen Ansichten in den Politikteil zu gelangen wird schwierig. Bei TV-Nachrichten wird es noch enger. Das macht es im Übrigen auch Parteien, die einmal aus Parlamenten hinausgewählt wurden, so schwer, wieder hineinzukommen. Sie sind in den Medien praktisch nicht mehr vorhanden, und damit finden auch ihre Themen und Sichtweisen keinen Eingang mehr in die Medien und in die öffentliche Meinungsbildung. Sie können sich nicht mehr wirkungsvoll vermitteln. Nun können zivilgesellschaftliche Bündnisse abseits der Parteien sicherlich einiges bewegen, denken wir an medial so erfolgreiche Organisationen wie Campact, Greenpeace, Amnesty International, Pro Asyl und andere. Doch bedeutet es für diese Organisationen regelmäßig einen ungeheuren Aufwand, um auch nur einen Zipfel des medialen Interesses abzugreifen.

Die Wirkung einer solchen jahrelangen Einförmigkeit und Einfältigkeit in der politischen Berichterstattung, wie wir sie ab 2002 erlebt haben, die Wirkung dieses im wahrsten Sinne des Wortes alternativlosen Diskurses auf die öffentliche Meinungsbildung war gravierend. Wenn überhaupt mal über grundsätzliche Bedenken gegen den neoliberalen Agenda-Kurs berichtet wurde, dann waren es Geschichten über einsame Abweichler in der SPD-Fraktion wie etwa den stets aufrechten Ottmar Schreiner und über die Anfeindungen und steten Niederlagen, die sie erleiden mussten.[19] Mut zum Querdenken macht das nicht. Vielmehr erlebte man den Neoliberalismus tagein, tagaus als gesetzt, übermächtig und als die neue moderne Ideologie der 99 Prozent. So etwas schlägt sich nieder im gesellschaftlichen Stimmungsbild, verengt den politischen Horizont einer Gesellschaft ganz erheblich. Und je länger dieser Zustand andauert, umso normaler wird diese Verengung, umso normaler wird der Verlust der Opposition.

Totalitäre Argumente – von neuer Sachlichkeit und alternativloser Politik

Schröder verstärkte das Bild einer oppositionslosen Politik und des Endes des politischen Wettstreites um Ideen und Richtungen, indem er diesen schlimmen Zustand geradezu zum Programm erhob. »Es gibt keine rechte oder linke Wirtschaftspolitik, sondern nur noch eine richtige oder falsche!«, kann in diesem Zusammenhang als sein Schlüsselsatz gelten.[20] Eigentlich kommt er ja ganz harmlos, ja sogar positiv daher, weil pragmatisch und dezidiert unideologisch: Da ist jemand, der keine Scheuklappen kennt und keine Berührungsängste, wenn es um das Wohl des Landes geht.

Tatsächlich aber ist dieser Satz pures Gift für den demokratischen Diskurs. Was Schröder programmatisch, quasi als Ersatz für die politische Auseinandersetzung, ausrief, war ein »radikaler Pragmatismus«, wie er es in einer Schrift seines späteren Kanzleramtschefs Bodo Hombach nannte.[21] Es war vordergründig dieses Macher-Getue, das seinen politischen Habitus prägte, dieses »Ich kann Kanzler«-Gehabe. Bei näherem Hinhören jedoch war es die Verweigerung des politischen Diskurses, die Verweigerung einer Auseinandersetzung um gesellschaftspolitische Ziele und Visionen, und es war vor allem die Negation jeglicher gesellschaftlicher Interessenwidersprüche. Die Botschaft, vor allem an seine eigenen Genossen, war klar: Vergesst alles, was ihr bisher an weltverbesserischen und linken Flausen im Kopf hattet. Das zählt alles nicht mehr. Das Einzige, was zählt, ist der volkswirtschaftliche Erfolg, Dem hat sich alles andere unterzuordnen. Klassengegensätze waren gestern, heute ist wirtschaftspolitische Geschmeidigkeit gefragt. Und was Pragmatismus für Schröder ganz konkret bedeutete, auch daraus machte er keinen Hehl: alles nämlich, was den Interessen der Unternehmer und Unternehmen entgegenkam. Die Wettbewerbsfähigkeit deutscher Unternehmen wurde zur Staatsräson. Das neoliberale Argument, wonach sich Interessengegensätze bei rationaler ökonomischer Betrachtung ohnehin im gemeinsamen Trachten nach größtmöglicher Rendite deutscher Unternehmen weitestgehend auflösen müssten, fand in Schröders radikalem Pragmatismus die perfekte politische Vermarktung.

Eine neue Dichotomie wurde aufgemacht: Sachlichkeit versus Unsachlichkeit. Sachlich waren alle, die sich endlich den vermeintlich objektiven ökonomischen Gesetzmäßigkeiten und den Herausforderungen globaler Konkurrenz stellten, unsachlich all jene, die Politik nach wie vor in Traditionen verhaftet sahen, als ein Ringen um gesellschaftliche Leitbilder und Visionen, als wertorientiert oder sogar wertgebunden. Es ist eine der gebräuchlichsten neoliberalen rhetorischen Kunstfiguren geblieben. Immer wenn Interessengegensätze zwischen Arm und Reich oder zwischen Arbeitern und Unternehmern auf den Tisch gelegt werden, wenn soziale Ungleichheit angeprangert und Gerechtigkeit eingeklagt wird, findet sich meist auch jemand (bevorzugt ein Professor), der eilig auf »Versachlichung« der Diskussion dringt und auch gleich »etwas beitragen möchte« zu dieser Versachlichung. Was dann kommt, sind meist irgendwelche statistischen Nebelkerzen, die den Eindruck erwecken sollen, dass »bei nüchterner Betrachtung« doch eigentlich alles gar nicht so schlimm sei. Immer findet sich jemand, der mit dem Gestus des objektiven, unparteiischen Versachlichers auftritt, tatsächlich aber lediglich weichspülen will.[22]

Der Kniff dieser neoliberalen Standardnummer ist schnell durchschaut. Zu häufig geht es keinesfalls um irgendeine Versachlichung, oft nicht einmal so sehr um die vorgetragenen Argumente. Es geht vor allem darum, dem anderen dezidiert oder auch nur unausgesprochen »Unsachlichkeit« zu unterstellen, ihn mit dem offenen oder verdeckten Vorwurf zu diskreditieren, an den Fakten vorbei zu argumentieren, irgendetwas »aus der Luft zu greifen«, sich ohne Sachkenntnis von Emotionen und Interessen leiten zu lassen oder nur skandalisieren zu wollen, wo doch eigentlich alles gut sei. Mit der Erfahrung aus vielen politischen Auseinandersetzungen heraus kann ich nur den Rat geben: Wann immer jemand daherkommt und erklärt, er wolle mal etwas zur Versachlichung beitragen, sollte man schwer auf der Hut sein. Häufig ist es lediglich eine rhetorische List.

Dass diese List so gut funktioniert, verdankt sie dem »neuen Pragmatismus« der Schröderianer, dieser angeblichen Sachlichkeit als neuem Maßstab politischen Handelns. Bei vorbehaltloser Betrachtung ist Unsachlichkeit eigentlich erst einmal nichts Verwerfliches, solange man keine Fakten verbiegt oder sich gänzlich von Wirklichkeiten abkoppelt. Man könnte umgekehrt auch zu einem ganz anderen Schluss gelangen: dass nämlich die Entkleidung jeglicher Auseinandersetzung um Emotionen und moralische Attitüden sie zugleich entwertet und eindimensionalisiert, was das Ergebnis keinesfalls besser machen muss. Statt mit geballter Faust in der Tasche so zu tun, als sei man völlig entspannt, frei von jeglichen Eigen- oder Institutionsinteressen, um dann doch nur wieder interessengeleitete Fakten auszubreiten, ist es schon besser, ehrlicher und konstruktiver, die Karten gleich offen auf den Tisch zu legen. Aber es gehört nun einmal zum Charakter des praktizierten Neoliberalismus, dass er sich stets bemüht, als objektiver Sachwalter zu erscheinen; und sollte er überhaupt ein Interesse verfolgen, dann selbstverständlich und schlussendlich das Wohl aller.

Ganz neu war diese Kunstfigur der »neuen Sachlichkeit«, die vor allem den Zweck hat, sich unliebsamer Wertediskussionen zu entledigen und den politischen Gegner abzuqualifizieren, nicht. Schon Schröders sozialdemokratischer Amtsvorgänger Helmut Schmidt hatte allen, die Visionen verfolgten, empfohlen, besser mal zum Arzt gehen. Die zweifelhafte Leistung Schröders liegt darin, aus dieser Flapsigkeit Schmidts ein geschlossenes Argumentationssystem gemacht und diesem zum Durchbruch verholfen zu haben. Denn von der neuen Sachlichkeit war es nur ein kleiner Schritt zum gern bemühten »Sachzwang« und von dort aus wiederum nur ein Schrittchen zur Proklamierung der »alternativlosen Politik«. Die Begründung einer politischen Entscheidung als »alternativlos« – 2010 zum Unwort des Jahres gekürt – wird zumeist Angela Merkel angekreidet. Doch war es Schröder, der dieses Adjektiv und das damit verbundene Denken bei der Durchsetzung seiner Agenda 2004 in die Politik einführte und reichlich strapazierte.

Der Heidelberger Philosoph Hans-Georg Gadamer sprach Anfang dieses Jahrtausends den schönen und wahren Satz: »Ein Gespräch setzt voraus, dass der andere Recht haben könnte.«[23] Genau das Gegenteil praktizierte Schröder. Er begann, den Neoliberalismus als ein mental totalitäres System zu präsentieren: Wer pragmatisch ist und sachlich, werde auch die Sachzwänge akzeptieren, und wer die Sachzwänge akzeptiere, werde anerkennen müssen, dass die jeweilige politische Entscheidung alternativlos ist. Wer dies nicht tue, argumentiere offensichtlich nicht mehr rational, sondern irrational, in altmodischen Lagern und Ideologien verstrickt. Der politische Gegner ist bei solcher Logik nicht mehr anderer, aber respektabler Ansicht, sondern liegt ganz einfach falsch. Das jedoch ist eine totalitäre »Argumentation«. Schröder hätte genauso gut sagen können: Es gibt keine linke und rechte Politik mehr, sondern nur noch meine Meinung. Er verließ mit dieser Doktrin die Grundlage einer demokratischen und toleranten Auseinandersetzung: dass man nämlich wenigstens theoretisch die Möglichkeit in Betracht zieht, sich zu irren und seinem Gegenüber Recht geben zu müssen. Es ist ein gewaltiger Unterschied, ob man erklärt, dass man etwas für falsch *hält*, dass etwas *seiner Ansicht nach* falsch sei, oder ob man von vornherein apodiktisch postuliert, etwas *ist* falsch.

Der Clou bei der vermeintlichen Alternativlosigkeit besteht vor allem darin, andere auszugrenzen und in irgendwelche schlecht beleumundete Ecken zu stellen. Nicht umsonst variierte Schröder sein neues Motto auch gern mal, indem er davon sprach, dass es keine linke oder rechte, sondern nur noch moderne und unmoderne Wirtschaftspolitik gebe.[24] Hier die Modernen, die mit der Zeit gehen, dort die Unmodernen, die die Zeichen der Zeit nicht erkannt haben. Wer möchte schon gern in dieser Ecke stehen? Die gesamte Agenda 2010 wurde mit diesem Argumentationsmuster durchgedrückt. Der unzweifelhafte Vorteil für die Schröder- und Agenda-Getreuen: Eine echte und tiefe Richtungs- oder Wertediskussion brauchte gar nicht mehr geführt zu werden, denn sie ist nach dieser grobschlächtigen Logik ja ohnehin per se irrational, unsachlich, unpragmatisch und unmodern.

»Sachzwang« und »Alternativlosigkeit« waren die Worthülsen, mit denen Abweichler in den eigenen Reihen zur Räson gebracht wurden, »Sachzwang« und »Alternativlosigkeit« waren auch das Argumentationssurrogat, mit dem auf die Proteste aus der Bevölkerung gegen Hartz IV reagiert wurde. Die Sachzwangrhetorik war im Grunde zutiefst opportunistisch und entlarvte sich schon bei nur kurzem Nachdenken als argumentativer Zirkelschluss. Denn sie setzt voraus, dass gegebene Rahmenbedingungen als mehr oder weniger unabänderlich angenommen werden: Verteilungsstrukturen etwa zwischen Unternehmern und Arbeitern, das Primat des Profits als Leitschnur politischen Handelns, Eigentums- und Vermögensverhältnisse, Macht- und Einflussstrukturen zwischen Wirtschaft und Politik. Wenn ich bei Regen aus dem Haus gehe und nicht nass werden will, gibt es unbestreitbar einen gewissen Sachzwang, den Schirm aufzuspannen. Das Aufspannen des Schirmes ist dann in der Tat alternativlos. Wer aber sagt, dass ich aus dem Haus gehen muss? Wer sagt, dass ich nicht nass werden darf? Was soll schon passieren, wenn ich ein wenig nass werde? Das Gegebene als gegeben zu akzeptieren ist Voraussetzung und Effekt dieses kunstvoll vorgetragenen Zirkelschlusses zugleich. Es kommt jedoch sehr darauf an, ihn selbstverständlich genug vorzutragen. Die Propagandisten müssen die tiefe Überzeugung ausstrahlen, dass tatsächlich so gut wie nichts veränderbar ist, müssen jeden Gedanken an substantielle Veränderung sogleich ins Reich des Absurden verbannen.

»Wir sind hier doch nicht bei ›Wünsch dir was‹«, »Das ist doch Wolkenkuckucksheim« – mit solchen und ähnlichen arrogant-lapidaren Floskeln wurde abgespeist, wer ernsthaft gegen den neoliberalen Mainstream aufbegehrte und mehr Ausgaben für Bildung, Kindergeld, Pflege oder Sozialhilfe einforderte. Daran hat sich bis heute nichts geändert. Man macht sich gar nicht mehr die Mühe, ernsthaft und respektvoll dagegen zu argumentieren. Man hatte es über die Jahre tatsächlich geschafft, die angebliche Nicht-Finanzierbarkeit eines funktionierenden Sozialstaates von der These zum Axiom zu erheben, zur grundlegenden, nicht mehr überprüfbaren und auch nicht mehr überprüfenswerten Grundannahme politischen Denkens und Handelns. Mit Äußerungen wie »Wir sind hier doch nicht auf dem Ponyhof« oder »Das ist doch sowieso nicht finanzierbar« wurden und werden Diskussionen abgewürgt, bevor sie überhaupt begonnen haben – ganz so, als hätte man in Frage gestellt, dass $1 + 1 = 2$ seien. Bezeichnenderweise braucht derjenige, der solche Plattheiten einwirft, sie nie zu begründen, braucht seine Behauptung trotz oder vielleicht wegen ihrer Rigorosität nie zu untermauern. Die Beweislast liegt immer bei demjenigen, der die Mehrausgaben fordert. Und selbst wenn ausgereifte Gegenfinanzierungsvorschläge vorgelegt werden, wenn Umverteilungsszenarien gerechnet werden, heißt es lediglich lapidar: Geht nicht. Phantasterei. Mal würden sämtliche Unternehmer ins Ausland abwandern, mal würden Güter und Dienstleistungen für die Menschen in Deutschland unbezahlbar. Nichts ist belegt, vieles aber nachweislich heiße Luft, wie ich bereits am Beispiel der Mindestlöhne deutlich gemacht habe.

Die Natur der Dinge – von Gepflogenheiten und Selbstverständlichkeiten

Der Neoliberalismus hat es in den öffentlichen Meinungsschlachten durch die jahrelang währende weitgehende Abwesenheit alternativer Gedankengebäude und mittels ständiger Wiederholung geschafft, seine Lehrsätze in den Status »fragloser Plausibilitäten« zu versetzen, wie es der Soziologe Ulrich Bröckling nennt: Die neoliberalen Thesen und Behauptungen werden zu A-priori-Urteilen, die in unseren Köpfen keinerlei Überprüfung mehr erfahren.[25] Es sind Wirklichkeitskonstrukte, mit deren Hilfe wir denken, über die wir aber niemals nachdenken. Dass Ungleichheit gut sein soll, dass es eine Gesellschaft ohne Armut niemals geben kann, dass Wettbewerb und Konkurrenz immer gut und notwendig sind, dass der Mensch von Natur aus auf seinen Vorteil bedacht ist, dass der freie Markt ein geradezu alternativloses System des Wirtschaftens und des Zusammenlebens darstellt – solche und andere Setzungen werden als gegebene Wahrheiten betrachtet. Sie können doch, so setzt es sich fest, unmöglich falsch sein, wenn fast die gesamte Professorenriege sie lehrt und in den Talkshows verkündet, wenn Zeitungskommentatoren sie als Messlatte ihrer täglich publizierten Urteile heranziehen, die Politik ihnen folgt und nur ausgesprochene Minderheiten von zweifelhaftem Leumund sich zu anderen Auffassungen bekennen. Meinungen werden zu Tatsachen stilisiert, die nicht mehr hinterfragt werden. Irgendwann werden sie im wahrsten Sinne des Wortes »selbstverständlich«, zu selbstevidenten Voraussetzungen und Ausgangspunkten unseres Denkens.

Der polnisch-britische Philosoph Zygmunt Bauman hat sich sehr intensiv mit der Frage auseinandergesetzt, wie es eigentlich kommt, dass Menschen zu derartigen unhinterfragten Gewissheiten gelangen. Er benutzt dazu das schöne Wort »Gegebenheiten«. Es sind nach seiner Beobachtung »Gegebenheiten«, in die wir hineinwachsen, »Gegebenheiten, in denen Habgier und Korruption, Konkurrenz und Egoismus überall und bei jedem walten«. Wir lernten schnell, dass diese Gegebenheiten mächtig sind und kaum veränderbar. Den allermeisten bleibe kaum etwas anderes übrig, als sich ihnen anzupassen. Es seien »Gepflogenheiten«, die, so Bauman, »bewusst oder unbewusst, absichtlich oder zufällig auf monotone Weise eine Welt reproduzieren, in der jeder gegen jeden Krieg führt«. Das sei auch der Grund, »weshalb wir allzu oft jene (erfundenen, etablierten oder imaginierten) Gegebenheiten, die sich durch unser Zutun täglich erneuern, fälschlicherweise für die ›Natur der Dinge‹ halten, welche sich jeglicher menschlicher Einflussnahme entziehen«.[26]

Zygmunt Bauman ist mittlerweile 92 Jahre alt. Der vielfach ausgezeichnete Philosoph hat in seinem ereignisreichen Leben die Menschen in ganz unterschiedlichen Staats- und Wirtschaftssystemen erlebt und weiß: »Ein ›durchschnittlicher Mensch‹ glaubt zeit seines Lebens, dass Notwendigkeit die Welt regiert und nicht irgendwelche abstrakten Wertvorstellungen. Er oder sie glaubt unbeirrt das, wofür der ›durchschnittliche Mensch‹ zugegebenermaßen reichlich vernünftige Gründe hat: was sein muss, muss sein. Punktum. Wir neigen (zu Recht) dazu zu denken, dass das die Welt ist, in der wir leben müssen. Und wir folgern (zu Unrecht), dass es zu dieser Art von Welt keine Alternative gibt und auch keine Alternative geben kann.«[27]

Es war vor einiger Zeit, als ich an einer Hochschule vor jungen Studentinnen und Studenten der sozialen Arbeit aus meinem Buch *Mehr Mensch – gegen die Ökonomisierung des Sozialen* las. Ich erzählte davon, dass bis Mitte der 1990er Jahre in der Pflege keine privaten Gewinne gemacht werden durften, dass gewerbliche Anbieter gar nicht zugelassen waren. Ich kam auch darauf zu sprechen, dass Elektrizität und Wasser als öffentliche

Güter ausschließlich vom Staat vorgehalten und ganz bewusst nicht dem Wettbewerb ausgesetzt wurden. Ich berichtete, dass auch der Wohnungsmarkt in der Bundesrepublik nicht immer ein freier Markt war, wie wir ihn heute kennen, und dass es sogar mal einen gemeinnützigen Wohnungsbau gab. Und je länger ich plauderte, umso klarer wurde mir, dass ich den jungen Leuten vorkommen musste, wie ein Überbleibsel aus irgendwelchen längst vergangenen Epochen. (Nun gut, die Beispiele waren ja auch tatsächlich alle aus dem letzten Jahrtausend.) Vor mir saß eine Generation, für die der Neoliberalismus immer schon da war, biografisch alternativlos; eine Generation, die nie etwas anderes kennen gelernt hat und für die der Neoliberalismus jene Gegebenheit ist, in die sie hineinwuchs, und die sie für die natürlichste Sache der Welt hält. Und wo ich schon mal als Grufti geoutet war, konnte ich auch gleich weitermachen: Ich wies darauf hin, dass es sogar mal eine Zeit gab, in der man sonntags keine frischen Brötchen bekam, weil alles geschlossen hatte, auch die Bäcker, und in der selbst an Advent die Verkäuferinnen und Kassiererinnen zu Hause bei ihren Familien bleiben durften, eine Zeit, in der nicht jede Nachrichtensendung damit endete, dass man uns erklärt, wie es dem Dow-Jones-Index denn so geht, und in der Sozialarbeiter nicht nur soziale Arbeit machten, sondern nebenbei auch die bestehenden Verhältnisse umkrempeln wollten.

Ich hatte nach diesem Auftritt sehr gut begriffen, was Zygmunt Bauman meint, wenn er von »Gegebenheiten« und »Gepflogenheiten« spricht, die unser Denken prägen. Und ich hatte auch begriffen, wie mühsam es wird, eine Gesellschaft zu verändern, wenn man immer erst den Beweis anzutreten hat, dass es auch anders gehen könnte, als uns das enge Terrain des Gegebenen zu denken erlaubt. Es ist ein Unterschied, ob ich gegen eine Meinung oder gegen vermeintliche Naturgesetze argumentieren muss. Nicht dass es aussichtslos wäre. Der Mensch hat die Wahl. Niemand muss theoretisch den Gepflogenheiten, den Wirklichkeiten, die er vorfindet, folgen und sie reproduzieren. Doch benennt Baumann auch den Preis, den man zu zahlen hat, wenn man es nicht tut, wenn man sich gegen den Mainstream stellt und alternative Denk- und Handlungsweisen wählt: »Weigern sich die Wählenden zu tun, wozu sie gedrängt werden, so müssen sie dafür in der kostbaren Währung von sozialer Anerkennung, Status und Prestige bezahlen. Umgekehrt wird für die treue Gefolgschaft in genau dieser Währung ausgezahlt. In unserer Gesellschaft sind die Kosten so gestaltet, dass Widerstand gegen Ungleichheit und die damit einhergehenden (öffentlichen und privaten) Konsequenzen äußerst weitreichend sind. Die Chance, dass man sich dagegen auflehnt, ist daher sehr viel geringer als die Entscheidung für eine der Alternativen: gelassene, gleichgültige Unterwerfung oder bereitwillige Kooperation. Und die Würfel, die wir als Bewohner der kapitalistischen, individualisierten Konsumgesellschaft immer wieder in (beinahe) allen Lebenslagen werfen müssen, fallen zumeist zugunsten jener, die von Ungleichheit profitieren beziehungsweise hoffen, davon zu profitieren.«[28]

Wörter sind wichtig – von Ideologen, Gutmenschen und Sozialneidern

Die von Bauman angesprochene Sanktionierung wurde denn auch mit der Ausrufung des neuen Schröderschen Pragmatismus ziemlich rigoros durchgezogen. Wer ihm nicht frönen wollte, begab sich außerhalb des Diskurses oder wurde aus ihm verbannt. Statt Links und Rechts hießen die neuen Lager nun Modern und Unmodern, Rational und Irrational. Wer nicht Mainstream war, wer es noch wagte, links zu argumentieren, wurde in das Lager der Irrationalen sortiert und durfte sich auf einiges an Diskreditierung gefasst machen. Was nicht neoliberal-pragmatisch war, wurde der Ideologie bezichtigt. Mainstream-Kritiker sahen sich immer häufiger als Ideologen gebrandmarkt, wobei der Ideologiebegriff, passend zum neuen Pragmatismus, einen deutlich negativen Bedeutungswandel erfuhr. Bezeichnete Ideologie ursprünglich eine Weltanschauung, eine theoretische Erklärung dieser Gesellschaft, erhielt der Begriff in der anklagenden Konnotation mehr und mehr die Zuschreibung, abgehoben, dogmatisch, realitätsfern oder auch manipulativ zu sein. Der Ideologe war jemand, der sich nicht den Menschen oder seinem Land, sondern allein seinen meist linken Ideen verpflichtet fühlt. Seine Politik war damit grundsätzlich gefährlich.

Wie trefflich man damit politische Gegner verunglimpfen konnte, zeigte sich zuletzt im Schuldenstreit zwischen der EU und Griechenland. Die gesamte linke griechische Führung unter Ministerpräsident Alexis Tsipras und insbesondere sein Finanzminister Yanis Varoufakis wurden von deutschen Politikern und der Presse als Ideologen beschimpft, nur weil sie es wagten, angesichts des ungeheuren Elends in ihrem Land einen wenigstens teilweisen Schuldenerlass zu fordern und damit das Gegebene als veränderbar zu hinterfragen – zugunsten der Notleidenden und zu Lasten der Banken. »Hasardeure« und »Spieler« waren ebenfalls sehr beliebte Beschimpfungen der beiden, die es wagten, mit Gepflogenheiten brechen zu wollen, die Visionen hatten und zu ihnen standen.[29] Die Kommentare in Politik und Presse wurden zunehmend herabwürdigender. Es gehörte schon einige Courage dazu, sich in der aufgeheizten, aggressiven Atmosphäre noch offen auf die Seite der Griechen zu stellen und für einen Schuldenerlass einzutreten.

Ganz ähnlich wie der Ideologe funktioniert der Populist. Das war noch so ein Schimpfwort, das sich der griechische Ministerpräsident aus deutschem Munde gefallen lassen musste. Es gibt derzeit kaum eine Zuschreibung, die in der politischen Debatte inflationärer und unreflektierter verwandt wird. Und zwar immer als Vorwurf. So wie er auch in der politischen Berichterstattung benutzt wird, erklärt er in der Regel nichts – soll er auch nicht –, sondern bewertet lediglich. Und zwar ausschließlich politische Positionen, die selbst nicht geteilt werden.

Populismus ist von einer politikwissenschaftlichen Kategorie zum politischen Kampfbegriff mutiert, der eingesetzt wird, wo es gerade passt. Weil er so schön wirkungsvoll ist, so schön abwertend und diskreditierend, ähnlich wie der Begriff des Ideologen. Was soll ein Populist sein? Schaut man sich die vielen Medienkommentare über Populisten hier und dort an, so scheint erst einmal gemeint zu sein, dass jemand gegen das Establishment antritt, gegen die, die seiner Ansicht nach, vom Volke abgehoben, ihre Privilegien schützen. Ob Donald Trump oder Bernie Sanders in Amerika oder sogar der englische Oppositionsführer der Labour-Party Jeremy Corbyn, sie alle werden als Populisten betitelt, die gegen das Establishment Stimmung machen, obwohl sie doch selbst tief aus dem Establishment kommen. Ein deutlicher Widerspruch, aber nicht der einzige. Populisten, so die meist mitschwingende Anklage, seien die, die sich beim Volk anbiedern, seine Beschimpfungen und Forderungen nachplappern, um sich seiner Gunst zu versichern. Dieser Vorwurf ist insofern etwas merkwürdig, als mit den Demoskopen eine ganze Branche davon lebt, allen Parteien, und gerade den etablierten, Tipps und Hinweise zu liefern darüber, wie und was das Volk gerade denkt, welche Äußerungen wie aufgenommen werden und welche Forderungen welchen Beifall erfahren oder auch nicht. Und nun ist es ja nicht so, als nehme man derlei in den Parteien einfach nur zur Kenntnis, um sodann weiter unbeirrt für seine Überzeugungen zu streiten nach dem Motto eines Willy Brandts, der einmal erklärte: »Es hat keinen Sinn, eine Mehrheit für die Sozialdemokraten zu erringen, wenn der Preis dafür ist, kein Sozialdemo-krat mehr zu sein.«

Gerade unsere »Volksparteien« dürften die wohl wendefä-higsten sein, was das Aufgreifen von Stimmungen und Strö-mungen anbelangt. Der Schlingerkurs der Regierungsparteien in der Flüchtlingspolitik ist Beleg genug. Sommer 2015: Die Zeitungen schreiben im Zusammenhang mit den zu uns kom-menden Flüchtlingen und der Hilfsbereitschaft in der Bevölke-rung in großen Lettern vom Sommermärchen. Prompt nimmt der Vizekanzler und SPD-Parteivorsitzende Gabriel telegen mit einem *BILD*-Zeitungs-Button mit dem Aufdruck »#refugeeswel-come – Wir helfen« auf der Regierungsbank Platz. Kaum spre-chen die Medien nicht mehr vom Sommermärchen, sondern von der Flüchtlingskrise, verschwindet der Sticker ganz schnell wieder; stattdessen werden Leistungen für die Flüchtlinge ge-kürzt, und bei vielen wird der Familiennachzug unterbunden. Und es war im Übrigen nicht nur Sigmar Gabriel. Bei allen Par-teien fanden sich Politikerinnen und Politiker, die sich »populis-tisch« vor den Werbekarren der *Bild*-Zeitung spannen ließen.

Nun ließe sich einwenden, das sei ja noch nicht zwingend Populismus, denn vielleicht sind Gabriel und seiner Partei le-diglich bessere Einsichten gekommen. Denn Populismus, so eine andere häufige Meinung, liege erst dann vor, wenn Politi-ker dem Volk gefallen wollen, dabei aber gegen ihre eigene Überzeugung handelten. Wenn dem so sein sollte, muss aller-dings die Frage gestellt werden, was es dann anderes als Popu-lismus ist, wenn sowohl innerhalb der SPD als auch innerhalb der Partei der Grünen gegen Steuererhöhungen mit dem Argu-ment votiert wird, das Geld brauche man schon, doch könne man mit einer solchen Forderung keine Wahlen gewinnen.

Eine weitere Spielart des Populismusvorwurfs, die mir gele-gentlich begegnet: Forderungen des Volkes werden aufgegrif-fen, obwohl der Populist weiß, dass er sie nie wird erfüllen können. War Tsipras ein Populist, weil er, wie sein Volk, den Schuldenerlass forderte, wohlwissend, dass er mit dieser Forderung möglicherweise scheitern wird? Sind Gabriel und Seehofer zu Recht als Populisten beschimpft worden, als sie im Sommer 2016 für eine Stabilisierung des Rentenniveaus eintraten? Sind alle Linkspolitiker volksverführerische Populisten, weil sie ganz gegen die neoliberalen Überzeugungen gerechte Löhne, auskömmliche Renten und Sozialleistungen in einer Höhe fordern, die vor Armut schützt? Ist ein jeder ein populistischer Lügner, der seiner Überzeugung Ausdruck verleiht, dass eine gerechte, eine gute Gesellschaft mit mehr Gleichheit und ohne Armut nicht nur wünschenswert, sondern auch real möglich ist? Aus Sicht der Neoliberalen selbstverständlich. Denn aus ihrer Sicht ist die Verheißung einer solchen Gesellschaft schlichte Volksverdummung. Nicht jedoch aus Sicht von Menschen, die den Neoliberalismus in Deutschland eben nicht als alternativlos erachten und die an das Primat und die Kraft der Politik glauben.

Daher: Wann immer der Populismusvorwurf erhoben wird, lohnt es sich, genau hinzuschauen, was gemeint ist und von wem der Vorwurf kommt. Es macht schon einen ganz gewaltigen Unterschied, ob ich es mit Politikern zu tun habe, die auf die Karte des Krawalls, der undifferenzierten Pöbelei und auf die Karte rassistischer Ressentiments setzen, oder mit Politikern, die im demokratischen Diskurs ihre Alternativen für eine gerechtere und bessere Gesellschaft vorstellen und dafür eintreten. So viel Differenzierung ist nötig und möglich.

Die Neoliberalen beherrschen das diskreditierende Spiel mit der Sprache perfekt. Und immer ist es der angebliche Gegensatz von Sachlichkeit und Ratio auf der einen Seite und Irrationalität auf der anderen Seite, der das Grundmuster bildet. Zweifelsfreie Tugenden, seit Jahrhunderten tradiert, wurden dabei einfach umdefiniert und ins Gegenteil verkehrt: Wem die Nöte von

Menschen am Herzen lagen, wer Empathie zeigte, wer das menschliche Einzelschicksal bei all den neoliberalen Umwälzungen dieser Gesellschaft nicht aus dem Blick verlieren wollte oder wer gütig war, der sah sich plötzlich als hoffnungsloser »Gutmensch« der Lächerlichkeit preisgegeben – nette Leute, aber leider absolut aus der Zeit gefallen und nicht mehr brauchbar. Wer sich nachdenklich zeigte, wer sich seine ganz eigenen Gedanken machte und auch mal gegen den Stachel löckte, der wurde zum nervigen »Bedenkenträger« abgestempelt. Nachdenklichkeit bekam einen deutlich negativen, ja fast destruktiven Touch, wurde gleichgesetzt mit Nörgelei und der Verbreitung schlechter Stimmung auf dieser großen Party des marktwirtschaftlichen Auf- und Durchbruchs.

Was jedoch vor allem störte und abgeräumt werden musste, war der »nervige« Gerechtigkeitsbegriff. Hier lieferten die neoliberalen Wortverdreher ihr Meisterstück ab. »Sozialneid« war der neue Kampfbegriff der Privilegierten, der immer dort eingesetzt wurde, wo Ungerechtigkeit und Privilegien angeprangert wurden: In Wirklichkeit stecke ja nur Sozialneid dahinter, mehr nicht. In aller Regel folgte auf eine solche Beschimpfung nicht einmal mehr eine Begründung. Die war auch nicht nötig, denn der Begriff war einfach genial: Neid klingt nach Missgunst, einfach unsympathisch. Den Neider kann keiner leiden, und deshalb will auch keiner als solcher geoutet werden. Neider, so suggeriert das Wort, sind immer die Unterlegenen, die Habenichtse, die es zu nichts gebracht haben. Worauf sie neidisch sind, so der im Wort mitschwingende Vorwurf, sind nicht die Privilegien, die ein anderer genießt, sondern es ist in Wirklichkeit dessen Leistung. Neid klingt immer ungerechtigt, unmoralisch – immerhin zählt der Neid in der katholischen Kirche zu den dort verwalteten Todsünden.

Es war ein genialer rhetorischer Schachzug. Mit der Sozialneidkeule gelang es längere Zeit tatsächlich, viele Menschen einzuschüchtern und mundtot zu machen, die eigentlich nur Gerechtigkeit verlangten. Wer wollte, konnte es sich in zahllosen politischen Debatten ansehen. Es war ungeheuer dreist. Da setzten sich superreiche Millionäre und Milliardäre, Großerben und Börsenzocker, flankiert von Wissenschaftlern und Journalisten, in öffentliche Diskussionsrunden und erklärten Menschen, die für kleines Geld hart arbeiten müssen, sie dürften aber nicht neidisch sein. Und das Verrückte daran ist: Es funktionierte. Kaum jemand wollte sich dem Vorwurf des Neides aussetzen. Auch ich selbst war anfangs ziemlich beeindruckt und wusste gar nicht recht, wie ich auf diese rhetorische Volte reagieren sollte.

Es dauerte lange, bis sich »Gutmenschen« und »Bedenkenträger« endlich zur Wehr setzten. Ich schaute eine Talkshow im Vorfeld der Bundestagswahlen 2013, als ein starkes Bündnis von Globalisierungskritikern wie Attac und Campact über Gewerkschaften bis hin zu Wohlfahrtsverbänden unter dem Titel »UmFairTeilen« für eine gerechtere Steuerpolitik mobilisierten. Ich kann gar nicht mehr sagen, welche der Talkshows es war und wer dort genau saß. Im Gedächtnis wird mir jedoch immer Gregor Gysi in dieser Runde bleiben. Zum ersten Mal nämlich durfte ich erleben, dass jemand, sozusagen stellvertretend für alle Gutmenschen, diese rhetorische Figur der Neiddiskussion endlich vor Millionenpublikum als das entlarvte, was sie war: nichts anderes als ein unverschämter, frecher und hinterhältiger Kniff, um Kritiker und ihre Forderungen nach sozialer Gerechtigkeit und sozialem Ausgleich mundtot zu machen. Und Gysi beließ es nicht dabei. Er ging in die Offensive: Welchen Grund eine Krankenschwester haben sollte, nicht auf ihren Chefarzt neidisch zu sein? Welchen Grund ein Arbeiter haben sollte, nicht auf Top-Manager neidisch zu sein? Wenn hart arbeitende Menschen mit dennoch geringem Einkommen sehen müssen, wie andere in einem Jahr nach Hause tragen, was sie in ihrem ganzen Leben niemals werden verdienen können, dann sei Neid doch wohl mehr als gerechtfertigt, moralisch in Ordnung und nichts anderes als Ausdruck eines zum Glück noch funktionierenden Gerechtigkeitsempfindens.

Dennoch: Dieser ganze Mix aus Sachzwanggerede und der Verbrämung Andersdenkender als Ideologen, Gutmenschen, Bedenkenträger, Phantasten, Visionäre und Sozialneider zeigte Wirkung. Die Begriffe gingen unreflektiert in den allgemeinen Sprachgebrauch ein und nahmen Platz in unserem Denken.

Wer das schafft, hat eigentlich erst einmal gewonnen im Kampf um den Zeitgeist. Worte sind das Wichtigste. Worte prägen nun einmal über kurz oder lang unser Denken. Sie geben uns Möglichkeiten, unseren Reflexionsraum zu erweitern oder eben auch zu verengen. Sie sind mit Assoziationen und Gefühlen verbunden – oder aber auch nicht. Der englische Schriftsteller George Orwell hat uns bereits in seinem 1949 erschienenen Roman *1984* diesen subtilen Zusammenhang von Sprache, Denken und Manipulation nahegebracht. Man kann sich die sozialpsychologische Wirkung von sprachlicher Manipulation gar nicht groß genug vorstellen, wie uns auch der jüdische Philologe Victor Klemperer in seinem 1947 erschienenen Buch *LTI. Notizbuch eines Philologen*, in dem er sich mit der Sprache des Nationalsozialismus auseinandersetzt, eindringlich klarmacht: »Sprache dichtet und denkt nicht nur für mich, sie lenkt auch mein Gefühl, sie steuert mein ganzes seelisches Wesen, je selbstverständlicher, je unbewusster ich mich ihr überlasse.«[30]

Das Resultat all dessen ist eine Art unbewusster Denkschwelle an den Rändern des neoliberalen Glaubenssystems. Und wer die neoliberalen Setzungen trotzdem nicht glauben wollte, wer skeptisch blieb, war zumindest eingeschüchtert. Wer will sich am Arbeitsplatz oder im Sportverein schon gern als schlimmer Ideologe, naiver Gutmensch oder sogar als Linker outen?

Der Neoliberalismus hat uns im letzten Vierteljahrhundert

tatsächlich weitestgehend ausgetrieben, das Selbstverständliche als selbstverständlich zu fordern: dass man von seinem Geld, das man verdient, leben können und auch für seine Familie sorgen können muss, dass man die Sicherheit haben muss, nach einem arbeitsamen Erwerbsleben im Alter gut abgesichert zu sein, dass man nicht aus seiner Wohnung hinausgeschmissen und auf die Straße gesetzt werden darf, wenn man kein Geld hat, dass man keinem Menschen den Strom abschaltet, dass jeder Anrecht auf bestmögliche gesundheitliche Versorgung hat. Es sind eigentlich Banalitäten, und doch vermochte es der Neoliberalismus, uns einzureden, dass derartige Selbstverständlichkeiten praktisch völlig ausgeschlossen seien, da sie unser ganzes Wirtschaftssystem zusammenbrechen ließen. Mal ganz davon abgesehen, dass das nicht stimmt: Eigentümlicherweise glauben es die meisten Menschen trotzdem. Und sie stellen sich nicht die Frage, ob dann mit dem System etwas nicht stimmen kann, wenn es das Selbstverständliche und moralisch Gebotene nicht nur nicht gewährleisten kann, sondern geradezu ausschließt. Im Grunde sind es die Neoliberalen selbst, die die Systemfrage aufwerfen.

Gleichwürdigkeit – von Leistungslügen und dem Recht auf Rechtfertigung

Der Neoliberalismus postuliert Ungleichheit und macht dabei auch vor Not und Armut keinen Halt. Neoliberalismus und Gerechtigkeit lassen sich daher niemals wirklich versöhnen. Der gesamte, zu großen Teilen unbewusste Lehrplan unseres Erziehungssystems – sein »geheimer Lehrplan«, wie es die Pädagogen nennen – ist praktisch darauf ausgerichtet, Konkurrenz, Ungleichheit und Gerechtigkeit miteinander in Einklang zu bringen. Doch will es nicht wirklich gelingen. Warum?

Mit dem Gerechtigkeitsbegriff ist es eigentümlich. Gerechtigkeit ist kein Wert aus sich heraus, sondern sie wird vollzogen. Gerechtigkeit definiert sich vor allem ex negativo, wie der Lateiner sagt, also aus seinem Gegenteil heraus: Die Gerechtigkeit braucht die Ungerechtigkeit. Ganz anders der Mut oder der Fleiß, sie gäbe es auch ohne Feigheit oder Faulheit. Jemand kann durchaus besonders mutig oder besonders fleißig sein. Jemand kann auch mutiger oder fleißiger sein als ein anderer. Er kann als der Mutigste und Fleißigste herausragen aus der Menge Mutiger und Fleißiger. Es braucht dazu keinen Feigling und Faulpelz. Damit hängt ebenfalls zusammen, dass Werte oder Tugenden wie Mut oder Fleiß in aller Regel mit positiven Gefühlen verknüpft sind. Für ihre psychische und soziale Vermittlung und für ihr Funktionieren als gesellschaftliche Leitplanken ist das sehr wichtig – wesentlich wichtiger als ihre intellektuelle Durchdringung. Häufig verknüpfen wir mit Wertbegriffen auch spontane Bildassoziationen aus der Kindheit: der mutige Ritter, der stolze Indianerhäuptling, der weise Alte mit den weißen Haaren und so weiter.

Nur mit der Gerechtigkeit will das nicht so recht gelingen. Das Gefühl, das wir noch am ehesten mit ihr in Verbindung bringen, ist die Empörung. Nicht umsonst sprechen wir vom »gerechten Zorn«. Gerechtigkeit scheint im Alltag ganz einfach die Abwesenheit von Ungerechtigkeit zu sein. Gerechtigkeit scheint bereits dann zu herrschen, wenn sich niemand unterprivilegiert fühlt, oder noch genauer: wenn sich niemand beklagt. Gerechtigkeit scheint zu herrschen, wenn Ruhe herrscht – und ruhig ist es fast immer. Denn der gerechte Zorn ist nur die eine Variante unseres Gerechtigkeitsempfindens. Viel häufiger ruft die Wahrnehmung von Ungerechtigkeit das Gefühl der Frustration und der Lethargie hervor. Zornig werden wir fast nur, wenn wir eine Ungerechtigkeit direkt (mit)erleben und wenn sie uns in unserem Alltag irritiert oder überrascht; wenn wir etwa glauben, dass das Kind in der Schule ungerecht behandelt wurde, oder wenn wir glauben, dass ein Sportler wegen eines Fouls unverhältnismäßig hart belangt wird; vielleicht auch noch, wenn wir miterleben, wie jemand aus einer Wohnung getrieben wird. Es sind Vorfälle, die aus unseren »Gepflogenheiten« herausfallen. Da können wir uns spontan erregen, empören, zornig werden.

Wo Ungerechtigkeiten jedoch Alltag sind und im System liegen – von ungerechtfertigter Lohnungleichheit bis hin zur Frage ungleicher Bildungschancen –, wo wir mit ihr umgehen lernen müssen, da reicht es meist nur noch für ein Schulterzucken. Man kann nicht ständig empört sein und arrangiert sich, auch emotional. Man kann es ja eh nicht ändern, sagen sich viele dann. Doch bleibt bei aller Lethargie ein schlechtes Gefühl. Versöhnt sind wir nicht.

Wie funktioniert Gerechtigkeit? Und wie viel hat sie mit Gleichheit zu tun? Das können wir an unseren Kindern beobachten, bei denen noch keine Lethargie Platz gegriffen und erst wenige Arrangements stattgefunden haben. Kinder sind sozusagen Experten und haben ein untrügliches Gespür für Ungerechtigkeiten. Niemand fordert so häufig Gerechtigkeit ein wie sie. »Das ist ungerecht« ist ein Kampfruf, den man mehr als einmal am Tag zu hören bekommen kann, und zwar immer dann, wenn nicht völlige Gleichheit herrscht. Ob das Geschwisterchen ein größeres Stück Kuchen abbekommt oder ob der ältere Bruder abends etwas länger aufbleiben darf, stets folgen lange Debatten über das, was gerecht ist oder nicht. Dass der Bruder schon vierzehn Jahre alt ist, die Beschwerdeführerin aber erst zehn, spielt für diese keine Rolle. Dass sie vielleicht beim letzten Mal das größere Stück bekommen hat, spielt auch keine Rolle. Es zählt nur das Hier und Jetzt, und zwar bedingungslos. Nur die Gleichheit zählt. Niemand darf über irgendwelche Privilegien verfügen.

Und so besteht ein Großteil der Erziehung unserer Kinder in nichts anderem, als Ungleichheit für sie akzeptabel zu machen. Ob wir darauf hinweisen, dass der Bruder ja schon älter sei und deshalb etwas länger aufbleiben dürfe oder dass er aus dem gleichen Grund etwas mehr Taschengeld bekommt: Im Grunde sind derlei Erklärungen nichts anderes als die Rechtfertigung von Vorteilen und Privilegien anderer. Gerechtigkeit ist ein Wert, der sich erst im Miteinander einstellt, und fußt letztlich immer auf einer Vereinbarung untereinander. Wie weit es gelingt, Ruhe einkehren zu lassen, hängt sehr von der Güte der Erklärung, aber auch von der Gelassenheit oder auch Großzügigkeit des Beschwerdeführers ab. Letztlich spielt aber die entscheidende Rolle, wer am längeren Hebel sitzt. Merkt das Kind, dass es sich ohnehin nicht durchsetzen wird, stellt es irgendwann – auch ohne von den Argumenten der Eltern überzeugt zu sein – seine Gerechtigkeitsbemühungen, sprich seine Versuche um Gleichheit, ein, beugt sich den Machtverhältnissen, um sich Freudvollerem zuzuwenden als einem ärgerlichen und aussichtslosen Kampf.

Was sich im Kleinen abspielt, wiederholt sich im Großen: In einer Gesellschaft, die durch äußerst ungleiche Verteilungs- und Wohlstandspositionen geprägt ist, wird viel Mühe darauf verwandt, Privilegien zu begründen und Ungleichheiten duldbar zu machen. Wir sprechen selten einfach von Gerechtigkeit, meist nehmen wir noch einen Zusatz hinzu: Chancengerechtigkeit etwa, Geschlechtergerechtigkeit oder Steuergerechtigkeit. Immer geht es dabei darum, dass Ungleichheit angeprangert wird. Es geht um ungerechtfertigte Privilegien, seien es die sehr viel besseren Bildungschancen von Kindern Reicher als von Kindern Armer, der höhere Lohn von Männern gegenüber dem von Frauen oder die geringere Besteuerung von Kapitaleinkünften gegenüber Einkommen aus Arbeit. Immer geht es darum, dass mehr Gleichheit eingefordert wird. Nur bei der vielbeschworenen Leistungsgerechtigkeit verhält es sich genau umgekehrt. Leistungsgerechtigkeit ist der Schlüsselbegriff, wenn es um die Legitimation materieller Ungleichheit geht, um die Rechtfertigung von Privilegien oder auch von Armut. Leistung ist das Zauberwort, das aus schreiender Ungerechtigkeit Gerechtigkeit machen soll.

Leistungsgerechtigkeit vollbringt das Kuriosum, Leistung zur moralischen Größe zu erheben: Wer etwas leistet, verdient eine Belohnung. Die Solidargemeinschaft ist eine Gemeinschaft von Leistungserbringern. Wer hingegen nichts leistet, schließt sich selbst aus. Unverhohlen wertend sprechen wir von »Leistungswilligen«, »Leistungsträgern« oder »Leistungsverweigerern«. Wer guten (Leistungs-)Willens ist, bekommt sogar sozialen Schutz und Rente – allerdings nur nach seiner Leistung und nach seinen (Versicherungs-)Beiträgen.[31] Für unsere Neoliberalen ist diese Ungleichheit enorm bedeutsam. Für sie ist materielle Ungleichheit nicht nur gut, sondern zwingend notwendig. Erst die materielle Ungleichheit sorge dafür, dass sich Menschen anstrengen. Materielle Ungleichheit sei das Ergebnis von mehr oder weniger Anstrengung. Reichtum motiviere, sporne an, Armut schrecke ab, schütze vor Faulheit und die gesamte Gesellschaft vor Taugenichtsen, die nur auf ihre Kosten leben wollen.

Fatal ist nur, dass wir uns mit dem Leistungsbegriff gleich doppelt belügen. Denn sagen wir Leistung, meinen wir eigentlich Erfolg. Und sagen wir Erfolg, meinen wir in Wirklichkeit Geld. Das wiederum führt zu dem eigentümlichen Zirkelschluss, dass Geld als Ergebnis und Ausdruck erbrachter Leistung sich selbst begründet.

Der Leistungsbegriff bleibt, was die Legitimation von Ungleichheit anbelangt, deshalb immer nur eine Krücke. Auch er kann den Neoliberalismus letztlich nicht mit unserem Gerechtigkeitsempfinden versöhnen, wie abgestumpft und abgeschliffen es auch bereits sei. Es bleibt einfach zu viel Unerklärbares, zu viel nicht entschuldbare Ungleichheit und zu viel Offensichtlichkeit.

Nehmen wir nur die Eigentumsfrage. Man stelle sich zwei Kinder vor, die gerade zur Welt kommen. Was man ihnen gleich mal erklären könnte, verstünden sie es denn schon, ist, dass die Erde eigentlich schon voll ist – oder besser: vollumfänglich vergeben. Es gibt kein Plätzchen mehr, das nicht irgendjemandem gehören würde. Nun kann das Kind das Glück haben, in eine Familien hineingeboren worden zu sein, der ein kleines oder größeres Stückchen Erde gehört. Es kann aber auch sein – und das ist nun mal der weitaus häufigere Fall –, dass das Kind bei Habenichtsen auf die Welt kommt, die dafür zahlen müssen, dass sie sich überhaupt in den eigenen vier Wänden aufhalten dürfen. Dass selbst diese Erde, die doch fraglos und schicksalhaft unser aller Planet ist, das Eigentum relativ weniger ist, ist für mich immer wieder, wenn ich darüber nachdenke, die mit großem Abstand schrillste Ungerechtigkeit auf diesem Erdball.

Nun könnte man sagen, es gehört diesen wenigen, weil sie das Land ja erschlossen haben. Das trifft aber nicht zu. Man könnte sagen, sie haben ein besonderes Anrecht darauf, weil sie dieses Stück Erde zum Wohle aller bewirtschaften. Das trifft jedoch in den allermeisten Fällen auch nicht zu. Und dennoch hat das eine Kind »ganz selbstverständlich« viel, das andere »ganz selbstverständlich« nichts. Man kann wirklich in jedem Winkel seines Hirns herumsuchen, man wird in einer sich aufgeklärt nennenden Gesellschaft kein einziges gescheites Argument finden, das einen solchen Zustand auch nur im Ansatz rechtfertigen könnte. In einer Gesellschaft, die keine Ständegesellschaft mehr ist, keine Kastengesellschaft und die sich von der Herrschaft des Adels losgemacht haben will, die stolz ist auf ihre Aufgeklärtheit, ist das einfach nur ein Unding. Dass diese Ungerechtigkeit dann von Generation zu Generation weitergetragen wird und die begüterten Erben für ihr ungeheures Privileg nicht einmal einen nennenswerten Ausgleich an die Gemeinschaft zahlen müssen, etwa in Form einer Erbschafts- oder Vermögenssteuer, ist mindestens ebenso irrational. Da verfügen einige Personen über Ländereien und großzügige Anwesen, nur weil irgendwelche Vorfahren sie sich in grauer Vorzeit angeeignet haben – wobei man häufig besser nicht danach fragt, unter welchen Umständen. Es ist verrückt.

Und noch verrückter ist es, dass wir diese fraglose Ungerechtigkeit für unabänderlich halten, weil es sich ja um Privateigentum handele und Privateigentum nun einmal so gut wie unantastbar sei. Selbst dann, wenn es unter moralisch fragwürdigen Umständen oder völlig leistungsfrei zum Eigentum wurde: »Es ist halt so, ist immer schon so gewesen. Wird immer so sein.« Das ist das einzige, was den allermeisten dazu einfällt. Ich will es bei diesem einen Beispiel bewenden lassen, obwohl von der angeblichen Lohngerechtigkeit bis hin zur Geschlechtergerechtigkeit zahlreiche weitere zu nennen wären.

Es geht immer wieder um das Verhältnis von Gleichheit und Gerechtigkeit. Nun ist ja Ungleichheit erst einmal etwas Schönes. Wie trist wäre es, wenn alle und alles gleich wären? Ungleichheit bedeutet Vielfalt, jeder nach seiner Fasson, nach seiner Neigung, nach seinen Vorlieben. Jeder nach seiner ganz individuellen Persönlichkeit. Wer will schon Gleichmacherei, die nichts anderes meint, als Ungleiches gleich zu machen? Und doch: Die Anerkenntnis, dass alle Menschen auch irgendwie gleich sind, ist eine der großen Errungenschaften der Aufklärung: gleich in ihren Rechten, gleich in ihrer Würde. Die Anerkenntnis der Gleichheit des anderen ist Voraussetzung einer jeden demokratischen Gesellschaft.

Im letzten Sommer hatte ich auf einem Kongress das Glück, gleich zwei großartige Vorträge zweier beeindruckender Persönlichkeiten hören zu dürfen. Es war der Arzt und Professor Gerhard Trabert, der von seiner Mainzer Ambulanz für Obdachlose und Menschen ohne Versicherungsschutz berichtete, und es war der ehemalige Leiter des Frankfurter Nell-Breuning-Instituts für Wirtschafts- und Gesellschaftsethik, der Jesuitenpater, Theologe und Wirtschaftswissenschaftler Professor Friedhelm Hengsbach, der dort über ethische Probleme unseres Wirtschaftssystem referierte.

Trabert sprach in seinem Vortrag von der »Gleichwürdigkeit« der Menschen – ein Begriff, der mich sogleich elektrisierte. Uns geht in aller Regel ziemlich schnell über die Lippen, dass die Würde des Menschen doch unantastbar sein müsse und nach Artikel 1 unseres Grundgesetzes besonderen Schutz genießt. Ganz praktisch ist es jedoch meist so, dass wir häufig lediglich irgendwelche Mindeststandards diskutieren und meinen, wenn wir von Menschenwürde sprechen. Geht es um Menschenwürde, geht es praktisch immer um Minima: das absolut Notwendigste an gesundheitlicher Versorgung etwa, die wir einem Flüchtling zukommen lassen müssen, oder den Wohnraum, den wir einem Bewohner eines Pflegeheims mindestens zubilligen. Selbst bei Strafgefangenen haben wir Mindeststandards. Soll keiner glauben, wir werden der Menschenwürde unserer Gefangenen nicht gerecht. Bei Hartz IV und in der Sozialhilfe haben wir es sogar geschafft, die Menschenwürde zu beziffern: 409 Euro plus Lohnkosten, damit ist die Menschenwürde nach Einschätzung der Bundesregierung finanziell abgegolten und sichergestellt. Mehr braucht man nicht, um in Deutschland »ein Leben zu führen, das der Würde des Menschen entspricht«, wie es im Sozialhilfegesetz so schön heißt. Eigentlich ist die Menschenwürde damit eine ziemlich preiswerte und kostengünstige Sache. Die meisten Menschen leben nach dieser verqueren Logik weit über ihrer Würde.

Der Begriff der Gleichwürdigkeit, den Trabert auf diesem Kongress benutzte, meint dagegen deutlich mehr; er meint vielleicht sogar etwas völlig anderes. Er unterstellt zu Recht, dass wir bei der Würde mit mindestens zweierlei Maß messen. Was dem einen recht ist, ist dem anderen längst nicht billig. Bei einem Obdachlosen oder bei Menschen, die sich ohne gebilligten Aufenthaltsstatus in Deutschland befinden, ist die Menschenwürde offensichtlich sehr viel geringer als bei unsereins.

Wie kommt es aber, dass Menschen gezwungenermaßen unter so sehr unterschiedlichen Lebensbedingungen, in so unterschiedlichen Verhältnissen leben müssen, wenn sie doch alle gleiche Würde haben? »Jeder Mensch ist meinesgleichen«, proklamierte, ganz gegen den Zeitgeist, auch Friedhelm Hengsbach auf dem Kongress. Die Gleichheitsvermutung ist daher für den Gerechtigkeitsbegriff zwingend. Sie meint, »dass die Mitglieder einer egalitären Gesellschaft sich wechselseitig das gleiche Recht zugestehen, als Gleiche anerkannt und behandelt zu werden.«[32] Für Hengsbach folgt aus diesem Grundsatz ein Recht auf Rechtfertigung für diejenigen, die unterprivilegiert sind, denen weniger zuteilwird, die ausgegrenzt sind. Die einfache Feststellung »Ist halt schon immer so« reicht nicht aus. Zu rechtfertigen haben sich die Privilegierten, die, die mehr haben, denen alles offensteht. Sie haben zu begründen, weshalb dies so ist, obwohl doch alle die gleiche Würde haben und alle das gleiche Anrecht.

Es geht dann plötzlich nicht mehr darum, dass hilfebedürftige Personen und Unterprivilegierte sich bedanken müssen für das, was wir ihnen zukommen lassen. Es geht plötzlich darum, dass wir uns zu rechtfertigen haben, wenn und weshalb es uns besser geht. Es ist die Mehrheitsgesellschaft, die zu begründen hat, wenn sie Menschen mit Behinderung ein System der Inklusion vorenthält. Es ist die Mehrheitsgesellschaft der nicht Unterprivilegierten, die sich zu rechtfertigen hat, wenn sie 1,7 Millionen Kinder und Jugendliche in Hartz IV belässt und sie ihrer Bildungschancen beraubt, weil sie nicht genug für sie tut. Es ist die Mehrheitsgesellschaft, die sich zu erklären hat, wenn sie langzeitarbeitslosen Menschen Beschäftigung vorenthält oder pflegebedürftigen Menschen Personalschlüssel, bei denen man tatsächlich von gleicher Würde unter Gleichen sprechen kann. Und es sind die Reichen, die ihren Reichtum begründen müssen, es sind die Topmanager, die sich – auch moralisch – zu rechtfertigen haben für ihre Supergehälter gegenüber ihren Arbeitern, die mit einem kleinen Bruchteil deren Gehalts nach Hause gehen müssen. Es sind die Erben, die sich rechtfertigen müssen dafür, dass sie das Privileg des Erbes genießen und dafür nicht einmal ernsthaft Steuern zahlen müssen. Gerechtigkeit ist das Recht auf Rechtfertigung.

Teil 3:
Was wir dagegen tun können

Damit Deutschland von seinem neoliberalen Kurs abrückt, bedarf es einer Revolution – nicht auf der Straße, aber in unseren Köpfen. Wir müssen uns frei machen von all den vermeintlichen »Selbstverständlichkeiten« und »Fraglosigkeiten«. Wir müssen auf die Fakten schauen und lernen, uns selbstbewusst unseres eigenen Verstandes zu bedienen. Der neoliberale Katechismus ist voll von an Aberglaube erinnernden Irrationalitäten, die jedoch fest in dem verankert sind, was viele zu ihrem nicht hinterfragbaren Wissensbestand zählen, ja mehr noch: zu Kulturgut und zivilisatorischer Errungenschaft. Ich will dies an zwei Beispielen zeigen, dem Schuldendogma und dem Wettbewerbsdogma.

Das Schuldendogma – von schuldigen Gläubigern und schuldlosen Schuldnern

Der amerikanische Ethnologe und Mitbegründer der Occupy-Bewegung David Graeber setzt sich in seinem Buch *Schulden – die ersten 5000 Jahre* mit der Widersprüchlichkeit eines der Hauptdogmen des modernen Kapitalismus auseinander, dem ehernen Gesetz: »Schulden muss man zurückzahlen!«[1] Es ist eines der Gebote, die wir wie mit der Muttermilch aufgesogen haben. Es ist eine dieser von Zygmunt Bauman analysierten

»Gegebenheiten«, in die wir hineingewachsen sind, die immer schon da waren und die für uns deshalb ganz selbstverständlich sind. Es ist eine dieser ganz basalen und scheinbar selbstevidenten Voraussetzungen unseres Denkens und Handelns, wie Ulrich Bröckling es nannte. Es ist interessanterweise ein moralischer Imperativ. Der Begriff »Schuld« allein ist schon moralisch hoch aufgeladen. Es geht um Verantwortung, um Verlässlichkeit, um notwendiges Regelwerk, um die Verpflichtung, dem anderen zu geben, was seines ist. Der Schuldenpreller ist immer der Böse, der Gläubiger das Opfer. Folglich gehörte es schon immer zu den hoheitlichen Aufgaben, dem Gläubiger im Zweifelsfall mit Gewalt zu seinem Recht zu verhelfen und den säumigen Schuldner zu sanktionieren.

Wie aber sieht es mit Gut und Böse aus, wenn, wie in vergangenen Zeiten, säumige Schuldner in Schuldtürmen hungern oder wenn sie ihre Kinder in die Sklaverei verkaufen mussten? Wie sieht es aus, wenn auch heute noch junge Frauen in einem perversen Menschenhandel ihren Leib zu Markte tragen müssen, um die schier nicht endenden Schulden an ihren Zuhälter bedienen zu können? Oder was ist, wenn Menschen sogar gezwungen sind, ihre Organe zu verkaufen? Den Hungerturm gibt es in Deutschland nicht mehr, kann man einwenden, Menschenhandel ist ungesetzlich und vom Organverkauf hört man auch nur aus dem fernen Ausland. Unsere Schulden hierzulande und unsere Gläubiger sind moralisch einwandfrei.

Ist das wirklich so? Was ist, wenn Menschen der Strom abgestellt wird, weil sie nicht zahlen können? Gleich 350 000-mal »passierte« das in Deutschland in 2015. Zu den Opfern zählten Haushalte mit kleinen Kindern oder alten, schwerbehinderten und hilfebedürftige Menschen, auch im Winter und selbst wenn sie mit Strom heizen mussten. Ist das moralisch in Ordnung?

Was ist, wenn arme Menschen (mit staatlicher Gewalt) aus ihren Wohnungen vertrieben werden, weil sie ihre Mietschulden nicht begleichen können? Nicht aus bösem Willen, sondern weil sie sich verstrickt haben in ihren Schulden und in ihrer Armut, weil sie völlig überfordert sind und nicht mehr ein noch aus wissen, wenn das Geld bei all den angelaufenen Zahlungsverpflichtungen regelmäßig nur noch bis Mitte des Monats reicht? 33 000 Zwangsräumungen haben unsere Gerichtsvollzieher 2014 exekutiert. Auch hier befanden sich unter den Opfern Familien und alte Menschen. Hinzu kamen noch sehr viel mehr sogenannte »kalte Wohnungsverluste«, wie man es nennt, wenn Menschen ihre Wohnungen »freiwillig« verlassen, bevor es zum Räumungsverfahren und zur Zwangsräumung kommt.[2] Und was ist, wenn es sich bei dem Gläubiger, der die Menschen aus den Wohnungen treiben lässt, nicht um den freundlichen Vermieter von nebenan handelt, sondern um rein profitgesteuerte Immobiliengesellschaften oder Spekulanten, die nur darauf warten, den nächsten Altmieter auf die Straße zu setzen, um die Mietpreise bis zum Anschlag zu treiben? Es sind Szenarien, die wir aus Städten wie Berlin oder München zur Genüge kennen.

Was ist, wenn die Schuldner einfach übel hereingefallen sind auf die bunte Werbung der Versandhäuser und Banken? Was, wenn sie regelrecht verführt wurden zu Krediten, die man ihnen hätte niemals anbieten dürfen? Und wenn sie nun vor einem biographischen Scherbenhaufen stehen, völlig überschuldet und ohne Perspektiven?

Bei nicht einmal 10 Prozent der über sechs Millionen überschuldeten Personen gibt die Statistik unwirtschaftliches Verhalten als Ursache an. Bei den Allermeisten ist es der Verlust des Arbeitsplatzes, der Verlust eines Ehepartners, Krankheit oder ein Unfall, was zur Überschuldung führt.[3] Die Schulden haben sie in der Regel nicht etwa bei der Autowerkstatt, im Möbelhaus oder beim Vermieter. Sie haben sie bei Firmen, die mit den Schulden anderer ihr Geld machen. In den allermeisten Fällen (zu 65 Prozent) handelt es sich um Banken, bei denen Raten- oder überteuerte Dispokredite nicht mehr zurückgezahlt werden können. Sollten die Banken auf dem einen oder anderen Konsumentenkredit sitzen bleiben, haben sie das längst einkalkuliert. Fast die Hälfte der Überschuldeten hat ihre Schulden bei Inkassobüros, die die Forderungen aufgekauft haben, um damit selbst ein Geschäft zu machen. Wer ist in all diesen Fällen wirklich der Böse und wer der Gute? Was hat sich der Schuldner in vielen Fällen denn tatsächlich moralisch zu Schulden kommen lassen, außer dass er einfach gescheitert ist, ihn ein Unglück ereilte und er völlig überfordert war?

Stellen wir uns eine junge Familie mit zwei kleinen Kindern vor. Als sie in ihre erste eigene Wohnung einzog, nahmen sie für die Einrichtung einen Kredit auf, denn Erspartes hatten sie nicht. Auch für das Auto musste ein Kredit her, denn das wurde gebraucht, um zur Arbeit zu kommen. Der Mann verliert seinen Arbeitsplatz. Das Arbeitslosengeld und der Halbtagsjob, den die Frau hat – mehr ging nicht wegen der Kinder –, bewahren sie mit 1 450 Euro Monatseinkommen ganz knapp vor Hartz IV. Trotzdem bricht von heute auf morgen eine Welt für sie zusammen. Es reicht vorne und hinten nicht mehr, sie sind verzweifelt und wissen nicht, wie sie von dem wenigen Geld alle laufenden Verpflichtungen bedienen und auch noch die Schulden abstottern sollen. Sie sparen, wo sie nur können. Besonders hart trifft es die Eltern, dass sie das Gefühl haben, ihren Kindern nicht mehr das geben zu können, was diese brauchen. Von der Musikschule mussten sie den Sohn, vom Ballett die Tochter abmelden. Die Ferienfreizeit mit dem Jugendclub mussten sie genauso streichen wie den jährlichen Besuch der Weihnachtsvorführung im städtischen Theater. Sogar den Nachhilfeunterricht in Mathe und Englisch gibt es erst einmal nicht mehr.

Weshalb, stellt sich die Frage, sollen in einer solchen Situation die Schulden gegenüber einer Bank moralisch höherwertiger sein als das, was ich meinem Kind schuldig bin? Von vernünftiger Kleidung über gesunde Lebensmittel bis hin zum Sportverein, zur Musikschule, zu Klassenfahrten und so weiter. Was würde schon passieren, wenn man in solchen Fällen die Rückzahlungen erst einmal aussetzt, bis sie wieder »Land unter den Füßen« haben? Im System selbst gar nichts. Die Banken würden es zweifellos verkraften. Mit den Inkassobüros braucht man nun wirklich kein Mitleid zu haben.

Was passiert aber, wenn ich ein Kind über Jahre in Armut aufwachsen lasse? Viel. Das Kind wird um Chancen beraubt, die kaum aufzuholen sind. Was hält uns eigentlich davon ab, vernünftige und humane Regelungen zu schaffen? Es sind die Rigorosität, die Dogmatik und Unreflektiertheit dieser Als-ob-Gewissheit »Schulden müssen zurückgezahlt werden«.

Welche Macht dieses Dogma hat, zeigte sich zuletzt im Umgang mit dem völlig überschuldeten griechischen Staat: Die Gläubiger und ihre Claqueure nehmen es mehr oder weniger ungerührt hin, dass die Jugend keine Arbeit findet und ihre Perspektiven verliert, dass Alte in Armut und Verzweiflung getrieben werden, dass Menschen in großer Zahl wohnungslos werden oder überlebenswichtige Medikamente nicht mehr bekommen. Man nimmt sogar kommentarlos hin, dass die Selbstmordrate sprunghaft steigt. Man treibt ein Land in die humanitäre Katastrophe. Entscheidend ist allein, dass die Gläubiger, die bis dahin an der Schuldenmacherei Griechenlands bestens verdient hatten, bedient werden. Hauptsache, der Schuldner steht zu seinen Schulden. Die Härte, mit der man Griechenland gegenübertrat und noch immer gegenübertritt – ganz vorneweg der deutsche Finanzminister –, resultiert nicht nur aus den ganz konkreten Profitinteressen der Gläubiger. In dem Moment, in dem die griechische Regierung selbstbewusst auf einen Schuldenerlass pochte, ging es schon sehr bald auch nicht mehr um die Frage, was mit Griechenland passieren sollte oder dem Euro. Es ging nur noch um das Prinzip. Die mächtigen Gläubiger fürchten nichts mehr, als dass das Schuldendogma auch nur ansatzweise in Frage gestellt werden könnte. Tsipras und Varoufakis taten jedoch genau das. Sie stellten nicht nur die technischen Regeln unseres Finanzsystems in Frage, das war schon schlimm genug, sondern darüber hinaus auch Denkweisen, »Selbstverständlichkeiten« und Gebote, die nicht hinterfragt, geschweige denn verletzt werden durften. Und so konnte es nicht wirklich überraschen, dass die Runde der Euro-Finanzminister nicht bereit war, sich mit den Vorschlägen Yanis Varoufakis' auch nur im Entferntesten auseinanderzusetzen.

»Man bringt Argumente vor, an denen man wirklich gearbeitet hat und die logisch durchdacht sind«, beklagte sich Varoufakis später in einem Interview mit dem britischen Politikmagazin *The New Statesman*, »und man starrt nur in leere Gesichter. Keine Reaktion. Als hätte man gar nicht gesprochen. Was man sagt, ist komplett unabhängig davon, was sie sagen. Ich hätte genauso gut die schwedische Nationalhymne singen können – die Reaktion wäre die gleiche gewesen.«

Was hatte Varoufakis erwartet? Hätte man sich ernsthaft und rational mit seinen Forderungen nach einem Schuldenerlass auseinandergesetzt, hätte das bereits die besagte Revolution in den Köpfen auslösen können.

Es wäre, konsequent zu Ende gedacht, die Eigentumsfrage gewesen, die plötzlich auf der Tagesordnung gestanden hätte. Ein Schuldenerlass – selbstgewählt oder aufgezwungen – bedeutet immer Enteignung und Verzicht von einer Seite, die Verzicht so gar nicht gewohnt ist. Immerhin handelt es sich bei Schulden um geliehenes Eigentum und bei Zinsen um die Verpflichtung, jemand anderes Eigentum zu mehren. Das moralisch Pikante daran ist, dass man es bei entliehenem Geld jedoch mit Eigentum zu tun hat, das der Eigentümer ganz offensichtlich gar nicht benötigt – zumindest nicht jetzt, nicht kurzfristig und häufig nicht einmal langfristig. Es ist zu einem Gutteil Geld, das aus Sicht des Gläubigers keine andere Funktion mehr hat, als verliehen zu werden, auf dass die Schuldner es mehren. Es ist der schiere Überfluss. So geht es bei einem Schuldenerlass genau genommen um die Enteignung vom Überfluss.

Damit drängt sich jedoch unter dem Aspekt von Schulden, Schuld und Moral die Frage auf, wie sich dieser Überfluss überhaupt noch legitimieren lässt gegenüber Schuldnern, die in bitterer Not sind und denen das Wasser bis zum Halse steht. Wie legitimiert der Reiche gegenüber dem Armen einen Reichtum, den er nur noch dazu verwendet, ihn so teuer wie möglich zu verleihen? Die Frage nach der Legitimation des Schuldeneintreibers führt im konkreten Fall schnell zur moralischen Diskussion über Eigentumsverhältnisse, über (ungerechtfertigte) Privilegien, über Gleichheit und Ungleichheit. Diese und andere Fragen wären mit einem rigorosen Schuldenerlass Griechenlands salon- und politikfähig geworden. Mit möglicherweise langfristig unkalkulierbaren Folgen für unsere Denkgewohnheiten und -schemata. Genau das galt es zu verhindern nach dem alten Motto »Wehret den Anfängen«.

Doch zeigt das scheinbar selbstevidente Schulden- und Eigentumsdogma glücklicherweise Risse. Sie zeigen sich in den linken Bewegungen in Griechenland, Portugal und Spanien. Sie werden deutlich in dem Zuspruch, den Persönlichkeiten wie der demokratische US-Präsidentschaftsanwärter von 2016 Bernie Sanders oder der linke Oppositionsführer der britischen Labour-Party Jeremy Corbyn erfahren. Sie zeigen sich aber auch in vielen kleinen und großen Initiativen für Umverteilung oder gegen Zwangsräumungen. Sie signalisieren, dass immer mehr Menschen abweichen von vorgegebenen Denkpfaden. Sie wollen kein verantwortungsfreies Eigentum mehr akzeptieren. Sie wollen nicht mehr hinnehmen, dass sich Überfluss überhaupt nicht begründen, geschweige denn rechtfertigen muss, während sich die Schere zwischen Arm und Reich immer weiter öffnet.

Das Wettbewerbsdogma – von Gewinnern, Verlierern und Analneurotikern

Ich möchte noch ein zweites Beispiel bemühen, um deutlich zu machen, was ich mit einer Revolution in unseren Köpfen meine. Es ist der Wettbewerb, eines der Kerndogmen, der Grundaxiome des Neoliberalismus, sein Dreh- und Angelpunkt. Wettbewerb meint Konkurrenz, Wettkampf, das Streben nach Überlegenheit. Anders als »Schuld« ist »Wettbewerb« erst einmal nicht moralisch aufgeladen, gleichwohl aber sehr positiv besetzt. Auch er gehört zu diesen vermeintlich selbstevidenten »Einsichten«, die in aller Regel nicht mehr hinterfragt werden: Wettbewerb ist immer gut, kann nie schaden. Auf dem Markt sowieso nicht: Wettbewerb sorgt für die Auslese der Besten und dafür, dass die Schlechten ausscheiden. Die Marktkonkurrenz regelt, dass jeder bekommt, was er braucht, und zwar zu den denkbar tiefsten Preisen. Wettbewerb steht für ständige Innovation, für permanenten Fortschritt und für Effizienz. Wettbewerb soll schließlich für Gerechtigkeit sorgen, für die angemessene Verteilung von Privilegien und Sanktionen. Jeder bekommt das, was er verdient, ganz nach seinem Wettbewerbserfolg und nach seiner Leistung. Was gerecht ist, bestimmt der Markt.

Wo die unsichtbar ordnende Hand des Wettbewerbs nicht walten kann, erlahmt die Entwicklung, kommen die Untüchtigen zum Zuge, werden Mittel verschwendet und gehen Volkswirtschaften und Gesellschaften auf Dauer zugrunde. Mit »Konkurrenz« verbinden wir spontan Bewegung, Dynamik, Anstrengung. Das mag ja auch gar nicht so ganz falsch sein.

Seltsam ist nur, dass viele bei Abwesenheit von Konkurrenz auch sogleich auf Schlendrian, Kungelei oder auch ganz einfach Stillstand schließen, so als gäbe es überhaupt keine andere Form des kreativen Miteinanders. Als wäre Konkurrenz konkurrenzlos.

Ich war vor einiger Zeit mit meiner Familie in Havanna. Auf einer belebten Prachtstraße im alten Zentrum der Stadt trafen wir auf eine deutsche Touristin, die mit einer Reisegruppe unterwegs war. Die wunderschönen, noch aus dem Ende des 19. und Anfang des 20. Jahrhunderts stammenden, herrschaftlichen Gebäude, die die Straße links und rechts säumten, waren, wie sie in Havanna so sind: von morbidem Charme, mit unübersehbaren Spuren des Verfalls, manches Mal auch mehr als nur Spuren. Die Dame mittleren Alters, die wir trafen, drängte es ganz offensichtlich, uns zu erklären, weshalb die Bauten in diesem Zustand seien: weil die Menschen im Kommunismus kein Privateigentum haben dürften. Deshalb kümmere sich seit der Revolution keiner mehr um irgendetwas. Der Verfall der Häuser sei ganz typisch …

Dass Kuba seit der Revolution einem gnadenlosen Wirtschaftsembargo durch die USA ausgesetzt ist und seit dem Zusammenbruch der Sowjetunion auch aus dem Osten kaum noch Hilfen bekommt, dass Kuba kaum über Baumaterial verfügt und bettelarm ist, dass dieses Land es dennoch geschafft hat, ein vorbildliches Bildungs- und Gesundheitssystem für alle Menschen aufzubauen – und zwar ganz ohne Wettbewerb und Privateigentum –, spielte für sie überhaupt keine Rolle, fand in ihrem Denken und in ihren Erklärungen der Welt und Havannas keinen Platz. Was mich diese Begegnung einmal mehr lehrte: Wir sehen offenbar nur, was unsere Denkweisen und Vorurteile bestätigt, selbst dann, wenn wir es besser wissen müssten, wenn die Fakten ganz anderes nahelegen. Für Zweifel oder Selbstzweifel gibt es dabei keinerlei Raum.

So will es nicht verwundern, dass wir die Schattenseiten des Wettbewerbs zwar durchaus irgendwie zur Kenntnis nehmen, aber überhaupt nicht reflektieren. Es gibt keinen Wettbewerb ohne Verlierer. Die Schattenseiten sind Egoismus, Niederlagen und Ausschluss. Aus Ersterem macht der Neoliberalismus gar keinen Hehl. Ganz im Gegenteil: Der maximale Eigennutz ist nach dessen Lesart Antrieb und Ziel der ganzen Veranstaltung zugleich. Denn nur wenn ein jeder sich um seinen eigenen Vorteil bemüht, könne der Markt seine »segensreichen« Kräfte entfalten: »faire« Preise, gute Versorgung, engagierte Marktteilnehmer, Wohlstand für alle. Da Altruismus auf dem Markt nichts verloren habe, ja geradezu schädlich sei, läuft die neoliberale Betrachtungsweise auf eine Art Generalabsolution für jegliche Form von Egozentrik, Eigensucht und sogar Gier hinaus. Es ist die Befreiung der Marktteilnehmer von ihren humanistischen Fesseln, vom latent schlechten Gewissen im täglichen Kampf gegeneinander. Endlich darf es mal gesagt werden: »Geiz ist geil.«

Schon Mitte der 1990er kam ein Aufkleber in Mode, auf dem zu lesen war: »Deine Armut kotzt mich an.« Auch er schien sich gut zu verkaufen. Der Neoliberalismus schien den Menschen endlich auch mit seinen schlechten Seiten zu versöhnen. Und wer es anders sah, war ja sowieso ein aus der Zeit gefallener Gutmensch. Die ausschließliche Fokussierung auf den eigenen Vorteil war überhaupt nicht mehr peinlich. Eine Schwemme von Ratgeberliteratur wurde den Menschen verkauft, in der sie nachlesen konnten, wie sie als Homo oeconomicus zu ticken haben und wie sie zu Siegertypen werden können. Motivations- und Mentaltrainer zogen als moderne Gurus durch die Lande und verkauften ihre einschlägigen Erfolgsseminare. Es war tatsächlich nicht nur eine mentale, sondern auch eine moralische und ethische Umerziehung, die da stattfand.[4]

Ausschließlich eigennütziges Gewinnstreben und »Ellenbogen« wurden nicht mehr nur »salonfähig«. Das waren sie ohnehin. Sie eroberten nach und nach auch unsere Stammtische und brachen in Milieus ein, in denen neben Wettbewerb und Gewinnstreben eigentlich noch andere Werte wie Hilfsbereitschaft und menschliche Verbundenheit eine durchaus große Rolle spielten: bei vielen »kleinen« Handwerkern und selbständigen Gewerbetreibenden, bei denen noch nicht alles nach kalter ökonomistischer Effizienz-, Wettbewerbs- und Vorteilslogik funktioniert, sondern wo es häufig noch heißt »Leben und leben lassen«.

Ich nahm vor einiger Zeit an einer Diskussionsrunde teil, in der es unter anderem auch um Langzeitarbeitslose ging und um das Problem, dass wir immer weniger einfachere Arbeitsplätze in Deutschland haben und viele Arbeitslose wegen ihrer fehlenden Qualifikationen gar nicht mehr vermittelbar sind. Der Vertreter der Bundesvereinigung der Arbeitgeberverbände erklärte sogleich mit größter Selbstverständlichkeit, man könne von der deutschen Wirtschaft doch nicht erwarten, dass sie wieder hinter ihre Produktivitäts- und Effizienzerfolge der letzten Jahre zurückgehe. Mit diesem einen Satz war das Problem aus Sicht fast aller in dieser Runde umfassend und abschließend erörtert. Ungefragt blieb: Warum kann man das eigentlich nicht erwarten? Weshalb kann man von Konzernen, die gute Gewinne einfahren, nicht erwarten, dass sie im Rahmen ihrer Möglichkeiten auch Arbeitsplätze für Menschen anbieten, die ansonsten keine Chance mehr haben auf dem Arbeitsmarkt – auch wenn es sich betriebswirtschaftlich nicht rechnen sollte? Weshalb soll es BMW mit einem Jahresgewinn von über 6 Milliarden Euro, warum soll es Bayer mit über 4 Milliarden Euro oder Siemens mit über 5 Milliarden Euro Gewinn und über 340 000 Beschäftigten nicht möglich sein, zusätzlich ein paar Menschen Arbeit zu geben, die ein paar einfachere Tätigkeiten verrichten? Warum sollen Konzerne, die gute Gewinne einfahren, nicht auch eine Allgemeinwohlverpflichtung jenseits ihrer Steuerpflicht haben?

Und zwar nicht nur in ihren ausgelagerten Stiftungen und ihren imagefördernden Sozialprojekten, sondern in der Art und Weise, wie sie ihr Kerngeschäft selbst betreiben? Es ist diese Selbstverständlichkeit, die so irritiert, dieser unhinterfragte Vorrang des ökonomistischen Wettbewerbs, dieses Streben nach maximalem Gewinn als nicht nur legitime, sondern als geradezu völlig außerhalb der Diskussion stehende Maxime.

Sind Scham und altruistische Fesseln erst einmal abgestreift, gibt es eigentlich kaum noch Obergrenzen, was den maximalen Vorteil anbelangt. Wo das Streben nach dem eigenen Vorteil keine Begründung mehr braucht, wird auch die Gier gesellschaftsfähig. Und das betrifft bei weitem nicht nur einige Banker, die sich während der Bankenkrise plötzlich mit ihren Millionenboni am Pranger wiederfanden. Unverhohlene Gier beherrscht auch große Teile unseres gesamten Marktgeschehens. Das nimmersatte Streben nach Besitz, ganz unabhängig von seinem Nutzen, das völlig sinnlose und ausufernde Anhäufen von Reichtum müsste den Gierigen eigentlich selbst peinlich sein, weil es im wahrsten Sinne des Wortes so unsinnig ist. Und weil die Gier so schädlich für die Allgemeinheit ist, müsste sie eigentlich verpönt sein, müssten Grenzen gezogen werden. Dem ist aber nicht so. (Da hilft es auch nicht, dass die Gier in der katholischen Kirche ganz offiziell noch als eine der Todsünden gilt.)

Der praktizierte Neoliberalismus hat die Akzeptanz der Gier geradezu zu seiner anthropologischen Grundannahme gemacht. Gier sei okay. Die Menschen seien nun einmal so. Und deshalb sei es auch völlig in Ordnung, wenn DAX-Konzerne ihre Vorstände mit Millionengehältern und Millionenabfindungen beglücken. Und genauso sei es deshalb in Ordnung, wenn diese Traumgehälter von den Konzernen in beliebiger Höhe steuerlich geltend gemacht werden können und die Steuerschuld der Unternehmen schmälert. Es sei auch völlig in Ordnung, wenn im Sport und in der Unterhaltungsbranche Gagen eingestrichen werden, die in ihren phantastischen Höhen völlig ohne Maßstab sind; oder wenn aktive und ehemalige Politiker sich gegen ebenso maßlose Honorare bei Konzernen als Redner verdingen. Als Hillary Clinton während des Wahlkampfes auf ihre für den Normalbürger unfassbaren Vortragshonorare angesprochen wurde, bis zu 250 000 Dollar pro Rede, und der CNN-Reporter Anderson Cooper sie konkret fragte, ob sie ein Honorar der Bankengruppe Goldman Sachs von 675 000 Dollar für drei Reden für angemessen halte, antwortete sie ganz lapidar: »Das haben sie angeboten.«[5] Gier braucht keine Begründung. Man nimmt, was man bekommt, maß- und ziellos und selbst dann, wenn man vorgibt, dem Gemeinwohl verpflichtet zu sein.

Der Neoliberalismus hat es tatsächlich geschafft, Sigmund Freuds »analen Charakter« – in seiner extremen Ausformung eine schwere neurotische Störung – zum menschlichen Normalzustand zu erklären. Es gibt keine Gierigen und Nicht-Gierigen, es gibt nur Erfolgreiche und Nicht-Erfolgreiche. Ich behaupte jedoch nach wie vor: Wenn in den Chefetagen unserer Konzerne und Bankhäuser Menschen wirklich ein Problem damit haben oder einen Motivationseinbruch erleiden, falls sie vielleicht nur noch 1 statt 2 Millionen Euro im Jahr nach Hause bringen, haben sie ein ziemliches psychisches Problem. Mehr nicht. Wir jedoch vergöttern genau diese Leute als unsere Leistungselite, statten sie mit großer Macht aus und vertrauen ihnen weite Teile unseres Schicksals an. Es ist völlig verrückt.

Ich bin ein großer Freund von Wettbewerb und Konkurrenz, beim Spiel und im Sport und wenn man dabei keinem wirklich weh tut. Beim Monopoly darf es kein Pardon geben, sonst funktioniert das Spiel nicht, sonst sitzt man bis zum frühen Morgen am Küchentisch. Als gesellschaftliches und ökonomisches Ordnungsprinzip halte ich den Wettbewerb jedoch für völlig überbewertet.

Wenn die Neoliberalen rühmen, wie effizient Konkurrenz doch sei und wie innovationsfördernd, wie zuverlässig der Wettbewerb doch dafür sorge, dass all die Loser vom Markt verschwinden, dann blenden sie die hässlichen, die absolut ineffizienten, die verschwenderischen Seiten dieses Wettkampfes weitestgehend aus. Zu denen gehörten 2015 beispielsweise 23 000 Firmenpleiten, bei denen 225 000 Menschen ihre Jobs verloren und Gläubiger auf insgesamt 19,6 Milliarden Euro an Forderungen sitzen blieben. Dabei war 2015 noch ein sehr gutes Jahr, das Jahr mit den wenigsten Insolvenzen seit der Jahrtausendwende. Schauen wir etwa auf 2006, finden wir über 30 000 Firmenpleiten mit 473 000 vernichteten Arbeitsplätzen und über 31 Milliarden Euro abgeschriebenen Schulden. Insgesamt summieren sich die Insolvenzen in den gesamten zehn Jahren zwischen 2006 und 2015 auf fast 300 000 Firmen mit über 330 Milliarden Euro an Forderungen, auf denen die Gläubiger sitzen blieben, und 3,5 Millionen Menschen, die plötzlich ohne Arbeit dastanden.[6] Hinzu kommen jedes Jahr viele Millionen Menschen – 2015 waren es 2,5 Millionen –, die auch ohne Insolvenz Opfer des Wettbewerbs werden und ihren Job »verlieren«, weil ihre Firma sie konkurrenzbedingt nicht mehr halten kann oder will.[7]

Wir haben für diese hässliche Seite des Wettbewerbs gleich ein ganzes Repertoire passender, technisch anmutender Euphemismen, die das vielfältige menschliche Leid hinter diesen »Marktvorgängen« kaschieren helfen. Als im Frühjahr 2012 die Drogeriekette Schlecker pleiteging und 10 000 meist weibliche, häufig schon ältere Arbeitnehmerinnen angstvoll in die Zukunft blickten, stellte sich der damalige FDP-Vorsitzende und Wirtschaftsminister Philip Rösler vor die Kameras und erklärte, dass es für die Frauen nun darauf ankäme, »schnellstmöglich selbst eine Anschlussverwendung zu finden«.[8] Arbeitsplätze werden nicht vernichtet, sie gehen »verloren«. Beschäftigte werden

»freigesetzt« und erhalten gegebenenfalls eine »Anschlussverwendung«. Firmen gehen nicht kaputt, sie »gehen vom Markt«. Wer sich immer nur von befristetem Job zu befristetem Job durchschlägt, weil er nichts Besseres findet, darf sich »mobil« und »flexibel« nennen. Arbeitgeber, die Personal nur nach aktueller Marktlage vorhalten, deshalb ausgiebig mit befristeten Arbeitsverträgen und Leiharbeitern arbeiten, haben »atmende Unternehmen«.

Wir sollten uns von dieser teils formelhaften, teils euphemistischen Sprache nicht benebeln lassen. Wenn wir uns das Leid vieler dieser Verlierer vor Augen halten – Familien, die um ihre Zukunft bangen, Menschen, die in die Arbeitslosigkeit gestürzt werden, »kleine« Selbständige, die für Jahre, wenn nicht sogar für immer ruiniert sind, bis zu denen, die die Konkurrenz am Arbeitsplatz nicht mehr aushalten und daran krank werden –, dann stellt sich schon die Frage, was an diesem System so effektiv und faszinierend sein soll. Schließlich braucht es Verlierer und Leid, um funktionieren zu können. Wer sich mit einem solchen Wirtschaftssystem zufriedengeben kann, muss schon sehr anspruchslos sein. Ich kann es nicht.

Wettbewerb klingt so harmlos. Doch muss man sich darüber im Klaren sein, dass Wettbewerb Wettkampf ist, Rivalität und Gegeneinander aus Prinzip. »Konkurrenz ist eine Sublimierung von Krieg«, wie es der südafrikanische Schriftsteller und Nobelpreisträger John Maxwell Coetzee 2008 in seinem Buch *Tagebuch eines schlimmen Jahres* sehr hart formuliert hat.[9] Man kann versuchen, ihn humanitär zu zähmen, doch läuft er immer auf Gewinner und Verlierer hinaus, und wo es eng wird, auf Verdränger und Verdrängte. Wettbewerb ist immer das Gegenteil von Miteinander. Als Ordnungsprinzipien sind das wettbewerbliche Gegeneinander und das solidarische Miteinander unversöhnbar. Wettbewerb und Solidarität sind Gegensätze, schließen sich aus.[10]

Deshalb: Brauchen wir tatsächlich immer und überall Wettbewerb und Gegeneinander? Ist das Gegeneinander wirklich so oft besser als ein Miteinander? Ich denke nein. Was wir brauchen, ist der Vergleich, die permanente Verbesserung von Qualität durch den Vergleich. Was wir brauchen, ist das Erkennen und das Abstellen von Fehlentwicklungen. Das alles leistet der Wettbewerb. Ich bestreite allerdings, dass er das einzige Prinzip ist, das dies zu leisten vermag. Tatsächlich bin ich der Überzeugung, dass es breite gesellschaftliche Felder gibt, auf denen Konkurrenz und Gewinnstreben schlicht nichts zu suchen haben. Es gibt weite Bereiche, etwa Bildung oder das Soziale, in denen wir keinen Wettkampf isolierter Konkurrenten brauchen, sondern das vernetzte Miteinander, die Zusammenarbeit aller zum Wohle aller. Es sind Arbeitsfelder, auf denen wir an der Sache orientierte und für die Sache motivierte Menschen brauchen, die die Dinge um der Sache willen voranbringen, aber keine Analneurotiker in Spitzenpositionen.

Statt reflexhaft den Wettbewerb zum allumfassenden Prinzip zu erklären, sollten wir sehr genau schauen, welche Güter und Dienstleistungen wir in Konkurrenz über einen Markt organisieren und welche wir nicht wettbewerblich, sondern kollektiv zur Verfügung stellen wollen und sollten. Wettbewerb ist alles andere als ein quasi-naturgegebenes Prinzip. Um noch einmal mit John Maxwell Coetzee zu sprechen: »Wenn wir Konkurrenz wollen, können wir uns für Konkurrenz entscheiden; oder aber wir können den Weg der kameradschaftlichen Zusammenarbeit einschlagen.«[11] Denn: »Gott hat bestimmt nicht den Markt erschaffen – Gott oder der Geist der Geschichte. Und wenn wir Menschen ihn geschaffen haben, können wir ihn dann nicht abschaffen oder ihm eine freundlichere Gestalt geben? Warum muss die Welt ein Gladiatoren-Amphitheater mit dem Motto ›Töte oder Du wirst getötet‹ sein und nicht lieber ein, sagen wir, geschäftig zusammenarbeitender Bienenstock oder Ameisenhaufen?«[12]

Es ist wie mit dem Schuldendogma: Um zu einer unvoreingenommenen Betrachtung des Wettbewerbs zu gelangen, müssen wir uns erst einmal losmachen von vermeintlich Selbstverständlichem und Gepflogenheiten. Die breiten Proteste in Deutschland gegen die transatlantischen Handelsverträge TTIP und Ceta haben deutlich werden lassen, dass zum Glück immer mehr Menschen nicht mehr bereit sind, Kommerz und Konkurrenz als unhinterfragte Leitprinzipien unseres Handelns und Wirtschaftens zu akzeptieren.

Schröder lag falsch – von linker und von rechter Politik

Haben wir uns erst einmal von einigen neoliberalen Denkschablonen wie dem Wettbewerbsdogma, dem Profitaxiom oder dem Bild des Homo oeconomicus und den damit zusammengehenden Scheuklappen befreit, merken wir, wie falsch der Satz von Schröder war, wonach es keine linke oder rechte, sondern nur noch richtige und falsche Wirtschaftspolitik gebe. Wir bekommen wieder einen Blick für die eklatanten Interessengegensätze in unserer Gesellschaft, für die objektiven Interessengegensätze zwischen den reichsten 10 Prozent und jenen ärmsten 40 Prozent, die nichts oder sogar Schulden auf der Vermögensseite zu verbuchen haben und die längst abgehängt sind von der Wohlstandsentwicklung in diesem Land. Wir erkennen, dass es überhaupt keinen Sinn macht, diese Interessengegensätze einfach mit der Negation politischer Lager und Ideologien zukleistern zu wollen. Wir begreifen, dass politische Grundsatz- und Richtungsdiskussionen nicht nur möglich und sinnvoll, sondern auch notwendig sind – zumindest dann, wenn wir uns politisch nicht immer tiefer in einem inkrementalistischen Durchwursteln verlieren wollen, das letztlich auf die Aufgabe des Primats der Politik über die Wirtschaft hinausläuft.

Es gibt nach wie vor eine rechte und eine linke Wirtschafts- und Sozialpolitik, und sie unterscheiden sich diametral. Anders als Schröder würde ich allerdings lieber von »konservativer« als von »rechter« Politik sprechen, da mit »rechts« gerade in jüngerer Zeit wieder vor allem national-chauvinistische und rassistische Strömungen bezeichnet werden. Eine konservative Wirtschafts- und Sozialpolitik ist an der Konservierung des Status quo ausgerichtet. Was diesen Status quo ausmacht, definiert in diesem Konservatismus der Neoliberalismus: die Expansion des freien Marktes, der Wettbewerb als Motor und Ordnungsprinzip, das Primat des unternehmerischen Gewinns, die Unantastbarkeit des Vermögens (selbst über den Tod hinaus), die Ungleichheit als quasi-naturgegebenes Menschheitsschicksal. Konservatismus darf dabei nicht mit Stillstand verwechselt werden. Konservative Politik kann sehr innovativ sein, ja muss sogar innovativ sein. »Wenn wir wollen, dass alles bleibt, wie es ist, dann ist nötig, dass alles sich verändert«, lässt der italienische Schriftsteller Giuseppe Tomasi di Lampedusa einen sizilianischen Adeligen in seinem berühmten Roman *Gattopardo* angesichts des aufstrebenden Bürgertums und drohender politischer Umwälzungen sinnieren. Genau so funktioniert Konservatismus.

Linke Politik meint dagegen in Zeiten des Neoliberalismus nie etwas anderes als die Überwindung des Status quo. Sie zeichnete sich zu allen Zeiten dadurch aus, egalitären Idealen und Ideen verpflichtet gewesen zu sein, sie ging und geht immer von der Gleichwürdigkeit eines jeden Menschen aus, dessen Gleichwertigkeit sich in der Gleichheit vor Staat und Gesetz, aber auch in gleichen Zugängen zu materiellen Ressourcen und politischer Macht widerspiegeln muss. Linke Politik duldet keine Unterschiede, keine Ungleichheit, die von Mächtigen und Privilegierten aufoktroyiert sind, und sie duldet keine Ungleichheit, die lediglich aus der Herkunft resultiert, aus Besitzständen, Privilegien und Diskriminierungen des Elternhauses. All das ist das genaue Gegenteil zum real existierenden Neoliberalismus. Es geht der linken Politik nicht um Gleichmacherei. Aber es geht um Gerechtigkeit insofern, als Privilegien gerechtfertigt sein müssen. Eine lebendige, vielfältige Gesellschaft darf in einer Demokratie niemals auf erzwungener, sondern kann immer nur auf frei gewählter Ungleichheit beruhen.

Auch Konservative und Neoliberale würden im Zweifelsfall das eine oder andere Gleichheitspostulat unterzeichnen, ist es nur abstrakt und allgemein genug gehalten. Erst im Konkreten trennt sich häufig die Spreu vom Weizen und werden die sehr grundsätzlichen Unterschiede, ja Gegensätze zwischen konservativer und linker Politik deutlich. Die Beispiele reichen von frauenpolitischen Themen bis zur Homo-Ehe. Was die Sozialpolitik anbelangt, liegt der Unterschied – unabhängig von parteipolitischer Zugehörigkeit oder Präferenzen – ganz praktisch vor allem im Maß neoliberal begründeter Zugeständnisse, die gemacht werden: Wie viel Leiharbeit, wie viel Niedriglohn, wie viel Deregulierung des Arbeitsmarktes wird zugelassen? Wie viel Rendite wird angesichts öffentlicher Finanzerfordernisse in den Sozialversicherungen oder bei der Infrastruktur akzeptiert? Bei allem pragmatischen Verständnis für unternehmerische Belange wird sich eine linke Politik niemals mit ausbeuterischen Arbeitsverhältnissen und Einkommensspreizungen abfinden, die Menschen in der Konsequenz in Armut und Ausgrenzung hineintreibt. Sie wird in Zeiten wie den unseren immer darauf aus sein, diese Gesellschaft wieder zusammenzuführen, der wachsenden Ungleichheit Grenzen zu ziehen und mehr Gleichheit zu schaffen. Linke Wirtschafts- und Sozialpolitik stellt als Alternative zum politischen neoliberalen und ökonomistischen Mainstream den Menschen konsequent in den Mittelpunkt. Für eine linke Politik ist Deutschland nicht in erster Linie Wirtschaftsstandort, sondern vor allem Lebensstandort. Die Wirtschaft hat dem Menschen, nicht der Mensch der Wirtschaft zu folgen. Das ist der Unterschied. Deshalb findet linke Politik gerade in Diskussionen um Mindestlöhne, um Leiharbeit, aber auch um das Rentenniveau oder um Wohnungs- und Mietenpolitik ihr besonders deutliches Profil – auf Feldern also, auf denen Profitinteressen und die Bedürfnisse der Menschen sehr direkt und unvermittelt aufeinanderprallen.

Am Ende ist es die Verteilungsfrage, die in einer Zeit, in der die Reichen immer reicher und die Armen immer zahlreicher werden, in der die Mittelschicht erodiert und deshalb zu Recht verunsichert ist, eine klare Trennlinie zwischen neoliberal-konservativer und linker Wirtschafts- und Sozialpolitik zieht. Es klingt ungewohnt, da man es selten hört: Aber es gibt eine linke und eine konservativ-liberale Verteilungspolitik. Wenn immer wieder der Eindruck erweckt werden soll, Umverteilung sei allein ein linkes Thema und Konservativ-Liberale hätten mit Umverteilung nichts im Sinn, so ist das einfach falsch. Beiden geht es um Umverteilung – nur in die jeweils andere Richtung. Konservativ-Liberale haben, vor allem nach der Jahrtausendwende, in einem Ausmaß von unten nach oben umverteilt, wie es Linke sich in umgekehrter Richtung nur erträumen können. Was anders als Umverteilung sollen die Schröderschen Steuersenkungen für Spitzenverdiener, Unternehmen und Konzerne denn gewesen sein, zu deren Gegenfinanzierung Sozialleistungen in Milliardenhöhe abgebaut wurden? Was außer Umverteilung ist es, wenn bei der Einkommensteuer entlastet wird und etwas später (2006), in der ersten großen Koalition von CDU und SPD, stattdessen die Umsatzsteuer kräftig angehoben wird (von 16 auf 19 Prozent)? Eine Steuer also, die die breite Bevölkerung belastet und Menschen mit kleinerem Einkommen besonders hart trifft.

Einen Sieg nach dem anderen haben die Neoliberalen im letzten Vierteljahrhundert auf dem Schlachtfeld der Umverteilung errungen. Nun geht es dem konservativ-liberalen Lager vor allem darum, erkämpfte Vorteile gegen wachsenden Druck von links zu verteidigen – sei es die ausgesetzte Vermögensteuer, die geringe Besteuerung von Kapitalerträgen, die außerordentlich moderaten Spitzensteuersätze bei der Einkommensteuer oder den weitestgehenden Verzicht auf eine Besteuerung großer Erbschaften. Wie erfolgreich sie dabei sind, zeigt die Tatsache, dass die Steuerpläne, mit denen SPD[13] und Grüne[14] 2013 noch in den Wahlkampf gezogen sind (Erhöhung der Spitzensteuersätze, stärkere Besteuerung großer Erbschaften und Wiedereinführung der Vermogensteuer), ziemlich abgespeckt sind. Und das, obwohl sich in der Sache überhaupt nichts geändert hat. Nach wie vor treiben Arm und Reich auseinander, nach wie vor werden die steuerlichen Mehreinnahmen in den öffentlichen Kassen dringend benötigt.

Von den im Bundestag vertretenen Parteien steht allein Die Linke nach wie vor ungebrochen zu ihrem steuerpolitischen Kurs aus 2013. Und so ist es auch kein Zufall, dass der umstrittenen Erbschaftsteuerreform 2016, bei der große Firmenerben nach wie vor von einer nennenswerten Besteuerung verschont werden, im Bundesrat allein die von den Linken mitregierten Länder Thüringen und Brandenburg ihr Zustimmung versagten. Es waren vor allem die sogenannten Familienunternehmen, die gegen die »Reform« Sturm liefen, in CSU-Chef Horst Seehofer ihren Fürsprecher fanden und schließlich für ein Gesetz sorgten, das im Wesentlich alles beim Alten beließ. Auch das ist Verteilungskampf, nur von konservativ-neoliberaler Seite.

Verteilungspolitik und Sozialpolitik stehen heute in einem sehr engen Zusammenhang. Selten zuvor war eine anspruchsvolle Sozialpolitik so abhängig von der Lösung der verteilungspolitischen Frage. Das hat auch mit der Installation der Schuldenbremse zu tun, die den Weg in weitere Schulden versperrt und damit den Druck auf das Verteilungsproblem enorm erhöht hat. Die Bereitschaft zu einer solidarischen Umverteilungspolitik ist heutzutage daher der Lackmustest für eine ehrlich gemeinte, offensive Sozialpolitik.

Kein Politiker würde öffentlich widersprechen, wenn man feststellt, dass wir mehr für arme Kinder tun müssen, dass es ein Gebot der Menschlichkeit ist, Wohnungen und Notschlafstätten für Obdachlose vorzuhalten, oder dass wir etwas tun müssen für die Integration Langzeitarbeitsloser und auch der bei uns bleibenden Flüchtlinge. Kaum einer würde es wagen, öffentlich zu widersprechen, wenn wir beklagen, dass in vielen Kommunen Bibliotheken geschlossen und Schwimmbadzeiten eingeschränkt werden, dass in Schulgebäuden EDV fehlt und es in Turnhallen durch das Dach regnet und man es so lässt. Weil kein Geld da ist. Erfahrungsgemäß verlaufen derlei öffentliche Diskussionen im Fernsehen oder auf Kongressen in bestem Einvernehmen.

Eisig wird das Klima erst, wenn es ums Bezahlen geht; wenn man vorrechnet, dass der Finanzbedarf in den nächsten Jahren schnell bei 50 Milliarden Euro und mehr pro anno liegt, will man all das auch wirklich umsetzen. Was dann folgt, ist meistens eine ganze Batterie von Nebelkerzen und Allgemeinplätzen, gelegentlich auch die populistische Stammtischplattheit, wonach der Staat ohnehin nicht mit Geld umgehen könne und man ihm deshalb am besten auch keines anvertraue. Das Ganze endet dann meist im Nichts oder in Aggressionen.

Wer als Politiker jedoch erklärt, er wolle etwas tun für unsere Kinder, für bessere Pflege, für Langzeitarbeitslose oder gegen die Armut, aber bei der Finanzierungsfrage dann blockt oder ausschweift, ist nicht glaubwürdig. Der will nicht wirklich. Es war der Nestor der katholischen Soziallehre, der Theologe und Ökonom Oswald von Nell-Breuning, der so treffend feststellte: »Was politisch gewollt ist, ist auch finanzierbar. Was nicht finanziert wird, ist auch nicht gewollt.«[15]

Die Beantwortung der Verteilungsfrage ist die Nagelprobe, ist der Glaubwürdigkeitstest für eine jede Politik, die von sich behauptet, Armut und Ausgrenzung bekämpfen zu wollen. Ohne eine solidarische Steuerpolitik bleibt Armutsbekämpfung zu großen Teilen lediglich auf dem Niveau von gut gemeinten und nett anzuschauenden Luftnummern. Wer diese Gesellschaft zusammenhalten will, wer Armut bekämpfen will, wer den Mittelstand wieder am Wohlstand in Deutschland teilhaben lassen will, wer letztlich das ewige Versprechen eines Wohlstands für alle einlösen will, der darf auch keine Angst davor haben, sich der Verteilungsfrage zu stellen und sie klipp und klar zu beantworten.

Versuchen wir das Unmögliche, aber bleiben wir realistisch – von Mentalitäten und der Restauration unseres Sicherungssystems

Wir haben bisher über die großen Linien gesprochen und darüber, was in unseren Köpfen geschehen muss, damit eine andere Politik möglich wird. Aber was gilt es nun konkret zu tun, um Deutschland zusammenzuhalten und alle an unserem Wohlstand teilhaben zu lassen? Ich bin Pragmatiker. Mir ist klar, dass Politik an Realitäten ansetzen und die Menschen, zumindest in ihrer Mehrheit, mitnehmen muss. Politik muss machbar sein. Aber ein Pragmatismus ohne Visionen wird ziellos und irgendwann auch beliebig. Extreme Pragmatiker und extreme Visionäre haben interessanterweise eines gemeinsam: dass sie nämlich niemals wirklich scheitern, zumindest in ihren eigenen Augen. Der extreme Pragmatiker findet immer noch eine Kleinigkeit, die ihn an seinen Erfolg glauben lässt. Für den reinen Utopisten gehört das Leid an der Wirklichkeit sozusagen zum Programm. Scheitern ist für ihn überhaupt keine Kategorie. Wer jedoch nicht scheitern kann, kann auch niemals wirklich Erfolg haben. Das gilt für beide.

Es kommt darauf an, unsere Visionen herunterzubrechen, um das, was nach Meinung der Neoliberalen unmöglich ist, möglich zu machen: eine gute, gerechte und für alle gleichermaßen lebenswerte Gesellschaft. Versuchen wir also das Unmögliche, aber seien wir dabei realistisch.

Am Reißbrett und in der Gelehrtenstube lassen sich alle möglichen Sozialstaatsreformen denken. Radikalliberale propagieren seit Jahrzehnten die rigorose Abschaffung aller Sozialtransfers, vom Arbeitslosengeld bis zum Wohngeld, und deren Ersatz durch eine negative Einkommensteuer – ein kleiner Betrag, der gezahlt wird, wenn das Einkommen eine gewisse Mindestgrenze unterschreitet.

Andere plädieren nicht minder radikal für ein bedingungsloses Grundeinkommen, wie es in der Bundesrepublik Ende der 1980er Jahre bereits intensiv diskutiert wurde und aktuell insbesondere auch durch den prominenten Gründer der Drogeriemarktkette dm, Götz Werner, propagiert wird. Danach würde jeder ein existenzsicherndes Geld vom Staat erhalten, ganz unabhängig von seinem sonstigen Einkommen, ganz unabhängig also davon, ob er es braucht oder nicht. Sozialzuwendungen wie Wohngeld, Kindergeld, Hartz IV, Altersgrundsicherung oder BAföG könnten, so die Befürworter, weitgehend entfallen. Ein riesiger Verwaltungsapparat könnte eingespart werden. Von zentraler Bedeutung ist freilich die Höhe des Grundeinkommens und welche anderen Sozialtransfers neben dem Grundeinkommen bestehen bleiben sollen. Die Einführung eines bedingungslosen Grundeinkommens für jedermann und jedefrau käme einer gewaltigen Umfinanzierung gleich. Wenn auch Gutverdienende in den Genuss des Grundeinkommens kommen, muss das Geld irgendwie wieder hereingeholt werden. Welche Rolle spielen dabei Vermögens-, Einkommens-, Erbschafts- oder indirekte Steuern wie die Mehrwertsteuer?

Die Idee des Grundeinkommens ist erst einmal sympathisch, weil es, ganz anders als das misanthropische Hartz IV, von einem sehr positiven Menschenbild ausgeht. Der Mensch ist nicht von Natur aus faul und nur bei drohenden Entbehrungen zur Arbeit zu bewegen. Er ist aktiv und kreativ, wenn man ihn nur von seinen Existenzsorgen befreit. Das bedingungslose Grundeinkommen ist auch keinesfalls gegen Erwerbsarbeit oder unser Arbeitsethos gerichtet, wie Kritiker behaupten. Ganz im Gegenteil: Es wertet dieses Ethos auf. Erst wenn jeder Mensch auch ohne Erwerbsarbeit seine Existenz und seine Teilhabe gesichert hat, wenn nicht die nackte Not zur Arbeit treibt, wird deutlich, was für welche Arbeit zu zahlen ist, damit sie verrichtet wird. Arbeit bekommt endlich ihren marktgerechten Preis, ihre marktangemessene Bezahlung. (Dagegen dürften doch eigentlich nicht einmal Neoliberale etwas einzuwenden haben.)

Es lohnt sich sehr, sich mit dem Konzept des bedingungslosen Grundeinkommens und seinen vielfältigen Implikationen und Konsequenzen näher zu befassen. Aber dennoch: Es bleibt erst einmal ein Modell vom Reißbrett. Sozialpolitik hat jedoch immer auch und vor allem mit Mentalitäten und Traditionen zu tun, die in der politischen Praxis berücksichtigt werden müssen, will man Erfolg haben. Das Herzstück des deutschen Sozialstaates ist und bleibt seine Sozialversicherung – ganz faktisch, vor allem aber auch in den Köpfen der Menschen. Die Organisation wesentlicher Teile unseres Sozialstaates über Sozialversicherungen ist nicht lediglich eine technische Frage, sondern ein Stück gesellschaftlicher Kultur. Unsere Sozialversicherungen sind nicht nur Versorgungssysteme, sondern sozialgeschichtliche Errungenschaften mit weit über ein Jahrhundert währenden Traditionen, an die Wertvorstellungen und Erwartungen geknüpft sind. Eine Sozialpolitik, die diese mentalen Aspekte nicht berücksichtigt, geht unweigerlich an den Menschen vorbei und muss scheitern. Dies gilt für allzu forsche neoliberale

Privatisierer genauso wie für zu ungestüme Verfechter eines Grundeinkommens, Einheitsrenten oder was auch immer.

Deutschland hat nun einmal eine sehr lange Sozialversicherungstradition. Wir leben nicht in den USA, in England oder in Schweden. Es gibt eine sehr spezifische »Sozialstaatsmentalität« – ein Begriff, den ich im Unterschied zu den Neoliberalen allerdings ausdrücklich positiv verstehe. Die ganz große Mehrheit der Erwerbstätigen ist als abhängig Beschäftigte bereit, in Kassen einzuzahlen, und zwar in Pflichtversicherungen. Sie akzeptieren dies relativ fraglos und sind es gewohnt, dass sie die Beiträge an die Versicherungen gar nicht erst ausgezahlt bekommen, sondern dass sie, wie die Steuern, direkt vom Lohn abgezogen und überwiesen werden. Sie erwarten jedoch, dass es dabei fair zugeht. Für die meisten heißt das, im Alter, bei Arbeitslosigkeit oder Krankheit eine Leistung zu erhalten, die sie im Normalfall vor sozialem Absturz oder sogar Armut schützt. Die Sicherung des Lebensstandards war viele Jahrzehnte die Orientierungsmarke der Sozialversicherung, und sie ist es nach wie vor, was die Erwartungen der Menschen anbelangt. Dass die Politik sich dieser Erwartung so beharrlich entzieht, ist es gerade, was heute bei vielen Menschen zu politischem Frust, zu Verdrossenheit führt.

Zu Mentalität und Tradition gehört auch, dass es sich bei den Versicherungen um kollektive, staatliche oder halbstaatliche Systeme handelt. Es sind Versorgungs- beziehungsweise Versicherungssysteme außerhalb des Marktwettbewerbs. Es sollen Vertrauenssysteme sein, die nicht auf größtmögliche Rendite aus sind und bei denen man davon ausgehen kann, dass man nicht »übers Ohr gehauen« wird. Man möchte auf dem Feld sozialer Sicherung nicht permanent abwägen müssen zwischen den Angeboten von Wettbewerbern, man mag nicht den Homo oeconomicus geben. Es gehört zur positiven Sozialstaatsmentalität, dass man gerade nicht von Krankenkasse zu Krankenkasse hoppen möchte, um auch noch den letzten Vorteil herauszuschinden.[16] Und das ist meines Erachtens auch völlig in Ordnung so. Es sind zum Glück nicht alle Menschen gleich. Es ist zum Glück nicht jeder der »marktgängige« Unternehmertyp. Der Mensch darf Erwartungen an diesen Staat und die Sozialversicherungssysteme haben und (hier bin ich dezidiert anderer Auffassung als die Neoliberalen) er darf sogar erwarten, dass der Staat sich kümmert, wenn er im Gegenzug Steuern und Abgaben zahlt, dass er sich kümmert um seine Rente, um seine gesundheitliche Versorgung und seinen Schutz bei nicht verschuldeter Arbeitslosigkeit. Es sind kollektive Systeme, bei denen der Einzelne nicht irgendeinem Wettbewerb ausgesetzt sein will, nicht das Gefühl haben will, ständig irgendeinen Vorteil zu verpassen, weil er vermeintlich zu träge ist. Das ist völlig nachvollziehbar und okay. Und deshalb wollen die meisten Menschen auch keine sozialen Sicherungssysteme, die genau das erfordern.

Mit der Neoliberalisierung unserer Sozialpolitik trat man nicht nur an, die großen Risiken Alter, Krankheit und Arbeitslosigkeit zunehmend zu »privatisieren«, also mehr und mehr dem Einzelnen zu übertragen. Man unternahm auch den von vornherein aussichtslosen Versuch, ein ganzes Volk von Versicherten regelrecht umzuerziehen, ihnen Traditionen und Erwartungen auszutreiben. Dabei bediente man sich der ganzen Batterie neoliberaler Klischees: von der süßen Verführung, es wäre doch besser, die Arbeitnehmer könnten ihr sauer verdientes Geld irgendwo auf dem Kapitalmarkt anlegen und richtig Rendite machen, anstatt es in eine unlukrative Rentenversicherung einzuzahlen, bis hin zu den üblichen Diskreditierungen des Sozialstaates als ein System, das faul und behäbig mache, anstatt die Menschen dazu anzuhalten, für sich selbst Verantwortung zu übernehmen.

Es war ein Umerziehungsversuch, der an den Menschen, ihren Bedürfnissen und Mentalitäten völlig vorbeiging und deshalb keine Chance hatte. In der Rentenpolitik geriet das Ganze zum echten Desaster. Völlig unverblümt eröffnete Arbeitsminister Walter Riester den Versicherten nach der Jahrtausendwende, dass man beabsichtige, das Rentenniveau mittel- und langfristig auf Talfahrt zu schicken, um angesichts einer immer älter werdenden Gesellschaft die Kosten und die Beiträge nicht allzu sehr ansteigen zulassen. Für die Sicherung des Lebensstandards werde die Rente nicht mehr reichen und auch nicht mehr für das, was man sich landläufig unter einem schönen Lebensabend vorstellte. Alle Versicherten wurden eindringlichst ermahnt, von nun an selber vorzusorgen, wenn sie im Alter keine böse Überraschung erleben wollten. Bei Allianz, Hamburg-Mannheimer und Co. sollten sie ihr Geld anlegen, um sich eine staatlich geförderte Riesterrente zu sichern. Eine gigantische Werbemaschinerie wurde für diese Policen angeworfen. Es wurde Angst gemacht, es wurde gemahnt, es wurde gepriesen. Konzerne überschütteten uns mit Werbung. Verbraucherberater rieten heftig zu Abschlüssen und verwiesen auf die Zulagen und die steuerlichen Vorteile.

Seit sechzehn Jahren hält dieser unvergleichliche Werbefeldzug von Versicherern, Politikern und Verbraucherberatern nun schon an. Und dennoch: Die Menschen tun es nicht. Gerade einmal 16,5 Millionen Abschlüsse haben die Versicherer seitdem einfahren können. Bei 39 Millionen abhängig Beschäftigten, die nach den Vorstellungen Riesters alle das nach ihm benannte Produkt hätten kaufen sollen. Rund 20 Prozent dieser 16,5 Millionen Riester-Policen sind zudem ruhend, das heißt, es werden keine Beiträge mehr eingezahlt. Von einer gänzlichen Kündigung sehen die meisten in solchen Fällen ab, weil die Verträge so gestrickt sind, dass die Versicherten ohne Verluste nicht mehr herauskommen. Es gibt damit aktuell nur rund 14,2 Millionen aktive Verträge, womit das Ende der Fahnenstange auch so ziemlich erreicht zu sein scheint. Seit 2013 wird kaum noch etwas verkauft.[17]

Dass Riester so grandios gefloppt ist, hat natürlich auch damit zu tun, dass man erst mal Geld übrig haben muss, um riestern und die damit verbundenen Zulagen abgreifen zu können. Wo jeder Cent benötigt wird, um über den Monat zu kommen, oder wo Kinder im Haushalt sind, für die man etwas zurücklegen möchte, bleibt häufig nichts mehr für eine Riester-Rente. Wer weiß, wie teuer das Leben ist, wenn man wenig Geld hat, den wird daher gar nicht überraschen, dass bei den unteren Einkommen bis 1 500 Euro brutto im Monat gerade mal jeder Fünfte riestert.[18]

Nur, und das ist wirklich interessant: In den Einkommensklassen, in denen man vielleicht durchaus etwas erübrigen könnte, sieht es nicht viel anders aus. Auch bei den mittleren Einkommen zwischen 2 500 und 3 500 Euro sind es nur 24 Prozent, die riestern, und selbst bei Einkommen von 4 500 Euro und mehr sind es nur 31 Prozent. Es funktioniert einfach nicht; genauso wenig wie die sogenannte Rürup-Rente, ein steuerlich vergünstigter Basis-Rentenvertrag, ersonnen vom umtriebigen Bert Rürup, oder aber der »Pflegebahr«, der staatliche Zuschuss zur privaten Pflegezusatzversicherung, benannt nach dem damaligen FDP-Gesundheitsminister Daniel Bahr.[19]

Wem es gleichgültig ist, ob die Menschen später in Armut leben oder nicht, wem es allein darum geht, dass die Kosten für die Rentenversicherung nicht weiter steigen, dem wird das egal sein. Alle anderen jedoch sollten aus dem krachenden Scheitern dieses Riesterschen Umerziehungsprogramms lernen. Mentalitäten sind zwar schwer zu greifen, aber real wie Mauern. Wer sie ignoriert, wird erst böse auflaufen und dann abgestraft von den Wählern.

Die Sozialversicherung ist in keiner guten Verfassung. Zur gesetzlichen Rente erklären uns die politisch Verantwortlichen selbst tagaus, tagein, dass sie in absehbarer Zeit nicht mehr funktionieren wird. Bei der Arbeitslosenversicherung sieht es

sogar noch schlimmer aus: Gerade mal 29 Prozent der registrierten Arbeitslosen bezogen im Sommer 2016 das Arbeitslosengeld I. 10 Prozent von ihnen mussten mit Hartz IV aufstocken.[20] Nach Adam Riese heißt das, dass für drei Viertel der
Arbeitslosen das Arbeitslosengeld I praktisch überhaupt keine
Rolle spielt. Entweder bekommen sie es gar nicht oder es ist so
gering, dass es sie nicht vor dem Fall in Hartz IV bewahrt. Die
Frage, die sich aufdrängt: Wer würde freiwillig eine Versicherung abschließen, die gerade mal in jedem vierten Schadensfall
den begehrten Schutz liefert? Und auch in der Pflegeversicherung haben steigende Heimplatzkosten dafür gesorgt, dass etwa
jeder zweite Bewohner eines Pflegeheims wieder auf Sozialhilfe
angewiesen ist.

Wenn wir die Kernschmelze unseres Sozialstaates verhindern
wollen, bedarf es einer gründlichen und intelligenten Restauration unserer Sozialversicherung. Wenn Pflichtversicherungssysteme keinen Schutz mehr gewähren, kann man sie irgendwann auch gleich abschaffen. Wenn wir Menschen verpflichten,
in eine Rentenversicherung einzuzahlen, wohlwissend, dass es
sie später doch nicht vor dem Gang zum Sozialamt bewahren
wird, und wenn wir Menschen in die Arbeitslosenversicherung
einzahlen lassen, obwohl sie am Ende doch leer ausgehen oder
in Hartz IV landen, dann ist das unlauter. Viele Geringverdiener – um die geht es meist – werden klar übervorteilt. Sie werden abkassiert. Sie müssen in ein System einzahlen, von dem
sie niemals etwas haben werden. So jedoch zerstören wir die
Legitimation dieser Systeme selbst, das Fundament dieses Sozialstaats.

Restauration der Sozialversicherung klingt zugegebenerma
ßen ziemlich »unsexy«. Normalerweise sind immer »Innovation« und »Modernisierung« angesagt. Das bleibt im Prinzip
auch richtig. Unsere Sozialversicherungen sind auf den Arbeitsmarkt ausgerichtet. Es sind Systeme abhängig Beschäftig-

ter. Nur hat sich dieser Arbeitsmarkt in den letzten dreißig Jahren fundamental verändert. Niedriglohnsektor, Langzeitarbeitslosigkeit, mehr Teilzeitbeschäftigung und Ähnliches sind Phänomene fernab der sogenannten Normalerwerbsbiographie, von der unsere Sozialversicherungen ausgehen: Versicherte mit gutem Verdienst und langen Beitragsjahren. Wir müssen Arbeitslosen- und Rentenversicherung endlich auf die neuen Bedingungen einstellen. Die Restauration unserer Sozialversicherung wird nur gelingen, wenn wir sie zugleich neu aufstellen und neu ausrichten, wenn wir das Fundament nicht nur wiederherstellen, sondern zugleich stärken, um im Bild zu bleiben.

Eine Kasse für alle – für eine starke gesetzliche Rentenversicherung

Ist das Herzstück des deutschen Sozialstaates seine Sozialversicherung, so ist das Herzstück der Sozialversicherung die gesetzliche Rente. Kann ich nach einem arbeitsamen Leben eine Versorgung erwarten, die mir einen halbwegs guten Lebensabend beschert? Das ist für die Menschen eine Schlüsselfrage, was das Vertrauen in diesen Sozialstaat, seine Politik und seine Politiker anbelangt. Die Altersversorgung steht für die meisten schon fast symbolhaft für den Zustand dieses Sozialstaates. Mit kaum einer anderen Politik vermag eine Regierung so schnell und so nachhaltig das Vertrauen der Bürgerinnen und Bürger zu zerstören, Zukunfts-, Abstiegs- und sogar Existenzängste zu erzeugen wie mit einer schlechten Rentenpolitik. Mit kaum einer anderen Politik vermag sie es zuverlässiger, Menschen in großer Zahl das Gefühl zu geben, im Stich gelassen zu werden, und sie im Zweifel dazu zu bewegen, sich irgendwelchen Bauernfängern vom rechten Rand zuzuwenden.

Riester ist gefloppt. Die betriebliche Altersvorsorge ebenso. Die Umstellung von gesetzlicher Rente auf private Absicherungsmodelle ist so offenkundig gescheitert wie nur irgendetwas. Jetzt noch immer weiter daran herumzubasteln, sich immer weitere Fördermodelle auszudenken bedeutet lediglich, schlechtem Geld gutes hinterherzuwerfen. Wenn man sich so offensichtlich auf einem fatalen Irrweg befindet wie mit Riester, sollte man den Mut haben, seinen Fehler einzugestehen und umzukehren. Für falsche Rücksichtnahmen gegenüber Politikerinnen und Politiker, die damals an der Kreierung dieses Irrwegs beteiligt waren und nun nicht »beschädigt« werden sollen, wie man in der Politik sagt, oder aber für falsche Rücksichtnahmen auf die Versicherungslobby ist die Sache zu ernst. Halbherzige Korrekturversuche bringen gar nichts. Sie kosten nur Geld und machen die Situation immer noch schwieriger.

Die Konsequenz kann nur sein: Abschaffung der Riester-Förderung und der Förderung der betrieblichen Altersversorgung, stattdessen die Stärkung der gesetzlichen Rentenversicherung, so dass sie den Erwartungen, die die Menschen zu Recht an sie haben, wieder gerecht werden kann. Obwohl sie wie gezeigt nur relativ wenige Menschen nutzen, kostet die Riesterrente den Steuerzahler derzeit rund 3,7 Milliarden Euro im Jahr.[21] Rentenpolitisch hinausgeworfenes Geld. Rund 40 Prozent der staatlichen Zulagen fließen in Haushalte, die ohnehin zu den bestverdienenden 20 Prozent gehören.[22] Geringverdiener werden kaum erreicht. Ein guter Batzen der staatlichen Mittel landet schließlich bei den Versicherern selbst. Auf 10 bis 11 Prozent des gesamten Beitragsvolumens für die Riesterrente (das waren 2013 10,4 Milliarden Euro) werden die »Kosten« bei den Lebensversicherern taxiert. Und glauben wir mal nicht, dass der Versicherer nicht auch ordentlich verdienen will. Zum Vergleich: Bei der gesetzlichen Rentenversicherung betragen die Verwaltungskosten gerade einmal 1,4 Prozent. »Verdient« wird daran nichts.[23]

Bei der betrieblichen Altersvorsorge sieht es nicht viel anders aus. Nicht einmal die Hälfte aller Arbeitnehmer wird damit erreicht. Bei der Einkommensgruppe von bis zu 1 500 Euro brutto sind es lediglich 16 Prozent.[24] Trotzdem gehen der Rentenversicherung durch die betriebliche Altersvorsorge jedes Jahr rund 1,4 Milliarden Euro Beitragseinnahmen verloren, wie die Bundesregierung auf eine Anfrage der Partei Die Linke im Deutschen Bundestag einräumen musste.[25] Es ist sozialpolitisch völlig paradox, die eine Altersabsicherung gegen die andere auszuspielen und private Vorsorge fördern zu wollen, indem man aus der gesetzlichen Rente nach und nach die Luft herauslässt. Es gibt nur einen, der bei diesem sozialpolitisch sinnlosen Spiel gewinnt – und das ist die Versicherungswirtschaft.

Der Versicherte verliert dagegen immer. Das wird schnell klar, wenn man etwas tiefer in die Details einsteigt: Nach der Jahrtausendwende ging die Bundesregierung in ihren Rentenprognosen davon aus, dass die Beiträge bis zum Jahr 2030 auf 24 bis 26 Prozent steigen würden, was nach ihrer Auffassung deutlich zu hoch gewesen wäre.[26] Sie deckelte daher den Beitrag auf 22 Prozent und baute zum Ausgleich den sogenannten Riesterfaktor und später noch den »Nachhaltigkeitsfaktor« in die Rentenformel ein. Damit wurde das Rentenniveau auf Talfahrt geschickt. Betrug es vor den Reformen noch 53 Prozent, sollte es nach den neuen Prognosen bis zum Jahr 2030 auf 44,6 Prozent sinken – bei besagtem Beitragssatz von 22 Prozent.[27]

Um nun die Lücke zum alten Versorgungsniveau von 53 Prozent zu schließen, müsste der Versicherte nach Berechnungen von Ingo Schäfer, Rentenexperte bei der Arbeitnehmerkammer Bremen, satte 6 Prozent seines Bruttoeinkommens riestern. Zusammen mit seinem Arbeitnehmeranteil von 11 Prozent, den er ohnehin in die gesetzliche Rentenversicherung einzahlen muss, müsste er also 17 Prozent seines Bruttoeinkommens in die Altersvorsorge stecken.[28] Sollen auch die Risiken der Erwerbsminderung und des Todes (Hinterbliebenenrente) nach altem Niveau abgesichert werden, kämen noch einmal rund 1,5 Prozentpunkte hinzu, und man wäre schon bei 18,5 Prozent.[29] In der guten alten Rentenversicherung hätte ihn das gleiche Niveau – ohne die Rentenreformen der rot-grünen Koalition – lediglich 12 oder 13 Prozent seines Bruttolohns gekostet.

Deshalb grenzt es bereits an Desinformation, wenn so getan wird, als ginge es bei diesen Reformen darum, etwas »für die Jüngeren« zu tun, die nicht weiter mit Beiträgen belastet werden sollen. In Wirklichkeit wird ihnen abverlangt, deutlich mehr von ihrem Bruttoeinkommen für das Alter abzuzwacken, als es bei gleichem Versorgungsniveau in der gesetzlichen Rentenversicherung mit ihrer paritätischen Finanzierung zwischen Arbeitnehmern und Arbeitgebern je der Fall gewesen wäre. Nicht die Versicherten, sondern allein die Unternehmen sollen entlastet werden. Nur darum geht es.

Doch war und ist eine solche Unternehmensentlastung durch eine Deckelung der Beiträge zur Rentenversicherung volkswirtschaftlich wirklich nötig? Nach Berechnungen von Jochen Pimpertz, Wissenschaftler am Institut der Deutschen Wirtschaft Köln (IW), wäre es ein Mehraufwand von rund 50 Milliarden Euro, das Rentenniveau in 2030 auf 50 Prozent zu halten.[30] Hätte das unsere Volkswirtschaft wirklich »umgebracht«? 50 Milliarden Euro hört sich erst einmal ziemlich beeindruckend an, und diese Zahl wird ja auch von interessierter Seite wie dem neoliberalen Lobbyverbund INSM, der das Gutachten beim IW in Auftrag gegeben hat, entsprechend gern als »völlig unfinanzierbar« verkauft. Doch auch das ist wieder nur so eine Nebelkerze. Wir reden von einem Land mit einem Bruttoinlandsprodukt (BIP) von über 3 Billionen Euro. Die sogenannte Sozialquote, der Anteil aller Sozialausgaben am BIP, würde bei 50 Milliarden Euro zusätzlich nicht einmal um einen Prozentpunkt von 29,4 auf 30,3 Prozent steigen. Dieser Wert lag in der Vergangenheit durchaus schon mal höher. Zu berücksichtigen wären auch die mittel- und langfristigen Einsparungen durch die Einstellung der Riester-Förderung und der Förderung der betrieblichen Altersvorsorge. Mit anderen Worten: Man sollte die Kirche einfach mal im Dorf lassen. Zumal wir es mit weiteren Reformschritten selbst in der Hand hätten, ob die Absicherung des Rentenniveaus auf 50 Prozent wirklich zu einem Beitrag von 25 Prozent führen müsste.

Wir leben und wirtschaften nicht mehr zu Bismarcks Zeiten. Es ist an der Zeit, die gesetzliche Rente zu einer echten Bürgerversicherung auszubauen. Das heißt: Alle zahlen ein, ohne Ausnahme, auch die 1,8 Millionen Beamte, auch Parlamentarier, auch die rund vier Millionen Selbständigen, auch dann, wenn sie zu den 90 000 Freiberuflern zählen, die als Architekten, Ärzte, Apotheker oder Rechtsanwälte noch in eigenen Versorgungswerken organisiert sind. Die Vielgliedrigkeit unserer Altersversorgung ist historisch gewachsen – verstehen kann man sie heute nicht mehr. Und sie findet bei der Mehrheit der Bevölkerung auch keine Akzeptanz mehr. Zu groß sind die Unterschiede im Versorgungsniveau. Bei den Beamten beträgt es derzeit nach vierzig Dienstjahren 71 Prozent. Bei Bundestagsabgeordneten liegt die sogenannte Altersentschädigung nach 27 Parlamentsjahren bei 67,5 Prozent ihrer Diäten.[31] Das macht böses Blut.

Eine gemeinsame Rentenversicherung für alle wird als gerecht empfunden und wäre vernünftig. Bei den Selbständigen stellt sich freilich die Frage, wie wir es mit denjenigen halten, die mit ihrem Einkommen ohnehin kaum über den Monat kommen und heute deshalb schon keinerlei Vorsorge betreiben können. Immerhin hatte nach einer Erhebung des Statistischen Bundesamtes aus dem Jahre 2013 jeder vierte Selbständige nur unter 1 100 Euro netto im Monat.[32] Doch ist dieses Problem lösbar, wenn man nur will. Ein Beitragszuschuss aus Steuermitteln wäre zum Beispiel eine Möglichkeit.

Eine Bürgerversicherung müsste allerdings nicht nur alle Bürger, sondern auch alle Einkünfte einbeziehen. Das meint zweierlei: Zum einen wären nicht nur Löhne und Gehälter, sondern beispielsweise auch Mieteinnahmen oder Kapitalerträge zu berücksichtigen. Dieser Schritt ist gar nicht zu vermeiden, wenn man die gesetzliche Rentenversicherung für alle öffnet. Wir erinnern uns: Ein Drittel des Volkseinkommens wird nicht mit abhängiger Arbeit verdient, sondern entsteht aus Unternehmertätigkeit und Vermögen.

Um alle Einkommen einzubeziehen, wäre zum anderen die Beitragsbemessungsgrenze abzuschaffen. Derzeit ist es so, dass Löhne und Gehälter oberhalb von 6 200 Euro in Westdeutschland und 5 400 in Ostdeutschland völlig außen vor bleiben. Selbst bei Konzernvorständen mit Millionengehältern, die ja auch zu den abhängig Beschäftigten zählen und in die Rentenversicherung einzahlen müssen, wird so getan, als verdienten sie »nur« 74 400 Euro im Jahre (in Westdeutschland). Der Beitrag, den sich Arbeitgeber und Arbeitnehmer teilen, liegt damit maximal bei 1 159 Euro in West- und bei 1 010 Euro in Ostdeutschland. Würde man die Beitragsbemessungsgrenze abschaffen, muss man später auch mehr Rente auszahlen, wird dann in der Regel zu bedenken gegeben. Die Rentenversicherung funktioniere nun mal nach dem sogenannten Äquivalenzprinzip: Wer mehr einzahlt, bekommt mehr heraus. Das ist erst einmal ganz richtig beschrieben, mehr aber auch nicht. Wer sagt denn, dass alles so bleiben muss, wie es ist? Bei der Kranken- und Pflegeversicherung ist es ja auch nicht so, dass man Leistungen nach der Höhe der eingezahlten Beiträge erhält. Vielmehr zahlen Gesunde, die wenig zum Arzt gehen und daher kaum Kosten verursachen, für Kranke, zahlen Junge für Alte und Gutverdiener für Schlechtverdiener. Solidarität nennt sich das Ganze. Und es stellt sich angesichts der vorliegenden Rentenprognosen und angesichts der mittlerweile eklatanten Einkommensgefälle in Deutschland mehr und mehr die Frage, ob es nach fast 130 Jahren Rentenversicherung nicht langsam an der Zeit ist, Solidarität einziehen zu lassen und neben das Äquivalenz- das Solidaritätsprinzip zu stellen.

Eine gute Rentenpolitik fängt bei den Löhnen an, hören wir in letzter Zeit immer häufiger, insbesondere aus der SPD. Das stimmt, nur hätte man sich daran mal vor fünfzehn Jahren erinnern sollen. Hätten in den letzten Jahren und Jahrzehnten alle anständig verdient, hätten wir so manches Problem in der Rentenpolitik weniger. War aber nicht so, ganz im Gegenteil. Und daran hat die Politik erheblichen Anteil. Der Niedriglohnsektor war erklärtes Ziel der Koalition aus SPD und Grünen. Mit Hartz IV wurde ihm die Bresche geschlagen. Für Langzeitarbeitslose gab es statt eines guten öffentlichen Beschäftigungssektors mit Beitragszahlungen an die Rentenversicherung Ein-Euro-Jobs. Die Opfer dieser Politik kommen irgendwann in das Rentenalter. Wir sind sozusagen gezwungen, in der Rentenpolitik von heute die arbeitsmarktpolitischen und sozialpolitischen Fehler von gestern auszugleichen.

Gleichzeitig müssen wir die Rente »wetterfest« machen für die Herausforderungen, die noch auf uns zukommen. Wie das gehen kann, können wir bei unseren Schweizer Nachbarn sehen. In deren »Alters- und Hinterlassenenversicherung«, sozusagen die Basisrente im schweizerischen Rentensystem, beträgt der Beitragssatz 10,3 Prozent des Bruttoentgelts, den sich Arbeitgeber und Arbeitnehmer hälftig teilen. Eine Beitragsbemessungsgrenze wie in Deutschland gibt es nicht, allerdings durchaus eine Höchstgrenze für die ausgezahlte Rente. Egal, wie viel jemand im Laufe seines Arbeitslebens eingezahlt hat, er bekommt maximal eine Rente von 2 340 Franken ausgezahlt, umgerechnet sind das etwa 2 200 Euro. Für viele deutsche Rentenpolitiker ist das völlig außerhalb ihrer Vorstellungskraft: sowohl dass ein Topmanager mit Millionengehalt sechsstellige Rentenbeiträge im Jahr zu entrichten hätte als auch, dass er am Ende so gut wie nichts herausbekommt – zumindest aus seiner Millionärssicht. Geht aber, die Schweizer machen es uns vor.

Mit einer derartigen Neuaufstellung der gesetzlichen Rentenentwicklung bräuchten die Rentenbeiträge auch bei gutem Rentenniveau nicht zwingend auf 25 Prozent zu steigen. Es wäre sogar vorstellbar, dass die Beiträge sinken, einfach deshalb, weil die Beitragsbemessungsgrundlage eine unvergleichbar breitere wäre. Allerdings würden sich die Beitragszahlungen völlig anders verteilen – sehr viel solidarischer und gerechter nämlich. Man müsste es mal rechnen.[33]

Die Schweizer haben nicht nur eine Höchstrente, sie haben auch eine Mindestrente. (Aktuell liegt sie bei 1170 Franken, umgerechnet rund 1100 Euro). Das steht in der einen oder anderen Form auch bei uns an. Wer sein Leben lang in Vollzeit gearbeitet und eingezahlt hat, muss eine Rente über Sozialhilfeniveau erwarten können. Andernfalls wäre es überhaupt nicht zu legitimieren, dass man ihn zwingt, in diese Kasse einzuzahlen. Was wir heute mit Arbeitnehmern im Niedriglohnsektor treiben, ist schlicht ungerecht. Denn wer nicht über 11,68 Euro Stundenlohn liegt, kann nicht mit einer Rente rechnen, die ihn vor dem Sozialamt bewahrt – auch dann nicht, wenn er immer Vollzeit gearbeitet hat, wie Arbeitsministerin Nahles auf eine Anfrage des Abgeordneten der Linksfraktion im Bundestag, Klaus Ernst, im letzten Jahr einräumte.[34] Sprich: Wer nicht noch zusätzlich über andere Einkünfte als seine Rente verfügt, wird auf Sozialhilfe angewiesen sein und genauso viel oder wenig haben, als hätte er nie gearbeitet.[35]

Die Tücken einer Mindestrente liegen freilich im Detail. Wer soll sie genau bekommen? Wie viele Jahre muss jemand eingezahlt haben? Muss er Vollzeit gearbeitet haben? Welche

Ausnahmen werden gegebenenfalls gemacht, beispielsweise dann, wenn sich jemand um Kinder gekümmert oder Angehörige gepflegt hat? Trivial ist das nicht. Doch lässt sich das alles lösen, wenn nur der politische Wille da ist. Entscheidend ist, dass es sich am Ende wirklich um eine Rente und nicht um eine »Sozialhilfe plus« handelt. Auf eine Rente erwerbe ich Ansprüche. Diese Ansprüche bestehen ganz unabhängig davon, welches Geld ich sonst noch habe, geschweige denn, was mein Ehepartner hat. Eine Rente ist keine Fürsorgeleistung. Bedarfsprüfungen wie bei Hartz IV haben in einer Rente nichts verloren. Darüber würden auch keine schönen Begriffe wie »Lebensleistungsrente« (von der Leyen) oder »Solidarrente« (Nahles) hinweghelfen. Ganz im Gegenteil. Die Menschen würden es als Etikettenschwindel entlarven.[36] Am Ende steht dann doch nur Frust und Enttäuschung.

»Alles aus einer Hand« – für eine würdige Grundsicherung im Alter

Mit einem stabilisierten Rentenniveau und einer echten Mindestrente für Langversicherte könnte eine Menge bewirkt werden, um das Rentensystem gerade für die jungen Menschen wieder verlässlich werden zu lassen und Altersarmut zu verhindern. Doch wird die gesetzliche Rente nicht alle Probleme lösen können. Etwa ab Mitte des nächsten Jahrzehnts werden mehr und mehr Menschen ins Rentenalter kommen, die zu wenig Beitragsjahre für eine auskömmliche Rente mitbringen, ehemals Langzeitarbeitslose oder Menschen, die immer nur befristete Jobs bekamen, sich von Job zu Job hangelten und dazwischen immer mal wieder Zeiten der Arbeitslosigkeit hatten. Und das werden viele sein. Wenn man politisch über Jahre eine Hartz-IV-Quote von um die 10 Prozent zulässt, sollte man sich als Politiker schon mal gelegentlich fragen, was das für die künftigen Rentnergenerationen bedeutet. Selbst wenn wir notwendige Reformen in der Rentenversicherung unverzüglich in Angriff nehmen, würde es Jahre brauchen, bis die Wirkung einsetzen könnte. Übergänge wären zu schaffen, Besitzansprüche wären zu respektieren.

Das sind gute Gründe, auch die Altersgrundsicherung endlich in einen Zustand zu bringen, der dem Wort »Grundsicherung« gerecht wird. Eine solche Reform muss an drei Punkten ansetzen. Zuerst einmal ist der sogenannte Regelsatz, das heißt das Geld, mit dem die Alten alles außer ihre Wohnkosten bestreiten müssen, so anzuheben, dass es nicht nur gerade für das Allernotwendigste reicht, sondern auch etwas Teilhabe ermöglicht wird: Kultur, Geselligkeit oder Bildung. Die 409 Euro, die ihnen derzeit pro Monat zugestanden werden, markieren statt dessen Armut, mehr nicht. Man muss dazu wissen: Als Arbeitsministerin Andrea Nahles im letzten Jahr diesen Satz neu berechnen ließ, übernahm sie eine Praxis ihrer Vorgängerin Ursula von der Leyen, die man schon als böse bezeichnen kann. Die Statistiker sind nämlich angehalten, Ausgaben, die ihrer Ansicht nach nicht direkt zum Existenzminimum gehören, weitestgehend herauszustreichen. Kleine Ausgaben für Blumen, Grabschmuck oder einen Adventskranz fielen Frau Nahles und ihren Leuten ebenso zum Opfer wie Kosten für die chemische Reinigung, ein Ausflug oder vielleicht mal ein Tässchen Kaffee oder ein Stück Kuchen in einem Café. Bei dem, was übrigblieb, errechnete man zum Teil geradezu grotesk kleine Beträge: 4,46 Euro für Ernährung am Tag für Frühstück, Mittag- und Abendessen, für den Besuch von Kulturveranstaltungen, wie Kino, Theater oder Oper, 4,31 Euro im Monat; 1 Euro im Monat für Kursgebühren, etwa einen Sprachkurs oder einen Kochkurs, 4,60 Euro für Bücher und 5,45 Euro für Zeitungen.[37] Die ganze Regelsatzstatistik ist nichts anderes als ein schäbiges Dokument der Armut. Nach Einschätzung des Paritätischen Wohlfahrtsverbandes wäre in der Altersgrundsicherung eine Erhöhung auf 570 Euro angezeigt. Das ist mehr, als der Verband bei Hartz IV fordert. Aus gutem Grund, denn wir müssen uns eines immer wieder vor Augen halten: Anders als bei Hartz IV haben alte Menschen so gut wie keine Chance, jemals wieder »auf einen grünen Zweig zu kommen«, wenn sie erst einmal in der Armut angelangt sind. Vielleicht hat man Glück und macht noch mal eine Erbschaft von einem Geschwister, vielleicht heiratet man auch noch mal jemanden mit besserem Einkommen – man weiß ja nie –, vielleicht auch ein Lottogewinn. In der Regel aber heißt Altersgrundsicherung lebenslänglich.

Eine Reform der Altersgrundsicherung muss zweitens dafür sorgen, dass jemandem etwas von seiner kleinen Rente verbleibt, auch wenn er beim Sozialamt einen Antrag auf Altersgrundsicherung stellen muss. Er darf nicht so dastehen, als hätte er nie gearbeitet. Es kann nicht angehen, dass grundsätzlich das komplette Einkommen zu 100 Prozent auf die Altersgrundsicherung angerechnet wird und dass eine kleine gesetzliche Rente ebenso verschwindet wie Erträge aus privaten Vorsorgeverträgen. Das ist weder gerecht noch sozial. Die alten Menschen fühlen sich, wenn sie zum Sozialamt gehen und erfahren, dass ihnen von ihrer Rente praktisch nichts bleibt, zu Recht »verschaukelt«. Wie auch bei Hartz IV bekommen sie den (richtigen) Eindruck, dass ihre Lebensleistung überhaupt nichts gilt und keinerlei Anerkennung durch diesen Staat erfährt. Aber wenn man gearbeitet hat, muss man am Ende mehr in der Tasche haben, als hätte man es nie getan. Seit der Jahrtausendwende liegt die Forderung von Sozialverbänden nach einem Freibetrag auf dem Tisch, doch beharrlich weigerten sich die politischen Verantwortlichen bisher, den Alten endlich ein bisschen Großzügigkeit widerfahren zu lassen. Völlig »veräppelt« müssen sich die Beitragszahler allerdings fühlen, wenn dann auch noch die Meinung vertreten wird, dass ihnen zwar Freibeträge bei Riesterrenten einzuräumen seien, nicht aber bei ihrer gesetzlichen Rente. Schlimmer lässt sich Lebensleistung gar nicht mit Füßen treten. Es ist ein reines Riester-Förderprogramm – und ein weiterer Sargnagel für die gesetzliche Rente.

Drittens müssen auch die Zuständigkeiten neu geregelt werden. Wer eine gesetzliche Rente bezieht, dem kann und soll der Gang zum Sozialamt erspart werden. Er ist überflüssig. »Alle Leistungen aus einer Hand« muss die Norm sein. Die Rentenversicherungsträger sind durchaus in der Lage, auch die Anträge auf Altersgrundsicherung entgegenzunehmen. Auch die Auszahlung können sie übernehmen. Alles aus einer Hand, alles mit einer Überweisung, alles vom Rentenversicherungsträger, ganz so, als bekäme man nur seine Rente überwiesen. Auch das ist eine Frage des Stils und des Umgangs. Keiner soll mehr aufs Sozialamt müssen, nur weil die Rente nicht reicht.

Damit Beiträge Sinn ergeben – für eine armutsfeste Arbeitslosenversicherung

Die Arbeitslosenversicherung ist bereits seit längerem dort angekommen, wo die Rentenversicherung sich gerade hinbewegt. Sie ist für die meisten eine ziemlich sinnlose Sache, weil sie ihnen keinen Schutz bietet. Das hat mehrere Gründe. Zunächst einmal die Lohnhöhe vor der Arbeitslosigkeit. Das Arbeitslosengeld I bemisst sich nach dem durchschnittlichen Nettolohn, den man im Jahr vor der Arbeitslosigkeit erzielt hat. 60 Prozent davon ist der Standardsatz, ist ein Kind zu versorgen, gibt es 67 Prozent. Um als Single auf ein Arbeitslosengeld von 750 Euro zu kommen – und damit liegt man nur knapp über Hartz IV, je nach Miethöhe auch durchaus darunter –, muss man brutto mindestens 1 800 Euro verdient haben. Bei einer Vollzeittätigkeit (37,5 Stunden) entspricht das einem Stundenlohn von

11,08 Euro. Wer darunter liegt, kein Vermögen und kein weiteres Einkommen, dafür aber vielleicht Kinder hat, kann seinen Antrag auf Hartz IV gleich mit ausfüllen, so, als hätte er niemals in die Arbeitslosenversicherung eingezahlt.[38]

Bei allen, die nicht in Vollzeit gearbeitet haben, sieht es noch düsterer aus. Unser Gefühl für Fairness sagt uns: Zumindest wer Vollzeit gearbeitet hat, muss irgendeinen Vorteil von seinen Beitragzahlungen haben. Dieser könnte theoretisch darin bestehen, dass der Arbeitslose bei der Berechnung seines Hartz IV-Anspruchs nicht sein volles Arbeitslosengeld auf Hartz IV angerechnet bekommt, dass er also etwas von seinem Arbeitslosengeld I »behalten« kann und sich etwas besser stellt. Konsequenter wäre es allerdings, für ehemals Vollerwerbstätige ein Mindestarbeitslosengeld auszuzahlen, dessen Höhe über Grundsicherungsniveau liegt. Es müsste auch denjenigen zustehen, die aus nachvollziehbaren Gründen nicht Vollzeit arbeiten konnten, wegen der Kinder beispielsweise oder aus gesundheitlichen Gründen. Ein Mindestarbeitslosengeld könnte viele Haushalte ohne Kinder wirkungsvoll vor Hartz IV bewahren. Mit Kindern wird es schwieriger, denn dann wird auch ein Mindestarbeitslosengeld nicht reichen. Doch wäre auch das Problem zu lösen. Man könnte den Arbeitslosen mit Kindern zusätzlich zum Arbeitslosengeld einen Kinderzuschlag gewähren. Das schikanöse Hartz IV bliebe ihnen erst einmal erspart.[39] Auch der Wachmann oder die Verkäuferin mit Kind wüssten im Falle der Arbeitslosigkeit wieder, warum sie in die Arbeitslosenversicherung eingezahlt haben.

Um das Arbeitslosengeld I wieder zu einer relevanten Sozialleistung zu machen, muss noch an zwei weiteren Stellschrauben nachjustiert werden. Das eine ist die maximale Bezugsdauer, das andere die sogenannte Rahmenfrist.

Wie lange ich höchstens Arbeitslosengeld I beziehen kann, spielt in Zeiten anhaltend hoher Langzeitarbeitslosigkeit eine große Rolle. Vor den Hartz-Reformen waren es zwölf Monate für unter 45-Jährige, wenn sie gewisse Zeiten der sozialversicherungspflichtigen Beschäftigung mitbrachten. Ab 45 Jahren stieg die maximale Bezugsdauer mit dem Alter an, ab 57 Jahren bekam man bis zu 32 Monate Arbeitslosengeld. Mit der Agenda 2010 wurden diese Zeiten radikal zusammengestrichen. Ältere Arbeitslose ab 55 Jahren bekamen höchstens noch bis zu achtzehn Monaten Arbeitslosengeld I zugesprochen. Für alle anderen galt: maximal zwölf Monate. Massive Proteste sorgten für kleine Nachbesserungen. Heute sieht es so aus, dass je nach Vorversicherungszeit bis zum 50. Lebensjahr maximal zwölf Monate lang gezahlt wird. Ab fünfzig Jahren werden es fünfzehn Monate, ab 55 Jahren achtzehn Monate und ab 58 Jahren bis zu 24 Monate.

Begründet wurde die Verkürzung der Bezugsdauer nach der klassisch neoliberalen Argumentation, wonach das lange Arbeitslosengeld gerade ältere Arbeitslose davon abhalte, sich einen neuen Job zu suchen. Die berühmte Mär von der Hängematte. Mit anderen Worten: Man wollte ihnen Beine machen. Anpeitscher in dieser Diskussion waren wieder mal unsere »Wirtschaftsweisen«, der in dieser Hinsicht immer zuverlässige Sachverständigenrat zur Begutachtung der wirtschaftlichen Entwicklung.[40] Sie mussten sich allerdings nicht sonderlich ins Zeug legen, um SPD, CDU, FDP und Grüne zu überzeugen.

Tatsächlich ist es angesichts eines zweigeteilten Arbeitsmarktes und einer Zwei-Klassen-Arbeitsmarktpolitik, wie wir sie heute nach all den »Reformen« haben, dringend angezeigt, die Bezugsdauer wieder deutlich zu erhöhen. Wir haben Fachkräftemangel, was für gut ausgebildete Fachkräfte bedeutet, dass sie relativ schnell wieder einen Job finden. Für diejenigen, die nicht so gute Qualifikationen mitbringen, wird es jedoch immer schwieriger. Ein Jahr Bezugsdauer hört sich erst einmal großzügig an, doch kann so ein Jahr sehr schnell um sein, wenn die

Betriebe nicht auf einen warten. Viele Menschen setzt ihre Entlassung erst einmal richtiggehend unter Schock. Plötzlich sind sie herausgerissen aus ihrem Alltag, aus ihren Beziehungen. Und sie fragen sich: Wie sage ich es meiner Familie? Wie soll es weitergehen? Womit all die Rechnungen bezahlen? Es ist, als seien einem die Beine weggeschlagen worden. Das kann psychisch richtig hart sein. Es braucht schon mal seine Zeit, bis man sich wieder »berappelt« hat und aufrecht steht. Mühsam lernt man wieder, Bewerbungen zu schreiben. Auch das kostet Zeit, vor allem, wenn man keinerlei Übung hat. Man wartet auf Antwort. Zu bestimmten Zeiten, etwa im Sommer, um Ostern oder Weihnachten, wenn alle Urlaub machen, kann es ohnehin schwierig werden, von den Betrieben eine Antwort zu bekommen oder sogar ein Vorstellungsgespräch. Man wartet. Kommt eine Erkrankung dazu, können noch einmal Wochen weggehen.

Ich plädiere sehr dafür, die Höchstbezugsdauer für ältere Arbeitslose wieder auf 36 Monate anzuheben. Und ich plädiere auch dafür, sie ganz abzusetzen, wenn sich Arbeitslose aktiv um eine Beschäftigung bemühen, sei es durch Bewerbungen oder durch Nach- oder Umqualifizierungen. Selbst oder gerade dann, wenn man der bösgläubigen Argumentation der sogenannten Sachverständigen folgt, wonach Arbeitslosengeld behäbig mache und die Anreize zur Wiederaufnahme einer Erwerbstätigkeit schmälere, gibt es keinerlei Grund, aktiven Arbeitslosen mit Fristen zuzusetzen – außer man möchte ganz einfach Geld sparen oder sie drangsalieren.

Die andere Stellschraube ist die sogenannte Rahmenfrist. Derzeit ist es so, dass man innerhalb der letzten zwei Jahre vor Eintritt der Arbeitslosigkeit zwölf Monate sozialversicherungspflichtig beschäftigt gewesen sein muss, um überhaupt irgendeinen Anspruch auf Arbeitslosengeld geltend machen zu können. Vor den Hartz-Gesetzen waren es mal drei Jahre. Die Verkürzung war damals schon sachlich überhaupt nicht zu rechtfertigen. In Zeiten, in denen immer mehr Menschen sich von Job zu Job hangeln müssen und notgedrungen immer häufiger pendeln zwischen Arbeit und Arbeitslosigkeit, ging Rot-Grün hin und verschärfte auch noch den Zugang zum Arbeitslosengeld. Es sollten ausschließlich die Kosten für das Arbeitslosengeld I gesenkt und Arbeitslose direkt in Hartz IV bugsiert werden. Mit einem zeitgerechten und problemadäquaten Versicherungsschutz hatte das überhaupt nichts zu tun. Das war – und in diesem Fall hat die Wortwahl nicht den Hauch von Polemik, sondern trifft lediglich den Sachverhalt – Ausgrenzung pur. Nach Berechnungen des DGB vom Sommer 2015 hätten allein im ersten Halbjahr dieses Jahres 50 000 Arbeitslosen mehr Arbeitslosengeld I zugestanden, gälte noch die längere Rahmenfrist aus der Zeit vor den Hartz-Gesetzen.[41]

Wie viel braucht der Mensch? – für eine neues, transparentes Verfahren zur Bestimmung der Regelsätze

Wie bei der Rentenversicherung gilt auch bei der Arbeitslosenversicherung: Es wird trotz solcher Reformen Arbeitslose geben, die auf Grundsicherung, in diesem Falle auf Hartz IV angewiesen sind. Wie bei der Altersgrundsicherung dürfte die drängendste Reform auch bei Hartz IV in einer deutlichen Erhöhung der Regelsätze bestehen. Das Leistungsniveau von Hartz IV ist so auszugestalten, dass wenigstens auf bescheidenstem Level Teilhabe an dieser Gesellschaft ermöglicht wird. Das ist derzeit nicht der Fall. Von Anfang an wurden die Regelsätze in der Sozialhilfe und bei Hartz IV kleingerechnet. Das sogenannte »Statistikmodell«, nach dem die Regelsätze berechnet und festgesetzt werden, gaukelt wissenschaftliche Objektivität und Seriosität vor, hält jedoch in Wirklichkeit eine kaum zu überblickende Fülle von Manipulationsmöglichkeiten vor. Entsprechend ist das Rechenergebnis geprägt von willkürlichen politischen Eingriffen. Das Statistikmodell funktioniert, vereinfacht formuliert, so: Es wird nachgeschaut, was einkommensschwache Haushalte an Geld haben und wofür sie es ausgeben. Datengrundlage für das Ganze ist die Einkommens- und Verbrauchsstichprobe des Statistischen Bundesamtes (EVS), die alle fünf Jahre erhoben wird. 60 000 Haushalte werden dazu gebeten, penibel Haushaltsbuch zu führen und aufzuschreiben, was sie sich so leisten. Von Lebensmitteln über Getränke und Tabak bis hin zu Einrichtungsgegenständen, von Topfpflanzen über die Fahrradausstattung bis zum Besuch einer Gaststätte, von der Bratwurst im Brötchen bis zum Segelflugzeug: Für alles findet sich eine Kategorie in dieser Statistik. Da ausschließlich das Ausgabeverhalten einkommensschwacher Personen interessiert, werden aus dieser Datenbank nur die 15 Prozent Single-Haushalte mit dem geringsten Einkommen in den Blick genommen.[42] Früher waren es auch schon mal 20 Prozent, doch passte der damaligen Arbeitsministerin von der Leyen das Rechenergebnis auf dieser Grundlage nicht. Es war ihr zu hoch. So kam man auf die Idee, sich besser nur noch an den ärmsten 15 Prozent zu orientieren.

Um die Regelsätze für die Kinder zu berechnen, zieht man aus der Statistik zusätzlich noch einkommensschwache Paarhaushalte mit einem Kind heran.[43]

Weiß man dann, wofür diejenigen, die sowieso kaum etwas haben, ihr weniges Geld ausgeben, werden in einem nächsten Schritt all jene Ausgaben herausgestrichen, wovon die Beamten des Arbeitsministeriums glauben, dass sie einem Hartz-IV-Bezieher nicht zustehen: Ausgaben für den Unterhalt eines Autos etwa, aber auch Tierfutter, chemische Reinigungen, Schnittblumen, Gartenpflanzen, Zigaretten oder Alkohol, ein Kaffee in einem Restaurant oder ein Essen in einer Kantine. Ich erwähnte es bereits im Zusammenhang mit der Altersgrundsicherung.

Was dann noch übrig bleibt, bildet schließlich das regierungs-amtliche »soziokulturelle Existenzminimum«.[44]

Als Generalsekretärin der SPD wetterte Andrea Nahles 2010 noch kräftig gegen diese Machenschaften von Frau von der Leyen. Als Arbeitsministerin übernahm sie diese Manipulation wie auch alle anderen Tricks, mit denen der Regelsatz gestutzt werden kann.[45] Auch die SPD-Bundestagsfraktion, die die Re-gelsatzberechnungen damals aufs Schärfste kritisierte und akribisch und sehr fachkundig darlegte, wie die Berechnungen eigentlich hätten aussehen müssen, schweigt nun, wo eine der Ihren genau das Gleiche treibt.[46] Der Paritätische Wohlfahrts-verband hat, genauso wie das Diakonische Werk oder die Bundestagsfraktion der Linken, deutlich gemacht, dass der Regelsatz bei sachgerechter Herleitung derzeit nicht bei 409 Euro, sondern deutlich höher liegen müsste. Nach Berechnungen des Paritätischen müssten es 520 Euro sein.[47] Diakonie[48] und Linke[49] kommen sogar auf 557 beziehungsweise 561 Euro, hätte Arbeitsministerin Nahles auf all die manipulativen und willkürlichen Eingriffe in die Statistik verzichtet.

Doch die Statistikmethode ist auch ohne diese ganzen trick-reichen Kleinrechnereien eine eher ungeeignete und fragwürdige Methode zur Bestimmung des Existenzminimums. Es wird bei diesem Verfahren an keiner Stelle die Frage gestellt, wann Armut eigentlich beginnt – oder positiv gefragt: was der Mensch eigentlich braucht, um ihr zu entgehen. Referenzgruppe für die Berechnung sind immer die Armen selbst. Finden sich in der Einkommens- und Verbrauchsstatistik keine Ausgaben für Bücher oder Zeitungen, dann haben sie offenbar keine Lust zu lesen und brauchen auch nicht zu lesen, so die verquere Logik. Finden sich kaum Ausgaben für den Besuch von Theater, Oper oder Kino, sind es halt Kulturbanausen. Es ist völlig absurd. Mit dem Statistikmodell wird Armut nicht bekämpft, sondern manifestiert. Die Gesellschaft kann geradezu auseinanderfliegen, die

Armen können immer weiter abgehängt werden vom normalen Alltag in deutschen Landen – und das Statistikmodell bietet keinerlei Korrektiv, vielmehr verstärkt es die Scherenentwicklung zwischen Arm und Reich noch.

Bei den ganz aktuellen Berechnungen zeigte sich sogar, dass die Niedrigeinkommensbezieher, die zur Analyse ihrer Ausgaben und zur Bestimmung der Regelsätze für Singles herangezogen wurden, über weniger Kaufkraft verfügten als noch einige Jahre zuvor. Ihr Realeinkommen ist zurückgegangen. Sprich: Die Gruppe, mittels derer errechnet werden soll, was die Armen so brauchen, ist selber ärmer geworden.[50] Die Ministerialen irritierte das offenbar überhaupt nicht. Ist halt so.

Es irritiert Frau Nahles und ihre Mitstreiter offenbar auch nicht, dass ein jeder mit nur einem Rest gesunden Menschenverstand vor allem bei den Kinderregelsätzen merken muss, dass an der ganzen Statistikshow irgendetwas »faul« sein muss: 2,58 Euro pro Tag für die Ernährung eines Fünfjährigen oder 3,67 Euro für einen Dreizehnjährigen. Mich würde interessieren, wie Frau Nahles das hinbekommt. 6,96 Euro im Jahr (!) für Sportartikel für Vorschulkinder, 25,56 Euro im Jahr für ein Schulkind. Für Windeln, Babypuder, Babycreme und so weiter reichen nach den »Berechnungen« aus dem Hause Nahles 7,50 Euro im Monat. Bekamen die Senioren für den Besuch von Kulturveranstaltungen aller Art wenigsten noch 4,31 Euro im Monat zugerechnet, sollen es bei Teenagern bis achtzehn Jahren nur noch 2,82 Euro sein. Für den Friseur müssen 2,83 Euro reichen und in die Disko soll man als armer, junger Mensch ja nach Auffassung der Ministerialen sowieso nicht gehen: komplett gestrichen. Den kleinen Kindern hat man sogar die Kugel Eis am Eisstand oder mal eine Portion Pommes herausgerechnet, weil sie so etwas nicht bräuchten.[51]

Man muss schon einiges an Chuzpe aufbringen, um so etwas der Öffentlichkeit als Ergebnis wissenschaftlicher Berechnungen vorzulegen und den Leuten weismachen zu wollen, man käme mit Beträgen zwischen 237 (bis sechs Jahre) und 327 Euro (von vierzehn bis achtzehn Jahren) im Monat für ein Kind hin – für alle Ausgaben, von der Verpflegung über die Kleidung und Sportzeug bis zu Spielzeug und Bücher.

Und so erweisen sich diese Berechnungen bei näherem und fachkundigem Hinsehen denn auch als echter statistischer Schrotthaufen ohne wissenschaftlich wirklich belastbare Ergebnisse. Aus dem einfachen statistischen Grund, dass es einfach zu wenige Familien sind, mit denen gerechnet wurde. Statistiker sprechen davon, dass man schon über hundert Familien haben sollte, um halbwegs sicher rechnen zu können. Um beispielsweise herauszufinden, welche Ausgaben für Kinderfahrräder gemacht werden, bräuchte ich eigentlich auch hundert Familien, die zum Befragungs- oder Untersuchungszeitraum tatsächlich ein Fahrrad gekauft haben. Bei unter hundert Haushalten gehen die Statistiker von einem Standardfehler von 10 bis 20 Prozent aus. Sollten es weniger als 25 Haushalte sein, die ein Fahrrad gekauft haben, geht man sogar von einem Standardfehler von 20 und mehr Prozent aus. Nun ist es bei der Berechnung der Kinderregelsätze so, dass etwa bei der Altersgruppe der bis Fünfjährigen insgesamt nur 243 Haushalte in die Berechnungen eingingen, bei den Sechs- bis Dreizehnjährigen waren es gerade mal 136 und bei den Vierzehn- bis Achtzehnjährigen sogar nur noch 86 Haushalte. Die Folge: Von den siebzig bis achtzig Ausgabepositionen, die bei den Familien abgefragt wurden, war weit mehr als die Hälfte mit statistischen Unsicherheiten behaftet, weil zu wenige antworteten. Bei den Vierzehn- bis Achtzehnjährigen waren es sogar 87 Prozent. Etwas überspitzt formuliert: Man hätte die Regelsätze auch gleich würfeln können.[52]

Das Statistikmodell hat ausgedient. Sozialpolitisch ist es mehr als fragwürdig, weil es bei zunehmender Spaltung der

Gesellschaft in Arm und Reich in eine Abwärtsspirale führt und weil es realitätsfern ist. Was die Kinderregelsätze anbelangt, handelt es sich methodisch um eine schlichte Zumutung.

Das Statistikmodell dient im Wesentlichen nur noch dazu, sich politisch hinter Berechnungen verstecken zu können, die die meisten sowieso nicht nachvollziehen können. Es dient heute vor allem der Entsorgung politisch unangenehmer Diskussionen. Statt uns dieser statistischen Schimäre weiter hinzugeben, müssen wir endlich wieder offen die Fragen diskutieren: Was braucht ein Mensch? Was braucht eine ältere Person? Was brauchen Kinder? Und was kostet ein Leben fernab und außerhalb von Tafeln und Sozialkaufhäusern? Was kostet es wirklich, Menschen am Alltag in Deutschland teilhaben zu lassen? Dies sind die Fragen, die, wissenschaftlich gestützt, in einem transparenten, öffentlichen politischen Diskurs debattiert werden müssen, um dann zur Gretchenfrage zu kommen: Sind wir bereit, es zu bezahlen?

Es ist ein Herangehen, das häufig als »Warenkorbmethode« bezeichnet wird. Wir hatten einen solchen Warenkorb zur Berechnung der Regelsätze in der Sozialhilfe bis zu Beginn der 1980er Jahr. Es waren zwei Gründe, die damals die Bundes- und Landesregierungen veranlassten, den Warenkorb abzuschaffen. Zum einen wurde ihnen seine bedarfsgerechte Fortschreibung, wie die Experten sie vorsahen und errechneten, zu teuer. Man suchte etwas Billigeres und fand es schließlich im Statistikmodell. Zum anderen wollte man endlich die leidige und politisch unangenehme Diskussion vom Hals haben, was der Mensch braucht und was die Regierungen den Armen zugestehen wollen.[53] Genau diese Fragen gilt es aber neu zu beantworten, wenn wir nicht zusehen wollen, wie unsere Gesellschaft, statistisch begleitet, auseinanderfällt.[54]

Weil es ein Recht auf Arbeit gibt – Hilfe statt Sanktionen

Doch mit armutsverhindernden Regelsätzen ist es bei Hartz IV allein nicht getan. Hartz IV steht historisch für einen Paradigmenwechsel in der Arbeitsmarkt- und Sozialpolitik, steht wie kaum ein anderes Gesetz für die Hinwendung zu einem neoliberalen Menschen- und Gesellschaftsbild schlechthin. »Fördern und Fordern« war das Motto, unter dem Hartz IV angekündigt wurde. Ein für die Arbeitslosen schmeichelhafter Slogan war das nicht. Es ist für die meisten ohnehin selbstverständlich, dass einer Förderung oder einer Gewährung von Hilfen fast immer auch irgendwelche Forderungen und Verpflichtungen gegenüberstehen. Wenn das Selbstverständliche allerdings derart plakativ betont und gar zum Leitsatz von Hartz IV gemacht wurde, war die eigentliche Botschaft unüberhörbar eine ganz andere: »Ohne Druck geht bei den Arbeitslosen gar nichts.« Dieses negative Menschenbild, wonach der Arbeitslose erst einmal Arbeit meide, weshalb er Druck brauche, dieses tiefe Misstrauen gegenüber arbeitslosen Menschen floss in Hartz IV ein und fiel zusammen mit einer geradezu erschütternden Engstirnigkeit und Engherzigkeit. [55]

Es ist ein Gemisch, das nur schwer aufzulösen ist. »Hilfe statt Sanktionierung« wäre das neue Motto, unter das eine grundlegende Reform dieses Hartz-IV-Systems zu stellen wäre. Der Sanktionierungsapparat – das weiß jeder, der als Pädagoge oder Sozialarbeiter in der Praxis tätig ist – bringt rein gar nichts, wenn es wirklich darum gehen soll, Menschen zu stützen und im Idealfall wieder in eine gute Arbeit zu bringen. Sanktionen führen nur dazu, dass Menschen leiden, Misstrauen entwickeln oder sich ganz zurückziehen und in Schulden oder sogar Kriminalität abdriften. Der in Hartz IV eingebaute und praktizierte Sanktionsapparat ist derart schlicht, dass die dahinterstehenden Motive bestenfalls Bestrafung und Sühne, aber niemals eine positive Verhaltensänderung sein können. Dies wird jeder Pädagoge bestätigen, der intellektuell nicht irgendwo in der Rohrstockpädagogik der ersten Hälfte des letzten Jahrhunderts stehen geblieben ist.

Es sind nicht zuletzt die Sachbearbeiter in den Jobcentern selbst, die sich immer offener in Kritik an dem Sanktionsapparat üben. Sie haben wenig Ermessensspielraum und müssen irgendwann sanktionieren, ob sie wollen oder nicht, ob es vernünftig ist oder nicht, ob es human ist oder nicht. Das ist Bürokratie von ihrer schlechtesten Seite. Nicht der einzelne Mensch zählt, sondern das System. Sanktionierung heißt im Klartext Leistungskürzung. Nach einem abgestuften System, und zwar so lange, bis der Proband »endlich spurt«. Bei jungen Erwachsenen kann die Sanktionierung sogar bis zur Streichung der Wohnkosten gehen. Mögliche Obdachlosigkeit wird in diesem System also durchaus einkalkuliert. Sanktioniert wird übrigens nicht nur, wenn sich jemand völlig verweigert, wenn er keine Arbeit annehmen will, keine Maßnahmen besuchen will oder Ähnliches. Sanktioniert wird bereits, wenn jemand seinen Termin »verschusselt« oder gelegentlich einfach »neben der Spur« ist, wie man so sagt; wenn jemand eigentlich pädagogische oder sozialarbeiterische Hilfe bräuchte statt einer Leistungskürzung, die ihm das ohnehin schwere Leben nur noch schwerer macht. Rund eine Million Sanktionen werden jedes Jahr verhängt, seit Arbeitsministerin von der Leyen 2011 angekündigt hatte, »konsequenter« sanktionieren zu wollen. Bei drei Viertel der sogenannten Pflichtverletzungen, die geahndet werden sollen, handelt es sich um »Meldeversäumnisse«, wenn jemand beispielsweise vergisst, zu einem Termin zu erscheinen. Nur in 10 Prozent der Fälle geht es nach den Aufzeichnungen der Bundesagentur für Arbeit wirklich um die Verweigerung einer Arbeitsaufnahme oder eines Kursbesuchs.

Die Zahl der eine Million Sanktionen bedarf allerdings der Erläuterung, sonst bekommt man einen falschen Eindruck. Sie umfasst alle Sanktionen, die über ein ganzes Jahr ausgesprochen wurden, durchaus auch mehrfach gegenüber denselben Arbeitslosen. Um ein Gefühl für das wirkliche Ausmaß der Problematik zu bekommen, bietet es sich an, einen einzelnen Monat wie etwa den Dezember 2015 herauszugreifen. In diesem Monat hatten wir 4,3 Millionen erwerbsfähige Hartz-IV-Bezieher in der Statistik. Davon wurden 82 000 in diesem Monat neu mit Sanktionen belegt. Das waren knapp 2 Prozent. Die Quote derer, die tatsächlich eine Arbeitsaufnahme verweigert haben oder Ähnliches, dürfte daher ganz deutlich unter 1 Prozent liegen.[56]

Sanktionierung heißt Leistungskürzung, heißt, den Menschen unter das regierungsamtliche (praktisch aber ohnehin schon kleinmanipulierte) Existenzminimum zu drücken. Nicht einmal vor Alleinerziehenden mit kleinen Kindern wird haltgemacht, die Kleinen werden in eine Art Sippenhaft genommen. Es gibt deshalb seit jeher verfassungsrechtliche Bedenken, ob dies in einem Sozialstaat mit Blick auf Artikel 1 unseres Grundgesetzes, der die Menschenwürde sichern soll, überhaupt statthaft ist. Das Hauptargument der Sanktionierer war immer, dass die Sanktion ja dazu diene, den Arbeitslosen wieder in den Arbeitsmarkt zu führen. Für dieses Ziel sei ein kurzfristiges Leben unterhalb des Existenzminimums sowohl verfassungsrechtlich vertretbar als auch menschlich hinnehmbar. Mit Blick auf die triste Realität ist dieser Hinweis jedoch eher Wunschdenken oder Ausflucht als ein wirkliches Argument. Einer Antwort der Bundesregierung auf eine Anfrage der Grünen im Deutschen Bundestag lässt sich entnehmen, dass bei Bundesagentur und Jobcentern die faktische Vermittlungsquote von arbeitslosen Hartz-IV-Beziehern in den allgemeinen Arbeitsmarkt 2014 bei lediglich 4,9 Prozent lag: gerade einmal 91 000 von 1,9 Millionen Menschen.[57] Unabhängig davon, dass die Sanktionierung pädagogisch ohnehin keinen Sinn ergibt: Wer so wenig vermittelt und so wenig erfolgreich ist, hat schlicht keine Legitimation, Menschen unter die Armutsgrenze zu drücken. Die Sanktionen gehören abgeschafft.

Die Abschaffung der Sanktionen könnte der Startpunkt für eine Reform sein, die aus einer Massenverwaltungsbehörde eine echte Dienstleistungsagentur macht. So könnte eine Agentur geschaffen werden, in der der Mensch, das Individuum wieder in den Mittelpunkt gestellt wird, in der man sich wieder kümmert. Zwangsfrühverrentungen älterer Hartz-IV-Bezieher, die derzeit praktiziert werden, um die Arbeitslosen loszuwerden – selbst dann, wenn sie dadurch Renteneinbußen hinnehmen müssen –, haben in einem solchen System wirklicher Förderung ebenso wenig verloren wie die Zuweisung in Beschäftigungen völlig ohne berufsbiographischen Schutz, also ohne Zumutbarkeitsregelungen. Und auch die Zwangsvermittlung von Arbeitslosen auf Billigjobs in Betriebe ohne tarifliche oder tarifähnliche Bindung hätte hier nichts verloren.

Wo man nicht schnöde abstrafen kann, muss man sich schon etwas einfallen lassen und sich auf das Gegenüber einlassen. Denn dieser Mensch sitzt plötzlich tatsächlich und nicht nur in der Agenturlyrik auf Augenhöhe. Wo man nicht mehr strafen kann, bleibt nur noch die Einigung auf eine wirklich passgenaue Förderung der Arbeitslosen. Hierzu müssen die Angestellten der Jobcenter allerdings auch in die Lage versetzt werden, nämlich durch eine gute Ausbildung und entsprechende Werkzeuge, die sie an die Hand bekommen. Statt Angebote von der Stange, unter denen sie auswählen können, müssen sie Hilfen individuell zuschneiden können. Derzeit ist die Crux, dass so gut wie alle Maßnahmen – von der Umschulung über Arbeitsgelegenheiten bis hin zur Betreuung am Arbeitsplatz – engen zeitlichen Korsetts unterliegen, egal, ob es im Einzelfall passt oder nicht.

Ein weiteres Problem ist, dass alles auf die Integration in den sogenannten ersten, allgemeinen Arbeitsmarkt hin ausgerichtet ist. Jede geförderte Maßnahme oder Beschäftigung hat der »Verselbständigung« auf dem regulären Arbeitsmarkt zu dienen, ebenfalls ganz einzelfallunabhängig. Integration in den ersten Arbeitsmarkt hört sich erst einmal gut und vernünftig an. »Keiner wird aufgegeben oder abgeschrieben«, so kommt die Botschaft in der Öffentlichkeit an. Nur hat das mit der Realität recht wenig zu tun. Experten gehen davon aus, dass derzeit über 400 000 der eine Million Langzeitarbeitslosen realistisch betrachtet so gut wie keine Chance auf dem ersten Arbeitsmarkt haben und im Grunde nicht vermittelbar sind.[58] Häufig fehlen Bildungsabschlüsse und zeitgemäße Qualifikationen. Häufig sind die Arbeitslosen gesundheitlich beeinträchtigt und können gar nicht mehr den ganzen Tag arbeiten, vielfach nur wenige Stunden am Tag, und die nicht mal am Stück. Häufig haben die Menschen, gerade wenn sie viele Jahre nicht gearbeitet haben, eine ganze Reihe von persönlichen Problemen, sind es gelegentlich auch nicht mehr gewohnt zu arbeiten und halten den Stress und die Fremdbestimmung gar nicht mehr aus. Andere sind hoch verschuldet und fragen sich, was die Arbeit überhaupt bringen soll.

Wollen wir langzeitarbeitslosen Menschen wirklich helfen und ihnen die Möglichkeit geben, ihr Geld selbst zu verdienen, brauchen wir in ganz vielen Fällen nicht nur Arbeitsmöglichkeiten und Qualifizierungen, sondern geduldige sozialarbeiterische Betreuung, von der Schuldnerberatung über familienpädagogische Hilfen bis zur Psychotherapie. Wir können in vielen Fällen gar nicht genau sagen, in welcher Zeit sich der Hilfebedarf wie entwickeln wird. Und wir können auch nicht sagen, ob die Vermittlung auf einen ungeförderten Arbeitsplatz jemals gelingen wird. Doch bin ich der festen Überzeugung, dass es in dieser Arbeitsgesellschaft ein moralisches Recht auch für die

Arbeitslosen gibt, ihr Geld durch eigene Arbeit zu verdienen, wenn sie es wünschen. Und die meisten wünschen sich das.

Wenn es der erste Arbeitsmarkt nicht richtet, ist es die Pflicht des Staates, ihnen dieses Recht einzulösen. Wir brauchen einen öffentlich geförderten Beschäftigungssektor: öffentlich finanzierte Arbeitsplätze, auf denen die Menschen, die es brauchen, mit der nötigen sozialen Betreuung tätig werden können, solange sich ihnen keine anderen Möglichkeiten eröffnen – und wenn es Jahre sind. Wir brauchen einen sozialen Arbeitsmarkt, fernab von schlecht bezahlten Ein-Euro-Jobs und Nischentätigkeiten außerhalb unseres Wirtschaftslebens. Wo heutzutage öffentliche Beschäftigung für Arbeitslose stattfindet, muss sie nach dem Willen des Gesetzgebers arbeitsmarktneutral sein. Im Klartext heißt das: Es soll nichts wirklich Ernsthaftes und wirtschaftlich Vernünftiges geschehen. Wir kennen aus den Medien die bizarren Beispiele, in denen Menschen in Übungskaufhäusern Plastikbananen gegen Plastikgeld verkaufen, die Vollständigkeit gebrauchter Puzzle überprüfen und Ähnliches. Solche Beschäftigungen sind unnütz und unwürdig. Sie werten die Arbeit und den Menschen ab. Auch in einem öffentlich geförderten Beschäftigungssektor müssen die Menschen nicht nur nach Tarif, sondern auch so nahe wie möglich an der Wirklichkeit des Wirtschaftslebens arbeiten, müssen produzieren, was gekauft wird, müssen Dienstleistungen anbieten, die die Menschen auch wirklich nachfragen. Das Argument von Wirtschaftsverbänden, dass dann unlauterer Wettbewerb entstehen könnte, da die Beschäftigungsunternehmen, die solche Arbeitsplätze für Langzeitarbeitslose anbieten, öffentlich gefördert seien, ist nicht nachvollziehbar. Es handelt sich um Menschen mit echten Beschäftigungshandicaps, nicht um Hochleistungsträger auf unserem Arbeitsmarkt. Insofern kann beim besten Willen nicht von unlauteren Konkurrenzvorteilen die Rede sein. Auch stellt sich die Frage, wie 400 000 gehandicapte Langzeitarbeitslose einen Arbeitsmarkt mit über vierzig Millionen Erwerbstätigen aus der Balance bringen sollten.

Weil jedes Kind gleich viel wert ist – für einen solidarischen Familienlastenausgleich

Arbeit, so heißt es, sei das beste Mittel gegen Armut. Das stimmt natürlich nur bedingt, denken wir etwa an alte oder erwerbsunfähige Menschen. Was jedoch stimmt, ist, dass bessere und passgenauere Qualifizierungs- und Vermittlungshilfen und ein sozialer Arbeitsmarkt Schlüsselrollen in der Armutsbekämpfung – gerade auch von Familien – einnehmen könnten. Es muss sich allerdings um gute, tarifliche und auskömmliche Arbeit handeln, für die auch Beiträge zur Rentenversicherung abgeführt werden. (Und nun sage keiner, das ginge nicht. In den 1980er und 1990er Jahren hatten wir in der Bundesrepublik genau das.) Wenn es dann noch einen vernünftigen Familienlastenausgleich gäbe, der bei Familien im mittleren und unteren Lohnbereich dafür sorgt, dass das Geld »trotz« der Kinder reicht, wäre auch der zunehmend erodierenden Mittelschicht geholfen.

Doch der Reihe nach: Fast zwei Millionen Minderjährige leben derzeit in Hartz IV, 1,7 Millionen davon sind unter fünfzehn Jahren.[59] Hinter diesen Kindern stehen 1,5 Millionen Eltern, Paare oder Alleinerziehende, von denen wiederum über 500 000 abhängig beschäftigt sind. Es sind Aufstocker, die Hartz IV beantragen, weil das Erwerbseinkommen nicht reicht. Das sind keinesfalls alles Minijobber, der ganz überwiegende Teil (310 000) ist sozialversicherungspflichtig beschäftigt, weit über 100 000 auch in Vollzeit.[60]

Diese Zahlen machen klar, dass mit unserem Familienlastenausgleich, sprich dem Kindergeld, etwas im Argen liegt. Es kann nicht sein, dass ein Vollerwerbstätiger nur wegen seiner Kinder in Hartz IV landet. Und es ist nicht für jeden Teilzeitbeschäftigten, der Kinder hat, möglich, Vollzeit zu arbeiten. Das hängt nicht nur von der Verfügbarkeit oder Nicht-Verfügbarkeit eines Kinderbetreuungsplatzes ab, sondern auch schlicht von der Zahl der Kinder und den Kindern selbst. Es sind nicht alle Kinder gleich. Für manche Kinder ist es wunderbar, ganztägig im Kindergarten zu sein, manche Kinder sind damit, gerade wenn sie noch sehr klein sind, einfach überfordert. Es sind auch nicht alle Eltern gleich. Manche Alleinerziehende – meist sind es Frauen – schaffen es gut, sogar eine Vollzeitstelle und Kinder unter einen Hut zu bringen – vor allem dann, wenn Eltern oder Nachbarn sich mitkümmern oder wenn man so gut verdient, dass man sich noch eine Haushaltshilfe leisten kann. Für andere wird es zu einer entsetzlichen Überforderung, Stress pur, an dem man irgendwann mitsamt seiner Familie auch zerbrechen kann.

Wir brauchen neben einem guten und flächendeckenden Angebot von Betreuungs- und Erziehungseinrichtungen zweierlei: ein ausreichendes Kindergeld und die Rücksichtnahme auf den schlichten Tatbestand, dass Vollzeit bei Familien nun mal nicht immer geht. Als die frisch gekürte Familienministerin Manuela Schwesig Anfang 2014 ihre Idee präsentierte, allen Eltern jüngerer Kinder das Recht einzuräumen, ihre Arbeitszeit zu reduzieren und ihnen zum Ausgleich ein Familiengeld zu zahlen, marschierte sie in die völlig richtige Richtung. Nur kam sie nicht weit. Kaum war ihre sympathische Idee in der Welt, wurde sie vom Koalitionspartner auch schon wieder einkassiert. Es handele sich lediglich um einen »Debattenbeitrag« der Ministerin, ließ Bundeskanzlerin Merkel ihren Regierungssprecher Steffen Seibert erklären. Das war es dann auch.[61]

Derzeit liegt das Kindergeld bei 192 Euro für das erste und zweite Kind, 198 für das dritte und 223 Euro für das vierte und jedes weitere Kind. Um die letzte nennenswerte Kindergelderhöhung zu finden, muss man schon bis zum Jahreswechsel 2009/2010 zurückgehen, als es von 164 auf 184 Euro angehoben wurde. Seitdem dümpelt es so rum, und recht zufrieden ist keiner. Von neoliberaler Seite wird geradezu gebetsmühlenartig vorgetragen, das Geld komme nicht an bei denen, die es »wirklich« bräuchten. Das Kindergeld habe keinen familienpolitischen Effekt, sei Geldverschwendung. Spitzenverdiener brüsten sich gern damit, dass sie auf das Kindergeld gern verzichten könnten. Diese ganze Diskussion geht allerdings gehörig an den Fakten vorbei, und zwar in mehrfacher Hinsicht. In verschiedenen Urteilen hat das Bundesverfassungsgericht bereits in den 1990er Jahren klargestellt, dass das Existenzminimum eines Kindes steuerfrei bleiben muss und dass zu diesem Existenzminimum auch ein gewisser Betreuungsbedarf zählt.[62] Das ist erst einmal gesetzt. Der entsprechende Kinderfreibetrag beträgt derzeit 7356 Euro, und wie das mit Steuerfreibeträgen so ist, profitiert der am meisten, der ohnehin am meisten verdient: Die steuerliche Entlastung durch diesen Freibetrag steigt mit wachsendem Einkommen. Wer gar keine oder nur sehr wenig Steuern zahlt, hat logischerweise nichts von diesem Ausgleich, bei Topverdienern mit Spitzensteuersatz hingegen macht er rund 300 Euro pro Kind und Monat aus.

Das Kindergeld von 192 Euro ist in diesem Kontext zu sehen. Die Finanzämter entscheiden jeweils, ob der Steuerzahler mit Kindergeld oder Freibetrag »besser fährt«. Bei Alleinerziehenden kann der Freibetrag schon ab etwa 33000 Euro zu versteuerndem Einkommen günstiger sein, bei Ehepaaren ab 65000 Euro. Das Kindergeld stellt damit praktisch einen Ausgleich, eine pauschale Zuwendung für Eltern dar, die mit ihrem Einkommen unter diesen Grenzen liegen, eine Aufstockung des steuerlichen Entlastungseffekts auf 192 Euro, wenn man so will, für die, die nicht so üppig verdienen. Es sorgt dafür, dass die Einkommensschere zwischen Hoch-, Mittel- und Geringverdie-

nern durch den steuerlichen Freibetrag nicht noch weiter auf-
geht, als sie es ohnehin schon tut. Das Durchschnittsbruttoein-
kommen von Alleinerziehenden lag nach den Daten des
Statistischen Bundesamtes 2013 bei nicht 16 000 Euro im Jahr,
bei Paarhaushalten mit Kindern im Schnitt bei 50 000 Euro.[63]
Da von großen Gehaltssprüngen in den letzten drei Jahren
nichts bekannt ist, dürfen wir also davon ausgehen, dass das
Kindergeld auch heute ganz überwiegend Familien mit mittlerem Einkommen und darunter zugutekommt, die mit der Frei-
betragsregelung keine 192 Euro Entlastungseffekt erreichen
würden. Gerade wenn mehrere Kinder zu versorgen sind, ist das
Kindergeld auch bei durchschnittlichem Verdienst ein unver-
zichtbarer Einkommensbestandteil.

Ohne das Kindergeld würden mehr als eine Million Familien
als Aufstocker in Hartz IV fallen.[64] In sogenannten Simulations-
studien wurde errechnet, dass die Armutsquote von Familien
ohne das Kindergeld um über 3 Prozentpunkte höher läge als
mit Kindergeld. Bei Familien mit mehr als zwei Kindern sind es
sogar über 9 Prozentpunkte. Bei kinderreichen Familien wären
das dann aktuell 34 statt 25 Prozent Arme. Die häufig gegen das
Kindergeld und seine Erhöhung vorgebrachte Polemik, es be-
wirke ohnehin nichts, übersieht diesen verteilungspolitischen
Zusammenhang völlig.

Aus verteilungs- und armutspolitischer Sicht gibt es mit Blick
auf die Fakten also keinerlei Grund, das Kindergeld schlechtzure-
den. Ganz im Gegenteil: Wenn wir verfassungsrechtlich nun einmal nicht darum herumkommen, selbst Millionären einen Steuer-
freibetrag mit einem steuerlichen Entlastungseffekt von rund
300 Euro pro Kind im Monat einzuräumen, ist es nur recht und
billig, das einheitliche Kindergeld von derzeit 192 auf 300 Euro zu
erhöhen. Alle Kinder müssen dem Staat gleich viel wert sein.

Armutspolitisch wäre es darüber hinaus nötig, das einheitliche Kindergeld für einkommensschwache Familien je nach Ein-

kommen bis zu einem Betrag aufzustocken, der das Existenzminimum des Kindes abdeckt. Regierungsamtlich wären dies
laut Existenzminimumsbericht der Bundesregierung im Moment 613 Euro.[65] Populär ist in Fachkreisen derzeit die Idee,
dies in Form einer Kindergrundsicherung zu tun: Jeder erhält
einkommensunabhängig die Kindergrundsicherung, die allerdings versteuert werden muss. Das heißt, je höher das Einkommen ist und je höher somit der Steuersatz, umso mehr wandert
wieder zurück zum Staat und umso geringer fällt der Betrag
aus, der den Familien verbleibt. Der Kinderlastenausgleich
würde so in der Tat endlich vom Kopf auf die Füße gestellt.[66]

Lebensstandort statt Wirtschaftsstandort – für eine gute kommunale Infrastruktur

Von der öffentlich geförderten Beschäftigung einmal abgesehen,
wurden bisher fast ausschließlich Sozialtransfers angesprochen:
Renten, Altersgrundsicherung, Arbeitslosengeld, Hartz IV und
das Kindergeld. Reden wir über den Zusammenhalt dieser Gesellschaft, sind jedoch soziale, kulturelle und Bildungsangebote,
die meist von den Kommunen vorgehalten werden, genauso
wichtig: Vorschulen, Volkshochschulen, Jugend- und Alten-
clubs, Nachbarschaftsheime, Beratungsstellen aller Art. Es sind
die Angebote und Hilfen für jedermann und jedefrau, von der
Lernförderung über die Schuldnerberatung bis hin zur Erziehungsberatung. Es sind darüber hinaus die Dinge, die unsere
Städte erst so richtig lebendig und lebenswert machen: Theater,
Museen, Sportstätten oder schöne Parks. Darauf verzichten
kann nur, wer wirklich viel Geld hat, wer sein Kind ohnehin auf
eine teure Privatschule schickt, lieber ins private und teure
Spaßbad geht als ins öffentliche Schwimmbad, Bücher kauft
und nicht ausleiht und sich auch sonst alles leisten kann, was er

braucht oder möchte. Für alle anderen jedoch sind die er-schwinglichen oder sogar kostenfreien Angebote der Kommunen und der vielen Verbände, Vereine und Initiativen von ganz enor-mer Bedeutung für die Lebensqualität und Teilhabe. Gleichwohl sind es exakt diese Angebote für die Bürgerinnen und Bürger, die in vielen völlig verschuldeten Kommunen Deutschlands seit Jah-ren zusammengestrichen werden.

In den letzten Jahren konnten sich die Kommunen wieder über steigende Steuereinnahmen freuen. Nur ist die Freude im wahrsten Sinne des Wortes nicht ungeteilt. »Rekordverschul-dung trotz Rekordeinnahmen: Konjunkturerholung geht an Krisenkommunen vorbei«, so kündigte die Prüfungs- und Bera-tungsgesellschaft Ernst & Young im September letzten Jahres ihre jährliche Studie zu den Kommunalfinanzen an.[67] Die Wirt-schaftsprüfer hatten herausgefunden, dass 2015 zwar 65 Pro-zent der deutschen Städte ihre Schulden stabil hielten und zum Teil sogar abbauen konnten, bei den anderen 35 Prozent die Schulden jedoch so stark zugenommen hatten, dass der Ge-samtschuldenstand trotzdem einen neuen Rekord erreichte. »Eine Zweiklassengesellschaft« sei unter deutschen Kommunen längst Realität, mahnte Bernhard Lorenz, Partner und zuständi-ger Bereichsleiter der Firma, die sonst eigentlich nicht für klas-senkämpferische Töne bekannt ist.[68] Der Umfrage zufolge glau-ben 28 Prozent der Kommunen nicht mehr daran, ihre Schulden noch aus eigener Kraft tilgen zu können. 14 Prozent der west-deutschen Kommunen beklagen, wegen ihrer Verschuldung überhaupt keinen Handlungsspielraum mehr zu haben. Was tun sie? Das, was ihnen noch bleibt: Gebühren erhöhen und Leistungen für die Bürger zusammenstreichen. 41 Prozent der Kommunen planen, bei Kitas und Ganztagsschulen an der Ge-bührenschraube zu drehen. Jede vierte Kommune plant, die Eintrittspreise für städtische Einrichtungen aller Art, vom Schwimmbad bis zum Museum, erhöhen zu wollen.

Blättert man weiter durch die Statistik von Ernst & Young, lernt man, dass das Dimmen der Straßenbeleuchtung offenbar das populärste Mittel ist, Geld einzusparen. Gleich dahinter folgen jedoch Angebote der Jugendarbeit und der Altenhilfe, bei denen gekürzt wird oder die gleich ganz dem Rotstift zum Opfer fallen. Auch Hallen- und Freibäder laufen dann nur noch mit eingeschränktem Betrieb weiter oder werden zugemacht, genauso wie Bibliotheken, Theater oder Musikhäuser.[69] Doch hilft das alles nicht wirklich, weiß Bernhard Lorenz von Ernst & Young: »Solche Städte sind in der Schuldenfalle gefangen: Sie müssen Leistungen streichen und die Steuern erhöhen und können den Schuldenberg dennoch nicht abbauen – was zumeist auf die gerade in strukturschwachen Regionen stark steigenden Sozialausgaben zurückzuführen ist.« Es ist die berüchtigte Armutsspirale, in die solche Kommunen hineingeraten.

Wer so mit dem Rücken an der Wand steht, schiebt notwendige Investitionen naturgemäß so weit hinaus, wie es eben geht. Nur ist das vielfach einfach nicht mehr möglich. Als Bundesbildungsministerin Johanna Wanka im letzten Jahr ein Milliardenprogramm forderte, um Schulen mit IT auszustatten, wurde im Netz gleich gewitzelt, ob man bei der Gelegenheit auch endlich die Toiletten renovieren und undichte Dächer reparieren könnte. Der bauliche Zustand vieler Schulen ist mittlerweile einfach nur noch erschreckend. Mobiliar, das seine Zeit längst hinter sich hat, und bröckelnder Putz erzeugen zwar kein sonderlich förderndes Lernklima, sind aber häufig noch die kleineren Sorgen nach Sporthallen, in die es hineinregnet, oder maroden Heizanlagen.

Der Investitionsbedarf der Kommunen im Bildungsbereich liegt nach dem aktuellen »Kommunalpanel« der auf kommunale Investitionen spezialisierten staatlichen KfW-Bank bei 34 Milliarden Euro.[70] Hinter den ausstehenden Straßen- und Verkehrsinvestitionen von 36 Milliarden Euro ist das der zweitgrößte

Posten. Auch bei Sportstätten und Bädern sind es immerhin 9 Milliarden Euro, genauso wie bei den Verwaltungsgebäuden oder der Wasserversorgung. Insgesamt liegt der kommunale Investitionsstau aktuell bei 136 Milliarden Euro. Und es geht, wie gesagt, nicht um Neubauten, sondern vor allem darum, den Bestand wenigstens halbwegs in Schuss zu halten.[71]

Wenn wir aus der kommunalen Zwei-Klassen-Gesellschaft heraus- und nicht weiter einfach zusehen wollen, wie sich notleidende Kommunen bis zur absoluten Handlungsunfähigkeit in ihren Schulden verstricken, brauchen wir ganz gezielte Hilfen für die strukturschwachen Gebiete, seien sie im Ruhrgebiet oder in Mecklenburg-Vorpommern. Um die vielbeschworenen vergleichbaren Lebensbedingungen in ganz Deutschland ist es schlecht bestellt. Die Entwicklungs- und Bildungschancen für unsere Kinder hängen nicht mehr nur vom Geldbeutel der Eltern, sondern immer mehr auch von den finanziellen Möglichkeiten der Kommunen ab, ihre Angebote für die Menschen vorzuhalten – vom öffentlichen Personennahverkehr über gute Schulen bis zur Förderung der Jugendverbandsarbeit oder von Sport- und Kulturvereinen. Jugendarbeit ist kein Luxus, genauso wenig wie Gesundheitsberatung, der Altenclub, das Bürgerhaus für Vereine und Selbsthilfegruppen, die Stadtteilarbeit oder die Familienbildung.

Das riesige Manko, das sich mit zunehmender Finanznot vieler Kommunen in den letzten Jahren aufgetan hat, ist, dass keine Rechtsansprüche der Bürger auf solche Leistungen bestehen. Die Kämmerer haben häufig gar keine andere Wahl, als genau hier den Rotstift anzusetzen. Es sähe völlig anders aus, wenn wir nicht nur einen einklagbaren Rechtsanspruch der Bürgerinnen und Bürger auf Kindergarten- und Krippenplätze hätten, sondern genauso auf städtische Angebote der Jugenderholung, der Erziehungsberatung oder aber der Altenhilfe. Es wird Zeit, sehr intensiv darüber nachzudenken, ob und wie die sogenannte kommunale Infrastruktur und die vielfältigen wichtigen Angebote der freien Verbände und Vereine rechtlich verlässlicher und krisensicherer verankert werden können. Was zuerst beim Kindergartenplatz möglich war und dann beim Krippenplatz, muss nun auch für die gesamte Jugendarbeit und andere Bereiche des Sozialen gedacht werden: einklagbare Rechtsansprüche der Menschen, die auf diese Angebote angewiesen sind. Unsere Städte müssen lebenswert bleiben und vor allem in der Lage, notwenige Infrastruktur für die Menschen zu bieten, auch wenn sie finanzielle Probleme haben.

Umverteilen geht – für eine solidarische und gerechte Steuerpolitik

Man kann es drehen und wenden, wie man will. Wir brauchen Geld, und zwar ziemlich viel. »Wo ist das Problem?«, werden viele sagen. Angeblich sollen die Steuereinnahmen doch nur so sprudeln. Regelmäßig werden die offiziellen Steuerschätzungen von Bund und Ländern übertroffen und darf sich der Finanzminister über zusätzliche Einnahmen freuen. Diese ganzen Rekordmeldungen sind auch durchaus wahr. Nur können sie nicht darüber hinwegtäuschen, dass die Steuereinnahmen 2015 preisbereinigt gerade mal rund 2 Prozent über dem Pegel von vor der Krise in 2008 liegen. So üppig ist das nun auch wieder nicht.

Wir brauchen zusätzliche Einnahmen, wenn der Staat seinen Verpflichtungen nachkommen soll und wir nicht weiter auf Verschleiß fahren wollen. Bessere Renten, ein existenzsichernder Kinderlastenausgleich, eine Grundsicherung, die ihren Namen verdient, ein bedarfsdeckender sozialer Wohnungsbau und die Sicherstellung kommunaler Infrastruktur: Zig Milliarden werden dazu benötigt. Der Riesenvorteil allerdings: Es sind durchweg Ausgaben, die die Konjunktur ankurbeln und wieder neue Steuermittel generieren. Jeder Euro, den wir staatlicherseits für Kindergeld oder Grundsicherung ausgeben, geht zu 100 Prozent in den Konsum. Armutsbekämpfung ist immer auch regionale Wirtschaftsförderung, wie Rudolf Martens von der Paritätischen Forschungsstelle 2015 vorrechnen konnte.[72] Unterhalt und Ausbau der kommunalen Infrastruktur haben immer positive konjunkturelle Effekte. Es sei daran erinnert, dass die Wirtschaftskrise exakt mit solchen Maßnahmen überwunden wurde: längeres Kurzarbeitergeld, höheres Kindergeld und viel Unterstützung für örtliche Investitionen in Schulen und ähnlichem.

Hinter den USA, China und Japan ist Deutschland das Land mit der viertgrößten Wirtschaftskraft auf dieser Erde. Und auch pro Kopf gerechnet spielt auf es Platz achtzehn noch sehr weit oben mit. Deutschland ist ein extrem reiches Land. Über 5,5 Billionen Euro beträgt allein das private Geldvermögen.[73] Keine Häuser, Grundstücke, Produktionsanlagen, Wälder oder sonst etwas, sondern ausschließlich Geldvermögen: Sichteinlagen, Aktien, Lebensversicherungen und dergleichen. 1990 waren es noch 1,7 Billionen Euro, das heißt, in den letzten 25 Jahren hat sich das Geldvermögen verdreifacht. Selbst Ereignisse wie die Wirtschafts- und Finanzkrise 2008 und 2009 bewirken lediglich eine kleine Delle in der Wachstumskurve, mehr nicht.[74]

Wem, wenn nicht uns, sollte es möglich sein, den alten Menschen einen guten Lebensabend zu garantieren? Familien so zu unterstützen, dass sie auch als Alleinerziehende oder mit mehreren Kindern gut zurechtkommen? Gehandicapte Menschen mitzunehmen? Pflegebedürftige ordentlich zu pflegen? Langzeitarbeitslosen Beschäftigung zu geben? Lebendige und lebenswerte Kommunen vorzuhalten? Das Geld dazu haben wir. Wir müssen es nur richtig verteilen. Aber genau damit tut sich Deutschland so unerhört schwer. Das letzte Mal, dass wirklich aus der Substanz geteilt wurde, war zu Konrad Adenauers Zeiten. Sein Nachkriegslastenausgleich war Umverteilung pur. Wenn wir seitdem vom Teilen sprechen, meinen wir immer nur das Mehrerwirtschaftete, das es aufzuteilen gilt. Der Verteilungskampf findet seitdem immer nur um den Zuwachs statt, niemals um die Substanz. Den Reichen wurde seit dem Lastenausgleich der Nachkriegszeit niemals mehr abverlangt, wirklich von ihrem Reichtum abzugeben. Bestenfalls wurde ihnen zugemutet, dass er etwas langsamer stieg. Der pure Gedanke daran, tatsächlich abgeben zu müssen, wird von ihnen meist schon als Zumutung empfunden. Immerhin sei das Eigentum doch grundgesetzlich geschützt! Das stimmt sogar. In Artikel 14, Absatz 1, unseres Grundgesetzes heißt es: »Das Eigentum und das Erbrecht werden gewährleistet.« Gleich im nächsten Satz heißt es aber auch: »Inhalt und Schranken werden durch die Gesetze bestimmt.« Und in Absatz 2 wird schließlich klargestellt: »Eigentum verpflichtet. Sein Gebrauch soll zugleich dem Wohle der Allgemeinheit dienen.«

Wenn in Deutschland außergewöhnliche, wirtschaftlich krisenhafte Ereignisse und Probleme auftraten, die mehr öffentliche Mittel erforderten, wurden sie nicht durch Teilen, sondern durch die Aufnahme neuer Schulden gelöst. Das war bei der Bewältigung der Ölkrise in den 1970er Jahren so, das war bei der deutschen Vereinigung in den 1990er Jahren so, und es war bei der Banken-, Wirtschafts-, und Finanzkrise Ende des vergangenen Jahrzehnts so. Nicht einmal für die Vereinigung Deutschlands traute man sich, den Reichen, auch wenn sie sich noch so vereinigungsselig und patriotisch aufführten, eine Sonderabgabe oder höhere Steuern abzuverlangen. Und das, obwohl ihnen die Vereinigung glänzende Geschäfte einbrachte. Stattdessen wurden die notwenigen Mehrausgaben der deutschen Einheit mehr oder weniger komplett durch die Plünderung der Sozialversicherungen und auf Pump finanziert. Ein

»Fonds Deutsche Einheit« mit einem Volumen von über 160 Milliarden Mark wurde dazu aufgelegt, der sich die Mittel fast vollständig auf dem Kreditmarkt besorgte. 1995 folgte der sogenannte »Erblastentilgungsfonds« mit 336 Milliarden Mark, ebenfalls Kredite.

Das Gleiche wiederholte sich, als 2008 die Banken- und Finanzkrise von den USA zu uns herüberschwappte. Dreistellige Milliardenbeträge flossen in die Rettung von Banken. Weitere Milliarden wurden benötigt, um wieder aus dem konjunkturellen Einbruch unserer Wirtschaft herauszukommen. Nicht einmal denjenigen, die sich mit ihren windigen und verantwortungslosen Bankgeschäften im Vorfeld der Krise eine goldene Nase verdient hatten, oder denjenigen, die sich jahrelang über ihre Supergewinne auf dem Börsenparkett freuen durften, wurde ein Opfer abverlangt.[75]

Langfristig stieg die sogenannte Staatsschuldenquote, also das Verhältnis der Staatsschulden zum Bruttoinlandsprodukt, von nicht einmal 20 Prozent in den 1970er Jahren auf über 70 Prozent. Den etwas über 3 Billionen Euro, die wir im letzten Jahr erarbeiteten, stehen Schulden der öffentlichen Kassen von über 2 Billionen Euro gegenüber.[76]

Wir haben uns in all den Jahren das Geld, das wir brauchten, bei den Reichen und Superreichen lieber geliehen, anstatt es ihnen zu nehmen. Je größer der Bedarf, je klammer die öffentlichen Haushalte, umso besser die Geschäfte derer, die wir uns nicht zu besteuern trauten oder nicht besteuern wollten und die ihr überschüssiges Geld irgendwo anlegen mussten. Es ist eine völlig absurde Konstellation. Die Schuldenbremse hat dieser Politik ein jähes Ende gesetzt. Wenn die aktuellen Steuereinnahmen jedoch nicht ausreichen und der Weg in die weitere Verschuldung versperrt ist, gibt es nur noch zwei Alternativen: Entweder werden Steuern erhöht, oder man kommt seinen vielfältigen Staatsaufgaben nicht mehr oder nur noch unzureichend nach.

Eine gerechte und solidarische Abgaben- und Steuerpolitik ist daher eine zwingende Voraussetzung für eine soziale Politik, die alle mitnimmt, die die Einkommens- und Vermögensschere wieder etwas schließt, wieder etwas mehr Gleichheit schafft und alle Menschen teilhaben lässt an unserem Wohlstand.

Es geht um Umverteilung. Und die tut auch gar nicht weh. Dadurch, dass die Vermögen und Einkommen in Deutschland so ungleich verteilt sind, wie sie es sind, ist es möglich, die breite Bevölkerung zu verschonen und sehr gezielt bei Spitzenverdienern und Reichen anzusetzen, die es nicht nur gut verkraften können, sondern bei denen man davon ausgehen kann, dass es ihren Alltag überhaupt nicht beeinflusst, wenn sie gezwungen sind abzugeben. Nichts, auf das sie wirklich verzichten müssten. Oder wie es Arnold Schwarzenegger einmal so schön erklärte: »Geld ist nicht so wichtig. Darum ist es mir völlig egal, ob ich 50 oder 70 Millionen Dollar besitze.«[77]

In diesem Zusammenhang sollten wir gleich mit ein paar Schauergeschichten aufräumen, die Umverteilungsgegner so gern erzählen. Zum Beispiel die Mär, eine höhere Besteuerung von Vermögen würde zu einem Exodus der wohlhabenden Bevölkerung führen, die alles tun werden, um ihr Eigentum in Sicherheit zu bringen. Wenn sie das wirklich tun wollten, müssten sie schon genau aufpassen, wohin sie gehen. Als die OECD 2013 einen Vergleich vorlegte, in welchem Land Vermögen wie stark besteuert werden, rieb sich so mancher doch verwundert die Augen.[78] In keinem großen Industriestaat ist die Besteuerung des Vermögens, gemessen am Bruttoinlandsprodukt, so gering wie in Deutschland. Berücksichtigt wurden bei diesem Vergleich neben Vermögensteuern auch Erbschaftsteuern oder Grundsteuern. Von allen 34 OECD-Mitgliedsstaaten lag Deutschland mit 0,6 Prozent am BIP gerade mal auf Platz 25. 1,3 Prozent des BIP waren es im Durchschnitt aller OECD-Staaten. Am kräftigsten langten ausgerechnet so erzkapitalistische Länder wie Großbritannien (3,6 Prozent), Kanada (3,3 Prozent) und die USA (3,2 Prozent) hin. Die US-Regierung verlangte ihren Vermögenden damit fünfmal so viel ab wie die deutsche Regierung und die britische sogar sechsmal so viel. Selbst die Schweiz, die gern als möglicher Zufluchtsort für unsere Reichen ins Spiel gebracht wird, belastete ihre Vermögenden mehr als doppelt so stark wie Deutschland.

Das Finanzministerium zeigte sich verunsichert durch den OECD-Vergleich und ließ seinen wissenschaftlichen Beirat gleich eine ganze »Arie« an Rechtfertigungen dafür absingen, warum Deutschland seine Reichen so lasch besteuert.[79] Überzeugen konnte der Chor freilich nicht. Dazu war die Faktenlage zu eindeutig. Wenn Verdi-Chef Frank Bsirske gelegentlich provoziert, Deutschland sei ein »Steuerparadies für Erben, Vermögende und Spekulanten«, hat er einfach Recht.[80] Würden die Vermögen in Deutschland besteuert wie im OECD-Durchschnitt, wären sogleich 21 Milliarden Euro zusätzlich in den öffentlichen Kassen.[81]

Bei der allgemeinen Steuer- und Abgabenquote sieht es nicht wesentlich anders aus: Die Steuerquote (Anteil des Steueraufkommens am BIP) liegt in Deutschland seit Jahren um die 22 Prozent und damit im internationalen Vergleich ziemlich weit unten.[82] Es gibt kaum ein europäisches Land, das diesen Satz unterbietet. Und selbst wenn man die Sozialabgaben mitrechnet, nimmt Deutschland noch immer einen guten Mittelplatz ein. Mit 36,6 Prozent ist die Abgabenquote (Summe aus Steuern und Abgaben) deutlich niedriger als in den skandinavischen Ländern, aber auch noch niedriger als in Frankreich (45,2 Prozent), Belgien (44,7 Prozent), Italien (43,6 Prozent) oder Österreich (43,0 Prozent).

Interessant ist auch die steuerliche Belastung von Unternehmensgewinnen. Mit 29,8 Prozent liegt Deutschland ganz deutlich hinter dem unerwarteten Spitzenreiter USA (39,6 Prozent), Frankreich (38 Prozent) oder auch Japan (32,8 Prozent).[83]

Deutschland ist also entgegen manch anderslautender Behauptung alles andere als ein Hochsteuerland.

Eine weitere eher irreführende Geschichte, warum wir unsere Reichen nicht weiter besteuern dürften, ist die, dass sie schon jetzt fast die Hälfte der gesamten Einkommensteuer aufbringen.[84] Kaum eine Umverteilungsdiskussion, in der nicht auf diesen vermeintlichen Edelmut unserer Spitzenverdiener hingewiesen wird. Fehlt gerade noch die Aufforderung, endlich einmal Danke zu sagen. Doch trägt dieses Argument gleich aus zweierlei Gründen nicht. So wird regelmäßig unterschlagen, dass der Anteil der Einkommensteuer am Gesamtsteueraufkommen seit Jahren einen rückläufigen Trend zeigt und aktuell gerade noch 43 Prozent ausmacht.[85] Stattdessen sind es zum größeren Teil indirekte Steuern, die den Sack vollmachen, etwa die Mehrwertsteuer, die Branntweinsteuer, die Versicherungssteuer, die Tabaksteuer, die Lotteriesteuer, die Benzinsteuer bis hin zur Alkopopsteuer. Und diese Steuern zahlen alle, ganz unabhängig von ihrem Einkommen.

Der zweite Grund, warum das Gejammer nicht so recht verfängt, ist die Tatsache, dass hier geschickt Ursache und Wirkung ausgeblendet werden. Dass die reichsten 10 Prozent in Deutschland so viel zum Einkommensteueraufkommen beitragen, liegt nicht an der Steuer, sondern an der skandalösen Schieflage bei den Einkommen. Wenn nicht jeder vierte Beschäftigte mit Niedriglöhnen abgespeist würde, würden sie auch mehr zur Einkommensteuer beitragen. Das Argument ist daher genauso absurd, als würde ich den Armen vorwerfen, nichts zur Erbschaftsteuer beizutragen.

Nichts spricht daher dagegen, endlich anzupacken, was längst überfällig ist: steuerliche Umverteilung. Wir waren schon mal ganz nahe dran: 2013, als gleich Linke, SPD und Grüne mit Plänen für mehr Gerechtigkeit und mehr steuerpolitische Vernunft in den Wahlkampf zogen. Es ging um eine stärkere Belastung der Höchstverdiener in der Einkommensteuer, um die Wiedereinführung der Vermögensteuer, eine stärkere Besteuerung großer Erbschaften und eine Steuer auf Börsentransaktionen. Unterstützung fanden diese Pläne bei einem sehr breiten zivilgesellschaftlichen Bündnis von Gewerkschaften, Sozialverbänden, Kulturschaffenden und globalisierungskritischen Organisationen wie Attac und Campact. Die drei Parteien, die so um Wähler geworben hatten, hatten am Wahlabend dann auch tatsächlich eine knappe Mehrheit. Sie haben sie heute noch im Deutschen Bundestag. Es war die Koalitionsentscheidung der SPD, die damals Rot-Rot-Grün nicht wollte oder konnte und dem Ganzen ein abruptes Ende machte.

Die Forderungen und Argumente aus 2013 wurden dadurch jedoch nicht falsch. Ganz im Gegenteil. Wir mussten in den letzten Jahren leidvoll miterleben, wie eine offensive Sozialpolitik, eine Politik der Armutsbekämpfung und der Unterstützung der zu Recht verunsicherten Mittelschicht, nicht wirklich vorankommt, wenn man die Verteilungsfrage und die Frage nach auskömmlichen Mehreinnahmen für die öffentlichen Kassen derart konsequent zum No-Go erklärt wie die große Koalition. Da hilft auch kein Mindestlohn von 8,84 Euro. Und Schönreden, wie gut es Deutschland doch gehe, erst recht nicht.

Dann lasst uns mal drehen – die Steuerschrauben

Erbschaftsteuer

Für eine stärkere Besteuerung von Erbschaften und Vermögen besteht auch im internationalen Vergleich, wie wir gesehen haben, durchaus Luft. Nach Berechnungen des Forschungsinstituts empirica wird in den nächsten zehn Jahren in Deutschland das gigantische Vermögen von 3,1 Billionen Euro ererbt, jedes Jahr also im Schnitt 310 Milliarden Euro.[86] Das Erbschaftsteueraufkommen lag 2015 jedoch bei lediglich 6,3 Milliarden Euro.[87] Das sind lächerliche 2 Prozent des Erbschaftsvolumens. Praktisch ist das der Verzicht auf eine Erbschaftsteuer. Und folglich ging es bei dem ganzen Gezerre um eine Reform der Erbschaftsteuer im letzten Jahr auch nicht darum, wie man große Erbschaften endlich angemessen besteuern könnte, sondern darum, wie man trotz unangenehmer Auflagen des Bundesverfassungsgerichts die Besteuerung weiterhin vermeiden kann.

Was war geschehen? Im Dezember 2014 erklärte das Bundesverfassungsgericht das Erbschaftsteuergesetz für grundgesetzwidrig, da es in einigen Regelungen eine »unverhältnismäßige Privilegierung« der Firmenerbschaften sah. Diese waren weitestgehend von der Erbschaftsteuer befreit, wenn sie einige Bedingungen erfüllten. Im Prinzip wurde das nicht beanstandet. Dem Gesetzgeber stehe es frei, kleine und mittlere Unternehmen zur Sicherung ihres Bestandes und der Arbeitsplätze steuerlich zu begünstigen, erklärten die Karlsruher Richter, doch gingen die geltenden gesetzlichen Regelungen und Begünstigungen weit über kleine und mittlere Firmen hinaus – und zwar ohne zu prüfen, ob sie im Einzelfall überhaupt notwendig seien. Dies und einiges andere wurde der Regierung bis spätestens 30. Juni 2016 zu korrigieren aufgegeben.

In der Koalition verständigte man sich darauf, die Angelegenheit nur auf sehr kleiner Flamme zu kochen. Im Koalitionsvertrag vereinbarten CDU und SPD, an den Firmenprivilegien im Erbschaftsteuerrecht festzuhalten. Eine echte Erbschaftsteuerreform wurde damit von Anfang an ausgeschlossen. Finanzminister Schäuble legte den Koalitionären einen Entwurf vor, der sich an diese Abmachung hielt. Trotzdem schäumten die Unternehmen und liefen Sturm. Im bayerischen Ministerpräsidenten und CSU-Chef Horst Seehofer fanden sie schnell einen mächtigen Fürsprecher, um trotz Bundesverfassungsgerichtsurteil an

Privilegien herauszuholen, was irgendwie herauszuholen war. Es gehe um die Familienunternehmen, wurde Horst Seehofer nicht müde zu betonen. Das klang so heimelig, so bayerisch. Fällt das Wort Familienunternehmen, hat man sogleich eine kleine Schreinerei oder Ähnliches vor Augen, seit Generationen in Familienbesitz, in der Vater und Sohn mit wenigen Gesellen arbeiten und gerade so zurechtkommen. Es gibt aber auch andere, die unter das Label Familienbetrieb fallen: Der Volkswagenkonzern des Porsche-Piëch-Clans mit einem Jahresumsatz von gut 200 Milliarden Euro, der BMW-Konzern der Familie Quandt mit einem Jahresumsatz von rund 90 Milliarden Euro oder der Bosch-Konzern mit 70 Milliarden Euro. Es sind Aldi, Bertelsmann und viele andere Firmen, hinter denen Familien und Firmeneigner stehen, die wir woanders auch gern als Tycoons oder Oligarchen bezeichnen.

Nach heftigem Gefeilsche um Details bei zum Teil sehr unübersichtlicher Gefechtslage zwischen den Parteien und im Bundesrat wurde schließlich ein Gesetz verabschiedet, dass derart minimale Änderungen an den bis dahin geltenden Regelungen vorsieht, dass manche Experten auch schon wieder unken, dieses Gesetz könnte erneut vom Bundesverfassungsgericht beanstandet werden. Unübersichtlich blieb die Lage im Bundestag bis zuletzt deshalb, da sich die Opposition zwar geschlossen gegen das Gesetz stellte, im Bundesrat jedoch einzig die von der Linken mitregierten Länder Thüringen und Brandenburg bei der Stange blieben, während die grün-mitregierten Länder hier zustimmten.

Die Privilegien sind nach wie vor üppig: Firmenerben bis zu einem Wert von 26 Millionen Euro bleiben völlig verschont, wenn sie den Betrieb sieben Jahre fortführen und in dieser Zeit weiterhin eine gewisse Lohnsumme zahlen. Erst ab einem Firmenwert von über 26 Millionen Euro muss der Erbe überhaupt einen Nachweis erbringen, dass ihn die Erbschaftsteuer überfordern würde. Lehnt der Erbe das ab, steigt die Steuerlast mit dem Firmenvermögen. Ab 90 Millionen Euro gibt es dann keine Vergünstigungen mehr. Legt er aber sein Privatvermögen offen, mag der Gesetzgeber ihm nicht zumuten, dass er mehr als die Hälfte davon für seine Erbschaftsteuer einsetzt.

Bei den üppigen Freibeträgen neben dem Betriebsvermögen bleibt alles beim Alten: 500 000 Euro für Ehepartner, 400 000 für Kinder, 200 000 für Enkel. Wenn dann doch Steuer anfällt, wird es auch nicht allzu hart: Die Steuersätze liegen zwischen 7 und 30 Prozent. Menschen, die ihr Arbeitseinkommen versteuern müssen, träumen von solchen Steuersätzen.

Die Erbschaftsteuer bleibt auch nach der Reform eine schreiende Ungerechtigkeit. Offiziell sollten die Steuerprivilegien Betriebsübergänge sichern und Arbeitsplätze erhalten. Tatsächlich ging es bei dieser Reform um die Schonung reicher Erben. Um Betriebsübergänge sicherzustellen und Arbeitsplätze nicht zu gefährden, hätte man auch andere Lösungen finden können. Man hätte Möglichkeiten einräumen können, die Steuerforderungen zu stunden. Man hätte sie auch an den wirtschaftlichen Erfolg des vererbten Unternehmens knüpfen können. Das Deutsche Institut für Wirtschaftsforschung wies schon 2015 darauf hin, dass bei »millionenschweren Unternehmensvermögen jenseits von Kleinunternehmen oder kleineren mittelständischen Unternehmen« die weitgehenden Steuervergünstigungen für die Erben gar nicht erforderlich seien, um die Arbeitsplätze bei der Unternehmensweitergabe zu sichern.[88] Das Institut schlug daher vor, Steuerbefreiungen auf kleine und mittlere Betriebe und nur auf betriebsnotwendiges Vermögen zu begrenzen. Doch fanden sie – wen wundert es – kein Gehör.

Die Erbschaftsteuer sollte eigentlich den »›leistungslos‹ Zufluss von höheren Vermögen«, wie Stefan Bach vom DIW es nennt, »progressiv belasten«. Sie soll dadurch die Vermögenskonzentration im Lande begrenzen helfen und dem Aspekt der

Chancengerechtigkeit in einer Leistungsgesellschaft etwas stärker entgegenkommen.

Erbschaftsteuervergünstigungen auch bei sehr hohen Vermögen konterkarieren dieses Ziel. Kein Mensch wird nachvollziehen können, dass es gerecht sein soll, wenn ich für ein leistungsfreies Einkommen, wie es eine Erbschaft nun mal ist, steuerlich mit Minimalbeträgen belastet werde, während ich für mein erarbeitetes Einkommen bis zu 40 Prozent und mehr an Steuern und Sozialabgaben zu entrichten habe.

Auch aus demographischer Sicht ist eine stärkere Umverteilung bei Erbschaften heute und in Zukunft immer wichtiger. Mit der Erbschaftsteuer wurde in der Vergangenheit auch das Ziel einer gewissen Vermögensstreuung verfolgt. Gewachsene Vermögensbestände sollten im Todesfall wieder aufgelöst und auf mehrere Köpfe verteilt werden. In unserer Gesellschaft, in der im statistischen Schnitt zwei Elternteile auf eineinhalb Personen vererben, konzentriert sich das Vermögen auf einen immer kleiner werdenden Personenkreis. Wenn diese Personen zusätzlich aus gesellschaftlich ähnlichen Verhältnissen stammen, kumuliert das Vermögen noch stärker.

Neben der gesellschaftlichen Schicht spielen auch Bildungsabschluss und regionale Herkunft eine bedeutende Rolle, wenn es darum geht, wer wie viel erbt.[89] Wo jedoch so gut wie keine Erbschaftsteuer erhoben wird, kann sie auch nicht ihre wichtige Rolle als Element der Umverteilung spielen. Stattdessen wird Vermögenskonzentration noch weiter befördert. Stefan Bach und Andreas Thiemann vom DIW errechneten im letzten Jahr, dass ein Drittel des gesamten vererbten Vermögens in Deutschland auf nur 1,5 Prozent der Erben entfällt, also auf die, die 500 000 Euro und mehr erben.[90] Es ist eine Sache des Gerechtigkeitsempfindens und der Vernunft, baldmöglichst ein Erbschaftsteuerrecht zu schaffen, das dieser zunehmenden Vermögenskonzentration etwas entgegensetzt. Die allermeisten

Menschen wären von einer solchen Steuerreform überhaupt nicht berührt. Es geht nur um große Vermögen. Gleichwohl würde eine Besteuerung, die am Ende auf Einnahmen von lediglich 10 bis 15 Prozent des Erbvolumens hinausliefe, bereits mit Mehreinnahmen von 24 bis 39 Milliarden Euro pro Jahr verknüpft – Geld, das wir dringend benötigen.

Vermögensteuer

Ähnlich verhält es sich mit der Vermögensteuer. In Deutschland sind die Vermögen derart extrem auf relativ wenige Reiche konzentriert, dass eine Vermögensteuer so gestaltet werden kann, dass sie am Ende auch wirklich nur die trifft, die es sich völlig schmerzfrei leisten können.

Die Vermögensteuer wurde in Deutschland von 1952 bis 1996 erhoben. Der Steuersatz war mit 1 Prozent für natürliche Personen und 0,6 Prozent für Körperschaften sehr moderat. Das Bundesverfassungsgericht monierte 1995, dass Immobilien in der Erfassung des zu versteuernden Vermögens günstiger bewertet wurden als andere Vermögensarten, und verlangte eine entsprechende Korrektur. Keinesfalls sah das Verfassungsgericht die Vermögensteuer als Ganzes für grundgesetzwidrig an, wie heute gern mal suggeriert wird. In Artikel 106 des Grundgesetzes wird sie ausdrücklich aufgeführt.

Die Bundesregierung nahm das Monitum aus Karlsruhe jedoch zum willkommenen Anlass, die Steuer ganz auszusetzen. Zuletzt brachte sie umgerechnet rund 4,6 Milliarden Euro Einnahmen. Das war vor zwanzig Jahren. Stefan Bach und Andreas Thiemann vom DIW gehen heute von 10 bis 20 Milliarden Euro aus, die mit einer Vermögensteuer unter ähnlich moderaten Bedingungen wie in den 1990ern zu erzielen wären.[91] Sie rechneten dazu verschiedene Steuermodelle mit unterschiedlichen

Steuersätzen und Freibeträgen durch. Auf 15 Milliarden Euro Steuereinnahmen kommen sie bei einem Steuersatz von 1 Prozent, einem Freibetrag von 1 Million Euro pro Steuerpflichtigem – zusammen veranlagte Paare 2 Millionen – und von 5 Millionen Euro für kleine Unternehmen. Lässt man den Freibetrag auf Betriebsvermögen weg, erhöht sich das Steueraufkommen gleich auf 19 Milliarden Euro. Wegen der hohen Freibeträge wären von einer solchen Vermögensteuer lediglich 300 000 Steuerpflichtige betroffen. Über 90 Prozent der 15 Milliarden Euro würden allein von dem reichsten Prozent der Bevölkerung aufgebracht und davon wiederum der ganz überwiegende Teil von dem reichsten Promille.[92]

Um Betriebe mit der Vermögensteuer nicht in ihrer Existenz zu gefährden, könnte man im Zweifelsfall wie auch bei der Erbschaftsteuer über Möglichkeiten der Stundung der Steuerschuld oder aber der Koppelung an die Ertragslage nachdenken.

Eine Vermögensteuer ist machbar. Sie ist angesichts der extremen Vermögensspreizung in Deutschland angezeigt. Und sie ist notwendig, weil wir jeden Euro brauchen, um der sozialen Spaltung Deutschlands entgegenzuwirken. Gleichwohl gibt es Probleme, den Leuten klarzumachen, dass es wirklich nur um das reichste Prozent in Deutschland geht. Und man muss sehr klar kommunizieren, wofür das Geld gebraucht wird. Sonst wird das nichts. Karl-Hermann Flach, FDP-Generalsekretär aus alten sozialliberalen Zeiten, brachte schon Anfang der 1970er Jahre treffend auf den Punkt, welche Hürde es zu nehmen gilt, als er schrieb: »Die Schwierigkeit besteht in gewissen Bewusstseinssperren bei den Massen, die sich, wenn sie nur einen Schrebergarten besitzen, schon in Solidarität mit den Milliardären in Abwehr aller Anschläge gegen Eigentum und Erbrecht wähnen.«[93] Da ist dem Generalsekretär nichts hinzuzufügen.

Interessanterweise werden als versuchtes Totschlagargument gern die Erhebungskosten einer Vermögensteuer angeführt. Die

Schätzungen der damit befassten Wissenschaftler reichen von 1,8 Prozent bis zu 50 Prozent des Steueraufkommens. Allerdings gehen in manche Schätzungen nicht nur die Verwaltungskosten der Steuerbehörden ein, sondern auch Kosten auf Seiten der Vermögenden, Ausgaben für Steuerberater und Ähnliches. Wie auch immer: Mir signalisieren solche Diskrepanzen erst einmal, dass irgendetwas nicht stimmen kann mit diesen Schätzungen oder dass man es schlicht nicht weiß.[94] Was ich aber an diesem »Argument« vor allem noch nie verstanden habe: Selbst wenn die Erhebungskosten bei 30 Prozent lägen, blieben 70 Prozent reine Einnahmen übrig. Ich kenne viele, die schon für erheblich weniger Rendite arbeiten.

Einkommensteuer

Als ziemlicher Kommunikationsgau entpuppte sich im Bundestagswahlkampf 2013 die Forderung nach einer stärkeren Besteuerung hoher Einkommen. Status quo war der Spitzensteuersatz von 42 Prozent, der 2013 bei einem Single ab einem zu versteuernden Einkommen von 52 822 Euro griff. Die Linken forderten einen Spitzensteuersatz von 53 Prozent wie zu Helmut Kohls Zeiten, der allerdings erst ab 65 000 Euro greifen sollte. Die Grünen forderten 49 Prozent, zahlbar ab 80 000 Euro, die SPD wollte ebenfalls 49 Prozent, zahlbar aber erst ab 100 000 Euro. Der Spitzensteuersatz wäre also bei allen dreien deutlich angehoben worden. Allerdings hätte es auch deutlich weniger Spitzensteuerzahler gegeben als nach dem geltenden Recht.

Wichtig dabei: Wir reden hier vom zu versteuernden Einkommen. Das darf nicht mit dem Bruttoeinkommen verwechselt werden, das noch einmal deutlich höher liegt. Die Befürchtung des Jahres 2013, schon Facharbeiter könnten von den geplanten

Tariferhöhungen der Oppositionsparteien betroffen sein, nährte sich vor allem aus der Verwechslung von Bruttoeinkommen und zu versteuerndem Einkommen. Das zu versteuernde Einkommen ist praktisch das Bruttoeinkommen abzüglich der steuerlichen Freibetragspauschalen wie etwa Vorsorgepauschalen und Arbeitnehmerpauschale. Wirkliche Mehrbelastungen stellten sich je nach Steuermodell bei einem Single erst mit 66 500 Euro Bruttojahresgehalt (Grüne) und 81 000 Euro (Linke) ein, und dann begannen sie erst einmal mit lediglich einigen Euro im Monat. Nach den Berechnungen von Katja Rietzler und anderen vom Institut für Makroökonomie und Konjunkturforschung der Hans-Böckler-Stiftung wären mit den Vorschlägen von Linken, Grünen und SPD gerade einmal bis zu 5 Prozent aller Einkommensteuerpflichtigen tatsächlich stärker belastet worden. Die berühmten Facharbeiter sucht man darunter vergeblich. Stattdessen sahen alle drei Steuermodelle vor allem Entlastungen für die meisten Steuerzahler vor. Unterschiedliche Analysen taxierten die zu erwartenden Mehreinnahmen bei den Konzepten von Grünen und SPD trotzdem zwischen 4,5 und 7,5 Milliarden Euro. Das Konzept der Linken hätte steuerliche Verluste gebracht, die nach den Plänen der Partei jedoch durch andere Steuern wieder kompensiert worden wären.

In der öffentlichen Diskussion ging es dann munter durcheinander. Unterschiedlichste Zahlen flogen in den einschlägigen Talkshows durch die Räume. Bruttolohn, Nettolohn, Einkommen, zu versteuerndes Einkommen, alles ging gelegentlich ziemlich durcheinander. Nicht immer war klar, worüber die Gäste in den hitzigen Debatten gerade sprachen. Manchmal konnte auch der Eindruck entstehen, sie wussten es selbst nicht so genau.

Insbesondere das Konzept der Grünen geriet unter das Sperrfeuer des Bundes der Steuerzahler und Co. Die »obere Mittelschicht« wurde als Opfer der Steuerpläne ausgemacht. Wo die

Mittelschicht anfängt und wo sie aufhört, ließen die Ankläger offen. Das war aber auch egal. »Steuerkonzept der Grünen trifft Mittelschicht«, titelte *Spiegel Online*, kaum dass deren Wahlprogramm im April 2013 verabschiedet war. »So teuer wird die grüne Steuer für die Mittelschicht«, warnte *Die Welt*, »Die Grünen jonglieren mit dem Geld der Mittelschicht« hieß die Überschrift bei der *FAZ*. Gegen solche Schlagzeilen war schwer anzukommen. Da half es auch nicht, dass das gewerkschaftsnahe Institut für Makroökonomie und Konjunkturforschung beisprang und dezidiert feststellte, dass durch die »Steuerkonzepte der Oppositionsparteien (...) keine Belastung der Mittelschicht zu befürchten« sei. »Mittelschicht« war das Keyword. Sind die Überschriften und Begriffe erst einmal gesetzt, ist es schwer, aus dem einsetzenden Strudel wieder herauszukommen. Von einem »gierigen Robin Hood« konnte man in der Presse lesen, von einem »Sargnagel für die Mittelschicht«, die wahlweise »bluten« musste, »gemolken« oder »in die Zange genommen« wurde. Alles klang auf jeden Fall ziemlich unappetitlich bis ziemlich schmerzhaft – nicht für die Reichen, sondern für die Mittelschicht.

Tatsächlich war die Crux des Grünen-Konzeptes, dass es nicht nur Steuerhöhungen für sehr gut Verdienende vorsah. Aus grün-frauenpolitischer Sicht sollte zugleich das Ehegattensplitting angegangen werden, und auch bei der Bemessung der Beiträge zur Sozialversicherung sollten Veränderungen vorgenommen werden. So war den Grünen die beitragsfreie Mitversicherung von Ehepartnern bei den Krankenkassen ein Dorn im Auge. Sie sollte ganz erheblich eingeschränkt werden. Auch sollten Paare mit sehr ungleichem Einkommen, bei dem also der eine viel, der andere sehr wenig verdient, stärker mit Beiträgen zur Krankenversicherung belastet werden. »Negative Erwerbsanreize für Ehefrauen« wollten die Grünen damit abschaffen, wie sie es in ihrem Wahlprogramm nannten. Die von ihnen kritisierte »Bevorzugung von Alleinverdienerpaaren mit überdurchschnittlichem Haushaltseinkommen« wollten sie damit ebenfalls beenden.

Vom Ehegattensplitting profitieren jedoch in der großen Mehrzahl Paare und Familien, die alles andere als Spitzenverdiener sind. Das völlig überstrapazierte Klischee von der Bridge spielenden Zahnarztgattin trägt nicht weit. Der Splittingeffekt bringt auch Paaren mit durchschnittlichem Einkommen, viele davon mit Kindern, echtes Geld. Das Misstrauen gegen die gesamten Pläne war jedenfalls geweckt, nicht nur gegen die konkreten Pläne der Grünen, sondern gegen jegliche Steuerpläne von Rot, Rot und Grün. Eine klare und einfache Kommunikationsstrategie, die nun nötig gewesen wäre, war nicht zu erkennen. Stattdessen wurde um Details gestritten und gewann man bei vielen Diskussionsrunden den Eindruck, einer Art Oberseminar für Steuerberater zu lauschen.

Aus Gründen der Gerechtigkeit, um die weitere Einkommensspreizung in Deutschland zu bremsen und um schließlich wichtige Einnahmen zu erzielen, müssen die Erhöhung der Spitzensteuersätze und der Tarifverlauf bei der Einkommensteuer genauso auf der Tagesordnung bleiben wie die Vermögensteuer und die Erbschaftsteuer. Nur sollten wir aus den Fehlern der Vergangenheit lernen: Ein Steuerkonzept, das umverteilen will, muss an diesem Punkt völlig klar bleiben. Es darf keine Zweifel daran aufkommen lassen, dass ausschließlich Besserverdienende belastet werden. Zugute kommen die Mehreinnahmen unteren und mittleren Einkommen und schließlich der Allgemeinheit. Wenn Konzept und Botschaft an dieser Stelle nicht völlig eindeutig und unangreifbar sind, ist es schon nicht mehr zu kommunizieren. Dann können auch keine Mehrheiten überzeugt werden. Und das ist nun einmal die Voraussetzung, um in einer Demokratie etwas zum Besseren zu bewegen.

Abgeltungsteuer

Und schließlich ein Wort zur Abgeltungsteuer. Das sind jene 25 Prozent, die auf Kapitalerträge aller Art zu zahlen sind von der Aktiendividende bis zum Sparbuchzins. Es gibt sie seit 2009, und seitdem stellt sie auch ein stetes Ärgernis dar. Mit dem sehr niedrigen und einheitlichen Steuersatz wollte der damalige Finanzministers Peer Steinbrück die Vermögenden dazu bewegen, ihr Geld in Deutschland zu belassen und nicht irgendwohin ins Ausland zu transferieren. Sein Kalauer »Besser 25 Prozent von X als 42 Prozent von nix« war für die einen Ausdruck von politischem Pragmatismus, für die anderen eine Kapitulationserklärung vor Steuerflüchtlingen. Vor allem aber brach die Flatrate mit einigen Prinzipien der Besteuerung in Deutschland.

Auch die Abgeltungsteuer ist eine Einkommensteuer. Und bei der war und ist weitestgehend Konsens, dass jeder nach seiner Leistungsfähigkeit besteuert wird. Wer mehr einnimmt, zahlt auch einen größeren Anteil. Bei der Abgeltungsteuer werden jedoch alle gleich behandelt, wenn die Kapitalerträge einen gewissen Freibetrag übersteigen. Egal, ob ich 2 000 oder 2 Millionen Euro einnehme, der Steuersatz beträgt 25 Prozent. Ganz praktisch ist das ein klares Steuerprivileg für Besserverdienende, die mit ihrem Einkommensteuersatz sonst über 25 Prozent lägen.

Daran schloss sich etwas an, das noch erheblich kritischer diskutiert wurde: dass nämlich Arbeitseinkommen mit bis zu 42 Prozent höher versteuert werden als die leistungsfreien Einkommen aus dem Vermögen. »Wie konnte das eigentlich einer Partei der Sozialdemokratie passieren?«, fragte sich auch Sigmar Gabriel auf *Spiegel Online* unter dicken Krokodilstränen.

Nun ist es in den letzten Jahren immer schwieriger geworden, Kapital still und heimlich auf ausländischen Konten zu halten. Zahlreiche Länder haben für 2017 einen automatischen Informationsaustausch über Steuerangelegenheiten vereinbart. Selbst einschlägig vorbelastete Länder wie die Schweiz, Luxemburg, Liechtenstein und sogar die Kaiman-Inseln und die Britischen Jungferninseln sind dabei. Parteiübergreifend machte sich deshalb die Einsicht breit, dass man die Abgeltungsteuer dann eigentlich auch wieder abschaffen könne. Die Linke wollte es schon immer. Die Grünen wollen es. Schäuble will es, und auch Sigmar Gabriel sieht schon all die offenen Türen, die sich da einrennen lassen: Sollte seine Partei 2017 wieder in die Bundesregierung kommen, müsse »sie die Korrektur dieses Fehlers durchsetzen«, erklärt er.

Schon irgendwie putzig. Blöd nur, dass bei der Niedrigzinspolitik der Europäischen Zentralbank nicht wirklich mit zusätzlichen Einnahmen zu rechnen ist. Für eine gerechtere, solidarische und effektive Steuerpolitik muss schon einiges mehr her als eine wohlfeile Selbstverständlichkeit, die kaum etwas einbringt. Wir brauchen echte Umverteilung, hier und jetzt und nicht irgendwann und irgendwo. Deutschland ist es wert, zusammengehalten zu werden.

Gier hat keinerlei Nutzen – für nichts und niemanden

Ich habe in diesem Buch sehr viele Fakten angeführt, die bele gen, wie sich Deutschland zerlegt. Ich habe erläutert, welch zentrale Rolle der Neoliberalismus in diesem Selbstzerstörungsprozess spielt. Schließlich habe ich eine Reihe von sozialpolitischen Vorschlägen unterbreitet, mit denen Deutschland meines Erachtens geholfen werden könnte, würde man sie nur umsetzen. Ich glaube auch, aufgezeigt zu haben, dass wir es selbst in der Hand haben könnten, wieder in Richtung einer Gesellschaft zu steuern, die für alle gut ist, die allen soziale Sicherheit gibt und nicht nur den Gewinnern unseres andauernden und immer raumgreifenderen Konkurrenzkampfes.

Doch ist es ein dickes und hartes Brett. Es kommt darauf an, den Zusammenhang von Haltung, Einsicht und Veränderung zu begreifen. Es geht um Politik, um gesellschaftliche Verhältnisse und Interessengegensätze. Es geht jedoch wahrscheinlich mehr noch – und das war mir in diesem Buch wichtig zu vermitteln – um unser Menschenbild, unsere Haltung und die Art und Weise, wie wir zu denken gewohnt sind. Es geht um eine neue Aufklärung als Akt der Befreiung aus neoliberalen Fesseln.

Letztlich sind es zwei völlig schlichte, fast schon lapidar wirkende Fragen, die alles entscheiden, wenn wir sie uns nur ehrlich beantworten.

Erstens: Wollen wir ein ständiges Gegeneinander oder lieber ein Miteinander?

Zweitens: Nach welcher Antwort sieht unser Handeln aus?

Denn, um Zygmunt Bauman ein letztes Mal zu bemühen: »Die geschilderte Misere ist letztlich die Folge dessen, dass Konkurrenz und Rivalität – jener Zustand, der aus dem Glauben herrührt, die von Gier getriebene Bereicherung von einigen Wenigen sei der Königsweg zum Wohl der Allgemeinheit – an die Stelle der menschlichen, allzu menschlichen Sehnsucht nach einem Miteinander treten, das auf kameradschaftlicher Zusammenarbeit, Austausch von Gefälligkeiten, Teilen, gegenseitigem Vertrauen, Anerkennung und Respekt basiert. Doch Gier hat keinerlei Nutzen, für nichts und niemanden. Das sollten die meisten von uns – die wir in dieser unserer deregulierten, individualisierten, von Wachstum, Konsum und Konkurrenz besessenen Welt die Kunst des Lebens ausüben – wissen, begreifen und akzeptieren.«[1]

Anmerkungen

Teil 1: Wie sich Deutschland zerlegt

1 berechnet zum Wert von 1948
2 vgl. Ulrich Schneider: *Solidarpakt gegen die Schwachen – Der Rückzug des Staates aus der Sozialpolitik,* München 1993, S. 26 ff.
3 vgl. Ulrich Schneider: *Mehr Mensch – Gegen die Ökonomisierung des Sozialen,* Frankfurt am Main 2014, S. 47 ff.
4 vgl. Ulrich Schneider: *Armes Deutschland – Neue Perspektiven für einen anderen Wohlstand,* Frankfurt am Main 2010, S. 80 ff.
5 Bundesagentur für Arbeit – Statistik/Arbeitsmarktberichterstattung Januar 2016: »Der Arbeitsmarkt in Deutschland – Zeitarbeit – Aktuelle Entwicklungen«, Nürnberg
6 Nur am Rande sei erwähnt, dass Clement nicht nur den Boden für diese Entwicklung bereitet hatte, sondern sich ein Jahr nach Beendigung der rot-grünen Koalition als Aufsichtsrat einer Zeitarbeitsfirma durchaus auch an der Ernte beteiligte. Es handelte sich um das fünftgrößte deutsche Zeitarbeitsunternehmen Deutschlands, *DIS Deutscher Industrie Service.*
7 eigene Berechnungen nach Daten des Statistischen Bundesamtes: https://www.destatis.de/DE/ZahlenFakten/GesamtwirtschaftUmwelt/Arbeitsmarkt/Erwerbstaetigkeit/TabellenArbeitskraefteerhebung/AtypKernerwerbErwerbsformZR.html (Abruf Juli 2016)
8 Thorsten Kalina und Claudia Weinkopf: »Weitere Zunahme der Niedriglohnbeschäftigung: 2006 bereits rund 6,5 Millionen Beschäftigte betroffen«, *IAQ-Report* 2008-01, S. 5; Thorsten Kalina und Claudia Weinkopf: »Niedriglohnbeschäftigung 2013: Stagnation auf hohem Niveau«, in: *IAQ-Report,* Aktuelle Forschungsergebnisse aus dem Institut Arbeit und Qualifikation, Universität Duisburg 03/2015
9 1998 war mit 10,5 Prozent eine Tiefststand markiert.
10 vgl. Markus M. Grabka/Jan Goebel: »Rückgang der Einkommensungleichheit stockt«, in: *DIW Wochenbericht* 46/2013; vgl. http://www.amtliche-sozialberichterstattung.de/A1armutsgefaehrdungsquoten.html (Abruf 09/2016)

11 Während bei der Errechnung des »durchschnittlichen Einkommens« (arithmetisches Mittel) alle Haushaltseinkommen addiert und durch die Anzahl der Haushalte geteilt werden, werden beim »mittleren Einkommen« (Median) alle Haushalte nach ihrem Einkommen der Reihe nach geordnet, wobei das Einkommen des Haushaltes in der Mitte der Reihe den Mittelwert ergibt. Haben wir beispielsweise fünf Haushalte mit Einkommen von 700 Euro, 1 300 Euro, 1 900 Euro, 6 500 Euro und 9 000 Euro, hätten sie im Durchschnitt 700 + 1 300 + 1 900 + 6 500 + 9 000 = 19 400 : 5 = 3 880 Euro. Der mittlere Wert wären jedoch die 1 900 Euro. Eine kritische Auseinandersetzung mit der Verwendung der verschiedenen Mittelwerte bei der Errechnung von Armutsquoten findet sich in Ulrich Schneider: »Armut kann man nicht skandalisieren, Armut ist der Skandal – Vom Kampf um die Deutungshoheit über den Armutsbegriff«, in: Ulrich Schneider: *Kampf um die Armut – von echten Nöten und neoliberalen Mythen*, Frankfurt am Main 2015, S. 18 f.

12 vgl. http://www.amtliche-sozialberichterstattung.de/A2armutsgefaehr dungsschwellen.html (Abruf 09/2016); zur genauen Berechnungsweise s. Schneider U./ G. Stilling/ Ch. Woltering: »Zur regionalen Entwicklung der Armut – Ergebnisse nach dem Mikrozensus 2014«, in: Der Paritätische Gesamtverband (Hg.): *Zeit zu handeln. Bericht zur Armutsentwicklung in Deutschland 2016*, Berlin 2016, S. 9 ff.

13 Der US-amerikanische Sozialpsychologe Leon Festinger erforschte als Erster diesen psychischen Mechanismus, den er bereits 1957 in seiner »Theorie der kognitiven Dissonanz« beschrieb und begründete. Seitdem wurden seine Thesen in einer Vielzahl von Experimenten bestätigt und weiterentwickelt.

14 vgl. Paula Protsch: »Höhere Anforderungen in der beruflichen Erstausbildung?«, in: *WSI-Mitteilungen* 1/2013, S. 15 ff.

15 vgl. auch Marcel Fratzscher: *Verteilungskampf – Warum Deutschland immer ungleicher wird*, München 2016, S. 65 ff.

16 vgl. Markus M. Grabka/Jan Goebel: »Rückgang der Einkommensungleichheit stockt«, in: *DIW Wochenbericht* 46/2013, S. 21 f.

17 Daten nach Bundesagentur für Arbeit (Abruf Juli 2016); https://statis tik.arbeitsagentur.de/nn_1021936/SiteGlobals/Forms/Rubrikensu che/Rubrikensuche_Form.html?view=processForm&resourceId= 210368&input_=&pageLocale=de&topicId=1023402&year_month= 201512&year_month.GROUP=1&search=Suchen

18 vgl. Katrin Hohmeyer und Torsten Lietzmann (Hg.): »Langzeitleistungsbezug und -arbeitslosigkeit: Struktur, Entwicklung und Wirkung arbeitsmarktpolitischer Maßnahmen«, Institut für Arbeitsmarkt- und Berufsforschung (IAB), *Aktuelle Berichte* 08/2016

19 Lena Koller/Helmut Rudolph: »Arbeitsaufnahmen von SGB-II-Leistungsempfängern – Viele Jobs von kurzer Dauer«, in: *IAB-Kurzbericht* 14/2011

20 Rheinisch-Westfälisches Institut für Wirtschaftsforschung im Auftrag der Bertelsmann Stiftung: *Durchlässiger Arbeitsmarkt durch Zeitarbeit?*, Gütersloh 2012

21 Massimo Bognanni: »Lohndumping mit Zeitarbeit – Das Prinzip Schlecker«, *Stern*, 16.1.2010; http://www.stern.de/wirtschaft/news/lohndumping-mit-zeitarbeit-das-prinzip-schlecker-3332678.html (Abruf 7/2016)

22 Bundesagentur für Arbeit, Statistik/Arbeitsmarktberichterstattung: »Der Arbeitsmarkt in Deutschland – Zeitarbeit – Aktuelle Entwicklungen«, Januar 2016

23 Nach einer Erhebung des Instituts für Arbeitsmarkt- und Berufsforschung aus dem Jahre 2014 waren es 2011 gerade einmal 27 Prozent der Leiharbeiter, die neun Monate und länger in demselben Betrieb eingesetzt waren; siehe Peter Haller und Elke J. Jahn: »Zeitarbeit in Deutschland – Hohe Dynamik und kurze Beschäftigungsdauern«, in: *IAB-Kurzbericht* 13/2014

24 vgl. Mario Bosler: »Auswirkungen des Mindestlohns im Jahr 2015«, in: *IAB Aktuelle Berichte* 01/2016

25 nach Daten des Statistischen Bundesamtes, http://www.amtliche-sozialberichterstattung.de/A1armutsgefaehrdungsquoten.html (Abruf 09/2016)

26 nach Daten des Statistischen Bundesamtes, http://www.amtliche-sozialberichterstattung.de/A1armutsgefaehrdungsquoten.html (Abruf 09/2016)

27 eigene Berechnungen nach Angaben des Statistischen Bundesamtes. Zur Berechnungsweise siehe Ulrich Schneider/Gwendolyn Stilling/Christian Woltering: »Zur regionalen Entwicklung der Armut – Ergebnisse nach dem Mikrozensus 2014«, in: Der Paritätische Gesamtverband (Hg.): *Zeit zu handeln. Bericht zur Armutsentwicklung in Deutschland 2016*, Berlin 2016, S. 9 ff.

28 vgl. Bundesagentur für Arbeit – Statistik: *Statistik der Grundsicherung für Arbeitsuchende nach dem SGB II – Kinder in Bedarfsgemeinschaften*, Nürnberg 2016

29 Bundesagentur für Arbeit – Statistik: *Arbeitsmarkt in Zahlen: Statistik der Grundsicherung für Arbeitsuchende* – »Strukturen der Arbeitslosigkeit und Hilfebedürftigkeit von Alleinerziehenden«, März 2016

30 vgl. Bundesagentur für Arbeit: *Statistik der Grundsicherung für Arbeitslose nach dem SGB II – Report für Kreise und kreisfreie Städte. Gelsenkirchen Stadt und Bremerhaven*, Dezember 2015, erstellt 04/2016

31 nach Daten des Statistischen Bundesamtes, http://www.amtliche-sozialberichterstattung.de/A1armutsgefaehrdungsquoten.html (Abruf 09/2016)

32 vgl. Statistisches Bundesamt, https://www.destatis.de/DE/ZahlenFakten/GesellschaftStaat/BildungForschungKultur/Bildungsstand/Tabellen/Bildungsabschluss.html (Abruf 07/2016)

33 vgl. Tina Hofmann: »Arbeitslosigkeit macht arm«, in: Der Paritätische Gesamtverband (Hg.): *Zeit zu handeln. Bericht zur Armutsentwicklung in Deutschland 2016,* Berlin 2016, S. 45 ff.

34 Stattdessen verließen fast 6 Prozent unserer Jugendlichen, das waren 47 000, auch 2014 unsere Schulen wieder ohne Abschluss, wurden ohne echte Chance auf einen Arbeitsmarkt geschickt, der sie gar nicht will; vgl. Caritas-Studie: *Bildungschancen 2016. Schulabgänger ohne Abschluss*; https://www.caritas.de/fuerprofis/fachthemen/kinderundjugend liche/bildungschancen/zahl-der-schulabgaenger-ohne-abschluss-s (Abruf 07/2016)

35 Von 272 000 Maßnahmeplätzen der Bundesagentur sind heute gerade noch 180 750 übrig. Auch bei der beruflichen Weiterbildung rauschten Platzzahlen von damals 264 000 auf 166 000 runter.

36 vgl. Ulrich Schneider: »Wir haben nur noch etwa 10 Jahre Zeit – Zunehmende Altersarmut zwingt zu sofortigen Reformen bei der Altersgrundsicherung«, in: *Soziale Sicherheit* 11/2013, S. 372–378; Rudolf Martens: »Vorausberechnung regionaler Altersarmut: Zunahme in Ballungsräumen und in Ostdeutschland«, in: DIW (Hg.): *Vierteljahreshefte zur Wirtschaftsforschung*, Heft 2/2014, S. 95 ff.

37 Doch sind es auch heute schon 15 Prozent der Männer und 50 Prozent der Frauen in Westdeutschland, die nicht einmal mehr als dreißig Versicherungsjahre aufweisen. Im Osten sieht es zwar noch erheblich günstiger aus, doch wird der Osten diese Entwicklung vor dem Hintergrund der sehr hohen Arbeitslosigkeit nach der Wende relativ rasch »nachholen«. Vgl. dazu Hanna Haupt 2011: *Rentenentwicklung und Altersarmut – Probleme und Tendenzen*, Studie im Auftrag der Volkssolidarität Bundesverband e.V., Sozialwissenschaftliches Forschungszentrum Berlin/ Brandenburg, März 2011

38 vgl. Joachim Rock: »Armut im Alter und bei Erwerbsminderung«, in: Paritätischer Gesamtverband (Hg.): *Zeit zu handeln. Bericht zur Armutsentwicklung in Deutschland 2016*, Berlin 2016, S. 50

39 vgl. Bundesministerium für Arbeit und Soziales: »Ergänzender Bericht der Bundesregierung zum Rentenversicherungsbericht 2016 gemäß § 154 Abs. 2 SGB VI« (Alterssicherungsbericht 2016), unv. Man. Stand: November 2016, S. 103

40 Da von der Leyen außer Acht ließ, dass bis 2030 das Sozialhilfeniveau ebenfalls deutlich ansteigen dürfte, und da sie das Niveau aus 2012 von 688 Euro einfach mal bis 2030 konstant fortschrieb, dürfte die ganze Rechnung eher noch zu freundlich ausgefallen sein und die Wahrheit noch deutlich dramatischer aussehen; vgl. Ulrich Schneider: »Wir haben nur noch etwa 10 Jahre Zeit – Zunehmende Altersarmut zwingt zu sofortigen Reformen bei der Altersgrundsicherung«, in: *Soziale Sicherheit* 11/2013, S. 372–378

41 Man kann davon ausgehen, dass von den rund drei Millionen altersarmen Rentnern etwa 500 000 von Altersgrundsicherung leben und dass

rund zweieinhalb Millionen mit ihrem Einkommen nur knapp darüber liegen oder aber zu denjenigen gehören, die zwar einen Anspruch auf staatliche Fürsorge hätten, ihn aber aus unterschiedlichen Gründen nicht geltend machen. Irene Becker kommt in ihren Berechnungen, die sich aus methodischen Gründen allerdings auf das Jahr 2007 beziehen, auf eine Dunkelzifferquote von 68 Prozent. Das heißt, von einer Million älterer Menschen, denen diese Leistung in 2007 zugestanden hätte, nahmen sie nur 336 000 in Anspruch; vgl. Irene Becker: »Finanzielle Mindestsicherung und Bedürftigkeit im Alter«, in: *Zeitschrift für Sozialreform* 2/2012

42 vgl. Bundesministerium für Arbeit und Soziales: »Ergänzender Bericht der Bundesregierung zum Rentenversicherungsbericht 2016 gemäß § 154 Abs. 2 SGB VI (Alterssicherungsbericht 2016)«, unv. Man. Stand: November 2016, Tabelle BC.56

43 2005 betrug die Gesamtarmutsquote in Deutschland 14,7 Prozent, die der Rentner und Pensionäre dagegen nur 10,7 Prozent. Im Jahr 2014 waren es für die Gesamtbevölkerung 15,4 und für die Rentner und Pensionäre 15,6 Prozent.

44 Paritätischer Wohlfahrtsverband. »Die zerklüftete Republik – Bericht zur regionalen Armutsentwicklung in Deutschland 2014« Berlin 2015

45 Damals war noch Vorpommern die Gegend mit den meisten Armen in Deutschland. Erst seit 2011 bildet Bremerhaven das traurige Schlusslicht.

46 vgl. Guido Böhsem: »Armut falsch berechnet«, *Süddeutsche Zeitung* v. 21. 2.2015

47 vgl. Ulrich Schneider/Gwendolyn Stilling/Christian Woltering: »Zur regionalen Entwicklung der Armut – Ergebnisse nach dem Mikrozensus 2014«, in: Der Paritätische Gesamtverband (Hg.): *Zeit zu handeln. Bericht zur Armutsentwicklung in Deutschland 2016*, Berlin 2016, S. 21/109 ff.

48 vgl. Ulrich Schneider/Gwendolyn Stilling/Christian Woltering: »Zur regionalen Entwicklung der Armut – Ergebnisse nach dem Mikrozensus 2014«, in: Der Paritätische Gesamtverband (Hg.): *Zeit zu handeln. Bericht zur Armutsentwicklung in Deutschland 2016*, Berlin 2016, S. 13 f.

49 vgl. dazu: Ulrich Schneider: *Armes Deutschland – Neue Perspektiven für einen anderen Wohlstand*, Frankfurt am Main 2010, S. 18 ff.

50 vgl. Georg Cremer: »Die tief zerklüftete Republik«, *FAZ* v. 27.4.2015

51 Klaus Reinhard: »Wer hat, dem wird gegeben … Zur Sozialpolitik der Rechtskoalition«, in: *Blätter für deutsche und internationale Politik* 1983, S. 951 ff.

52 vgl. Hartmut Tofaute: »Gesamtwirtschaftliche Entwicklungslinien der Steuerpolitik aus verteilungspolitischer Sicht«, in: *WSI-Mitteilungen* 12/1986, S. 768

53 vgl. Reinhard Bispinck: »Flüssige Arbeitskräfte – überflüssige Gewerkschaften«, in: *Blätter für deutsche und internationale Politik* 1985, S. 74 ff.

54 Die Gesundheitsreform von 1988 unter Norbert Blüm brachte erstmalig auf breiterer Front Zuzahlungen für die Patienten.

55 Es handelte sich um die sogenannte große Rentenreform, die Umstellung von der bruttolohnbezogenen auf die nettolohnbezogene Rente. Das heißt, der Rentenanstieg sollte künftig nicht mehr der Bruttolohnentwicklung, sondern der erheblich niedrigeren Nettolohnentwicklung folgen.

56 vgl. Bundesministerium für Arbeit und Soziales: »Sozialbudget 2015«, Berlin 2016, S. 8

57 Je nach Berechnungsweise von 23,8 auf 21,6 Prozent (nach volkswirtschaftlicher Gesamtrechnung) oder von 23,7 auf 22,2 Prozent, Finanzstatistik); vgl. Bundesministerium der Finanzen: Monatsbericht 21.7.2016, »Entwicklung der Steuer- und Abgabenquote«; http://www.bundesfinanzministerium.de/Content/DE/Monatsberich te/2016/07/Inhalte/Kapitel-6-Statistiken/6-1-11-entwicklung-der-steuer-und-abgabenquoten.html;jsessionid=60CEF9AA54245D315C4 3FBB1EBEBCD68 (Abruf 08/2016)

58 vgl. Ernst-Ulrich Huster: »Schroffe Segmentierung in Ost und West. Die doppelt gespaltene Entwicklung in Deutschland«, in: Rudolf Hickel u. a. (Hg.): *Umverteilen – Schritte zur sozialen und wirtschaftlichen Einheit Deutschlands*, Köln 1993, S. 32 ff.

59 Eigene Berechnungen nach Daten des Statistischen Bundesamtes: »Inlandsproduktberechnung. Lange Reihen ab 1970«, erschienen am 2.6.2016; Stand: Mai 2016

60 vgl. Bundesministerium für Arbeit und Sozialordnung (Hg.): »Lebenslagen in Deutschland. Daten und Fakten«, Materialband zum ersten Armuts- und Reichtumsbericht der Bundesregierung, S. 49. Es handelt sich um Quotenberechnungen auf Grundlage der Einkommens- und Verbrauchsstichprobe des Statistischen Bundesamtes.

61 Eigentlich sei schon alles auf einem gar nicht so schlechten Weg, entschuldigte der Sachverständigenrat zur Begutachtung der wirtschaftlichen Entwicklung – unsere neoliberale Hohepriesterschaft sozusagen – in seinem Herbstgutachten 1989 prompt die Misere, das Problem sei jedoch, dass sich für viele Arbeitslose Arbeit einfach nicht lohne. Die Sozialabgaben seien zu hoch, aber auch Arbeitslosengeld und Sozialhilfe selbst. Im Wortlaut: »Namentlich für Arbeitslose mit geringer Qualifikation stellt sich daher häufig die Frage, ob es für sie überhaupt noch sinnvoll ist, sich um einen Arbeitsplatz zu bemühen; denn unter bestimmten Voraussetzungen verdienen sie in einem regulären Beschäftigungsverhältnis netto kaum mehr als beim gelegentlichen ›Jobben‹. (…) In unserem Umverteilungssystem sind also zumindest einige Signale falsch gestellt: denn für die Bürger ist es in bestimmten Situationen rational, ihre Lage nicht durch eigene Anstrengungen zu verbessern, sondern stattdessen Sozialleistungen in Anspruch zu nehmen.« Vgl. »Jahresgutachten 1989/90 des Sachverständigenrates zur Begutach-

tung der gesamtwirtschaftlichen Entwicklung«, Deutscher Bundestag, Drucksache 11/5786 v. 23.11.1989, S. 157, Ziff. 328/329

62 u.a. weitere Zuzahlungen für die Patienten, insbesondere beim Zahnersatz. Bei Brillengestellen entfiel die Kostenübernahme ganz. Das Krankengeld wurde abgesenkt.

63 Das Entlastungsvolumen sollte 30 Milliarden DM im ersten Jahr und in den folgenden Jahren jeweils rund 50 Milliarden DM betragen.

64 vgl. Bundesministerium der Finanzen: »Entwicklung der Steuer- und Abgabenquote«, Monatsbericht, 21.7.2016; http://www.bundesfinanz ministerium.de/Content/DE/Monatsberichte/2016/07/Inhalte/Kapi tel-6-Statistiken/6-1-11-entwicklung-der-steuer-und-abgabequoten. html;jsessionid=60CEF9AA54245D315C43FBB1EBEBCD68 (Abruf 08/2016)

65 exakt 15,9 Prozent zwischen 1991 und 1999; eigene Berechnungen auf Grundlage von Daten des Bundesamtes für Statistik 2016

66 Nach einem Anstieg der Armutsquote in den ersten Jahren der Vereinigung (zwischen 1990 und 1994 von 11 auf 12 Prozent) ging sie bis 1996 wieder zurück (auf 10,5 Prozent), zeigte ab 1997 aber wieder steil nach oben; vgl. Markus M. Grabka/Jan Goebel: »Rückgang der Einkommensungleichheit stockt«, in: *DIW-Wochenbericht* Nr. 46/2013, S. 20. Es handelt sich bei diesen Angaben um Daten des Sozio-oekonomischen Panels.

67 vgl. Thomas Haustein u. a. 2003: »Ergebnisse der Sozialhilfe- und Asylbewerberleistungsstatistik 2001«, in: Statistisches Bundesamt (Hg.): *Wirtschaft und Statistik* 3/2003, S. 237 ff.

68 Zuvor lag der Steuersatz bei 40 Prozent für nicht ausgeschüttete Gewinne, die in der Firma verblieben, und bei 30 Prozent für an die Eigentümer ausgeschüttete Gewinne. Die der Schröder-Regierung folgende große Koalition senkte den Satz mit ihrer Unternehmenssteuerreform 2008 sogar auf 15 Prozent, was die Unternehmen noch einmal um 5 Milliarden Euro entlastete.

69 vgl. Achim Truger, Dieter Teichmann: »IMK-Steuerschätzung 2010–2014 – Kein Spielraum für Steuersenkungen«, in: *IMK-Report* 49/2010

70 Man muss fairerweise darauf hinweisen, dass zwischen den Programmen eine Bundestagswahl und ein Regierungswechsel von Schwarz-Rot zu Schwarz-Gelb lagen. Mövenpick und Sessellifte waren insbesondere Herzensanliegen von FDP und CSU.

71 vgl. im Einzelnen Rudolf Martens: »Unter unseren Verhältnissen II … Atlas der Sozialkürzungen der Bundesregierung«, Paritätischer Gesamtverband, Berlin 2010

72 exakt 20,35 Prozent zwischen 1998 und 2015, vgl. Bundesamt für Statistik 2016

73 vgl. Bundesministerium für Arbeit und Soziales: »Sozialbudget 2015«, Berlin 2016, S. 8; die regierungsoffizielle Darstellung der Sozialleistungsquote weist für 2014 29 Prozent aus. Das hängt jedoch damit zu-

sammen, dass seit 2010 auch die Aufwendungen der privaten Kranken-versicherung in die Sozialbudgetberechnungen einfließen, was auskorrigiert jedoch keine Vergleichbarkeit mit den Daten vor 2010 er-möglicht. Ohne die private Krankenversicherung betrug das Sozialbud-get 2014 nicht 850, sondern nur 828 Millionen Euro, die Sozialleis-tungsquote betrug entsprechend nicht 29,1, sondern 28,4 Prozent. Quelle sind eigene Berechnungen.

74 Nach Daten des DIW waren es 2012 ebenfalls 14,4 Prozent. Vgl. »Ein-kommensungleichheit verharrt auf hohem Niveau«, Interview mit Mar-kus M. Grabka, in: *DIW-Wochenbericht* Nr. 25/2015, S. 587

75 vgl. Marcel Fratzscher: *Verteilungskampf – Warum Deutschland immer ungleicher wird,* München 2016, S. 9

76 vgl. Ulrich Schneider: *Armes Deutschland – Neue Perspektiven für einen anderen Wohlstand,* Frankfurt am Main 2010, S. 110 ff.

77 Ganz praktisch geht es dabei natürlich wiederum um ein sehr komple-xes und schwer zu durchschauendes Geflecht von Parteien, Lobbyisten, Arbeitgeberverbänden, Konzernen, Gewerkschaften, Sachverständi-gen, Medien und zivilgesellschaftlichen Gruppierungen von der örtli-chen Bürgerinitiative bis zu weltweit agierenden Umwelt- oder Men-schenrechtsorganisationen.

78 Ob die Altersgrundsicherung Erfolge zeitigte, vermag keiner so genau sagen. Die wenigen empirischen Arbeiten, die wir zur Dunkelziffer bei der Grundsicherung haben, sprechen eher dagegen. Vgl. Irene Becker: »Finanzielle Mindestsicherung und Bedürftigkeit im Alter«, in: *Zeit-schrift für Sozialreform* 2/2012

79 Zwischen 16 500 Euro und 26 520 Euro, je nachdem, wie viele Kinder man hatte und ob man in einem Paarhaushalt lebte oder alleinerzie-hend war.

80 Geradezu ulkig, wenn es nicht so bitter wäre, wie man versuchte, dem Vorwurf der Kaltherzigkeit und Ungerechtigkeit entgegenzutreten. Nicht nur Hartz-IV-Bezieher sollten ab 2011 nichts mehr von dem El-terngeld haben, auch Ehepaare mit einem Jahreseinkommen von 500 000 Euro und mehr sollten künftig keine Leistung mehr bekommen. Mit anderen Worten: Hartz-IV-Beziehern glaubte man durchaus zumu-ten zu können, auf diese Leistung zu verzichten, nicht jedoch Ehepaa-ren mit 300 000 oder 400 000 Euro Jahreseinkommen. Ich dachte da-mals wirklich, mich tritt das sprichwörtliche Pferd.

81 vgl. Bundesministerium für Familie, Senioren, Frauen und Jugend: »Ge-setzliche Grundlagen für den Ausbau der Kinderbetreuung«, 17.12.2014; http://www.bmfsfj.de/BMFSFJ/kinder-und-jugend,did=118992.html (Abruf 08/2016)

82 vgl. Pestel-Institut: »Kurzstudie. Modellrechnungen zu den langfristi-gen Kosten und Einsparungen eines Neustarts des sozialen Wohnungs-baus sowie Einschätzung des aktuellen und mittelfristigen Wohnungs-bedarfs«, November 2015

83 vgl. Marcel Fratzscher: *Verteilungskampf – Warum Deutschland immer ungleicher wird*, München 2016

84 Natürlich war der Zuwachs in manchen Jahren höher, in manchen niedriger. Gerade die Einkommen aus Unternehmenstätigkeit und Vermögen gerieten in Krisenjahren immer mal wieder ins Straucheln. Allerdings erholten sie sich auch immer wieder sehr schnell. Aber gerade deshalb ist der Blick auf die langfristigen Trends so wichtig, um Klarheit darüber zu gewinnen, was in Deutschland in den letzten Jahrzehnten an Umverteilung passiert ist und noch passiert.

85 eigene Berechnungen nach Daten des Statistischen Bundesamtes 2016, a.a.O.

86 vgl. hierzu auch Marcel Fratzscher: *Verteilungskampf – Warum Deutschland immer ungleicher wird*, München 2016, S. 53

87 vgl. Jan Goebel/Markus M. Grabka/Christian Schröder: »Einkommensungleichheit in Deutschland bleibt weiterhin hoch – junge Alleinlebende und Berufseinsteiger sind zunehmend von Armut bedroht«, in: *DIW Wochenbericht* 25/2015, S. 572; Marcel Fratzscher: *Verteilungskampf – Warum Deutschland immer ungleicher wird*, München 2016, S. 54; eine interessante Zahl lieferte im letzten Sommer in diesem Zusammenhang auch die *Welt am Sonntag*, die Berechnungen ganz besonderer Art beim Statistischen Bundesamt in Auftrag gegeben hatte. 624 000 Personen leben demnach in Deutschland allein von ihrem Privatvermögen. Bei achtzig Millionen Einwohnern, die wir haben, sind das eigentlich gar nicht so viele, könnte man meinen, nicht einmal 1 Prozent. Aber: 2010 waren es erst 426 000 und 2000 gerade einmal 345 000. Ein rasanter Anstieg also. Die Welt der Rentiers und Couponschneider, die ihr Geld – sprich andere – für sich arbeiten lassen, scheint zurückzukehren, mutmaßt *Welt*: »Trotz Niedrigzinsen: Immer mehr Reiche müssen nicht mehr arbeiten«, Olaf Gersemann, *Die Welt* v. 19.7.2016; http://www.welt.de/finanzen/article157095047/Immer-mehr-Reiche-muessen-nicht-mehr-arbeiten.html (Abruf 08/2016)

88 vgl. Marcel Fratzscher: *Verteilungskampf – Warum Deutschland immer ungleicher wird*, München 2016, S. 53

89 vgl. Marcel Fratzscher, a.a.O,. S. 56

90 vgl. Marcel Fratzscher, a.a.O., S. 57

91 Die These Fratzschers, dass die Diskrepanz an der gesetzlichen Überregulierung des Dienstleistungssektors gegenüber den exportorientierten Branchen liegt, kann ich dagegen nicht teilen.

92 vgl. Jan Goebel/Markus M. Grabka/Christian Schröder: »Einkommensungleichheit in Deutschland bleibt weiterhin hoch – junge Alleinlebende und Berufseinsteiger sind zunehmend von Armut bedroht«, in: *DIW Wochenbericht* 25/2015, S. 577

93 vgl. Marcel Fratzscher: *Verteilungskampf – Warum Deutschland immer ungleicher wird,* München 2016, S. 60 ff.

94 vgl. ebd.

95 »Neue Zahlen zu Topverdienern in Deutschland – Ungleichheit bei den Einkommen größer als bislang bekannt«, Pressemeldung der ARD-Redaktion »Monitor« vom 14.7.2016; http://www1.wdr.de/daserste/mo nitor/extras/arm-und-reich-104.html (Abruf 08/2016)

96 vgl. Charlotte Bartels, Carsten Schröder 2016: »Die Entwicklung von Top-Einkommen in Deutschland seit 2001«, in: *DIW-Wochenbericht* 1/2016, S. 3 ff.

97 vgl. Statistisches Bundesamt: »Volkswirtschaftliche Gesamtrechnungen – Inlandsproduktberechnung«, Lange Reihen ab 1970, Fachserie 18, Reihe 1.5, Wiesbaden 2016, S. 36

98 vgl. Marcel Fratzscher: Verteilungskampf – Warum Deutschland immer ungleicher wird. München 2016 S. 44

99 vgl. Markus Grabka/Christian Westermeier: »Große statistische Unsicherheit beim Anteil der Top-Vermögenden in Deutschland«, in: *DIW-Wochenbericht* 7/2015, S. 123 ff.

100 vgl. Creditreform: *Schuldneratlas Deutschland. Überschuldung von Verbrauchern,* Neuss 2016

101 Bei der sogenannten »Gemeinschaftsdiagnose der führenden Wirtschaftsforschungsinstitute« sieht es kein bisschen besser aus. Es ist eine ziemlich ähnliche Veranstaltung wie die des Sachverständigenrates, nur nicht mit der gleichen Reputation und Strahlkraft.

102 s. Ulrich Schneider: *Mehr Mensch – Gegen die Ökonomisierung des Sozialen*, Frankfurt am Main 2015, S. 59 ff.: »Neue Hohepriester und glücklose Tippgemeinschaften«

103 Auch im Aufschwung hat der Staat laut Keynes eine Korrektivfunktion. Führt der Aufschwung nämlich zu überbordenden Preissteigerungen und zu Inflation, hat er die Konsumenten und Investoren knapp zu halten, wenn nicht sogar steuerlich mehr zu belasten. Die staatliche Kreditaufnahme wird eingeschränkt, und Teile der steuerlichen Einnahmen werden erst einmal nicht verausgabt, um erst im Bedarfsfall wieder eingesetzt zu werden. Der Staat hat sich nach Keynes also immer antizyklisch zu verhalten, dem allgemeinen Konjunkturverlauf entgegengesetzt. Im Boom, wenn inflationäre Tendenzen zu erwarten sind, wird die Nachfrage gedrosselt – und umgekehrt.

104 vgl. Michael Ernst-Pörksen: »Zurück zu Keynes oder über Keynes hinaus?«, in: *Blätter für deutsche und internationale Politik* 1984, S. 102 ff.

105 Zum Scheitern des Keynesianismus in den 1970er Jahren siehe auch die sehr präzise Studie von Klaus Schröder: »Der Weg in die Stagnation. Eine empirische Studie zur Konjunkturentwicklung und Konjunkturpolitik 1967–1982«, Opladen

106 vgl. Stefan Sell: »Das ist keine Armut, sondern ›nur‹ Ungleichheit? Plädoyer für eine ›erweiterte Armutsforschung‹ durch eine explizit ökonomische Kritik der Ungleichheit«, in: Ulrich Schneider (Hg.): *Kampf um die Armut. Von echten Nöten und neoliberalen Mythen*, Frankfurt am Main, S. 100

107 s. http://www.alternative-wirtschaftspolitik.de/ (Abruf 08/2016)

108 vgl. die aufgeführten Veröffentlichungen auf der Website des IMK: http://www.boeckler.de/index_imk.htm

109 vgl. Stefan Sell: »Das ist keine Armut, sondern ›nur‹ Ungleichheit? Plädoyer für eine ›erweiterte Armutsforschung‹ durch eine explizit ökonomische Kritik der Ungleichheit«, in: Ulrich Schneider (Hg.): *Kampf um die Armut – von echten Nöten und neoliberalen Mythen,* Frankfurt am Main 2015, S. 104

110 Jonathan D. Ostry/Andrew Berg/Charalambos Tsangarides: «Redistribution, Inequality, and Growth«, IMF Staff discussion Note, February 2014

111 Federico Cingano: «Trends in income inequality and its impact on Economic growth«, OECD SEM Working Paper 163, 2014

112 https://www.oecd.org/berlin/presse/einkommensungleichheit-beein traechtigt-wirtschaftswachstum.htm (Abruf 08/2016); die gesamte Studie erschien dann im Mai 2015: »In it together. Why Less Inequality benefits All«, Paris 2015

113 Pressemitteilung der OECD vom 9.12.2014; https://www.oecd.org/berlin/presse/einkommensungleichheit-beeintraechtigt-wirtschafts wachstum.htm (Abruf 08/2016); die Gesamte Studie erschien dann im Mai 2015: »In it together. Why Less Inequality benefits All«, Paris 2015

114 s. die »Ländernotiz Deutschland« für die OECD-Studie 2015, zu finden unter http://www.oecd.org/berlin/publikationen/in-it-together.htm (Abruf 08/2016)

115 Galina Kolev, Judith Niehues: »Ist Ungleichheit schlecht für das Wirtschaftswachstum? Eine Neubewertung des Zusammenhangs für Deutschland«, IW-Report 14/2016

116 Die Verleger- und Zeitungslobby und die Landwirtschaft hatten es dann tatsächlich geschafft, Branchenausnahmen für Erntehelfer und Zeitungsboten zu erkämpfen. Die armen Zeitungsboten müssen nun bis zum Jahreswechsel 2017/2018 warten, bis sie endlich auch wenigstens den Mindestlohn bekommen. Begründet wurde diese verlängerte Ausbeutung tatsächlich mit dem Argument, dass andernfalls die Pressefreiheit in Gefahr geriete. Vgl. *Tagesspiegel* v. 26.4.2014: »Mindestlohn – Koalition einigt sich bei Ausnahmen«; http://www.tagesspiegel.de/politik/mindestlohn-koalition-einigt-sich-bei-ausnahmen/10119342.html

117 »Regionale und qualifikationsspezifische Auswirkungen des Mindestlohns. Folgenabschätzung und Korrekturbedarf«, von Prof. Dr. Andreas Knabe, Otto-von-Guericke-Universität Magdeburg und CESifo, Prof. Dr. Ronnie Schöb, Freie Universität Berlin, CESifo und Ifo Dresden; Gutachten im Auftrag der Initiative Neue Soziale Marktwirtschaft Berlin, 15. Dezember 2014; http://www.insm.de/insm/kampagne/chan cen-fuer-alle/studie-prof-schoeb-prof-knabe-mindestlohn.html (Abruf 08/2016)

118 So die »führenden Forschungsinstitute« mehrheitlich in ihrem Frühjahrsgutachten 2014, s. »Der Mindestlohn vernichtet Jobs. Oder doch nicht?«, in: *Die Welt* v. 10.4.2014; http://www.welt.de/wirtschaft/arti cle126803438/Der-Mindestlohn-vernichtet-Jobs-Oder-doch-nicht.html (Abruf 08/2016)

119 s. *Die Welt* vom 6.4.2014: »Mindestlohn gefährdet bis zu 900 000 Arbeitsplätze«; http://www.welt.de/wirtschaft/article126620988/Mindest lohn-gefaehrdet-bis-zu-900-000-Arbeitsplaetze.html (Abruf 08/2016)

120 Daten nach Bundesagentur für Arbeit – Statistik: »Arbeitsmarkt in Zahlen. Sozialversicherungspflichtige und geringfügig Beschäftigte nach ausgewählten Merkmalen«, Deutschland, Zeitreihen, Juni 2016

121 »Mindestlohn soll wegen Flüchtlingen ausgesetzt werden«, von Olaf Gersemann, *Die Welt* vom 27.12.2015; http://www.welt.de/wirtschaft/ article150339355/Mindestlohn-soll-wegen-Fluechtlingen-ausgesetzt-werden.html (Abruf 08/2016)

122 vgl. Mindestlohnkommission: »Erster Bericht zu den Auswirkungen gesetzlichen Mindestlohns«, Bericht der Mindestlohnkommission an die Bundesregierung nach Abs. 4 Mindestlohngesetz, Berlin 2016, S. 80 f.

Teil 2: **Warum wir es zulassen**

1 vgl. Charlotte Bartels, Carsten Schröder: »Zur Entwicklung von Top-Einkommen in Deutschland seit 2001«, in: *DIW-Wochenbericht* 1/2016, S. 3 ff.

2 vgl. dazu ausführlicher Ulrich Schneider: *Mehr Mensch – Gegen die Ökonomisierung des Sozialen*, Frankfurt 2014, S. 39 ff.

3 vgl. Ulrich Schneider: *Mehr Mensch – Gegen die Ökonomisierung des Sozialen*, Frankfurt am Main 2014, S. 20 ff.

4 So der sich einem »ökonomischen Humanismus« verpflichtet fühlende liberale Ökonom Wilhelm Röpke in seiner Schrift *Ist die deutsche Wirtschaftspolitik richtig? Analyse und Kritik,* Stuttgart 1950, zitiert nach Ulrich Bröckling: *Das unternehmerische Selbst. Soziologie einer Subjektivierungsform*, Frankfurt am Main 2007, S. 85

5 vgl. a.a.O., S. 83

6 Bert Losse: »Gary Becker, der ökonomische Imperialist«, *Wirtschaftswoche* v. 14.2.2012

7 Einen wirklich guten Einblick in diese Denkweise verschafft der bereits 1983 vom Präsidenten des Instituts für Weltwirtschaft, Herbert Giersch, herausgegebene Sammelband *Wie es zu schaffen ist. Agenda für die deutsche Wirtschaftspolitik*, Stuttgart 1983. Ein schönes Beispiel für die ökonomistische Küchenpsychologie liefert auch der »Forschungsbericht« des arbeitgebernahen Instituts der deutschen Wirtschaft: Dominik H. Enste/Detlef Fechtenhauer/Ilona Riesen: »Sozialstaatsfallen. Erwerbsanreize und soziale Mobilität. Eine ökonomische, soziologische und sozialpsychologische Analyse: Forschungsbericht aus dem Institut der Deutschen Wirtschaft Köln«, Nr. 42/2008

8 vom lateinischen »tu« = »du«

9 vgl. Ulrich Bröckling: *Das unternehmerische Selbst. Soziologie einer Subjektivierungsform,* Berlin 2007, S. 36 f., S. 89 f, S. 93 f.

10 AWD war berüchtigt wegen seiner sogenannten Direktvertriebsstruktur. Mangelhaft ausgebildete Vertreter werden auf ihren Freundes- und Bekanntenkreis losgelassen, um gegen Provision Finanzprodukte zu verkaufen. Manch einer verlor damit sein Erspartes.

11 s. die Recherchen von LobbyControl unter https://lobbypedia.de/wiki/Initiative_neue_soziale_Marktwirtschaft#Medienkooperationen. 2Fgemeinsame_Vcranstaltungen (Abruf 09/2016) sowie Netzwerk Recherche: *Gefallen an Gefälligkeiten – Journalismus und Korruption,* herausgegeben in Kooperation mit Transparency International, Otto-Brenner-Stiftung, Technische Universität Dortmund, Institut für Journalistik, 2013

12 vgl. https://www.lobbycontrol.de/2005/09/insm-marienhof-thema/ (Abruf 09/2016)

13 s. Ulrich Schneider: »Armut kann man nicht skandalisieren, Armut ist der Skandal! – Vom Kampf um die Deutungshoheit über den Armutsbegriff«, in: Ulrich Schneider (Hg.): *Kampf um die Armut – Von echten Nöten und neoliberalen Mythen,* Frankfurt am Main 2015, S. 12 ff.

14 »Der Weg nach vorne für Europas Sozialdemokraten«, dokumentiert unter : www.glasnost.de/pol/schroederblair.html (Abfrage 4/2010)

15 »Arbeit, Innovation und Gerechtigkeit«, SPD-Programm für die Bundestagswahl 1998; Beschluss des außerordentlichen Parteitags der SPD am 17. April 1998 in Leipzig

16 »Der Weg nach vorne für Europas Sozialdemokraten«, dokumentiert unter: www.glasnost.de/pol/schroederblair.html (Abfrage 4/2010)

17 ebd., S. 8

18 ebd., S. 11

19 vgl. *Der Spiegel* 14/2010 v. 3.4.2010: »SPD: Linksaußen in der Mitte. Ottmar Schreiner galt lange als betonköpfiger Parteirebell. Nun wird er wieder gemocht. Er selbst hat sich nicht bewegt, die Spitze dafür umso mehr«

20 vgl. Gerhard Schröders Nachwort im Buch seines Kanzleramtschefs Bodo Hombach: *Aufbruch – die neue Politik der neuen Mitte*, München 1998, S. 225

21 ebd., S. 222

22 vgl. hierzu beispielhaft die Reaktionen auf den Paritätischen Armutsbericht 2015, analysiert im Beitrag von Ulrich Schneider: »Armut kann man nicht skandalisieren, Armut ist der Skandal. Vom Kampf um die Deutungshoheit über den Armutsbegriff«, in: Ulrich Schneider (Hg.): *Kampf um die Armut von echten Nöten und neoliberalen Mythen*, Frankfurt 2015

23 vgl. »›Rituale sind wichtig‹ – Hans-Georg Gadamer über Chancen und Grenzen der Philosophie«, *Der Spiegel*, 8/2000

24 Gerhard Schröder in einem Gastbeitrag für den *Spiegel* 21/1997: »Gegen der Luxus der Langsamkeit«

25 vgl. Ulrich Bröckling: *Das unternehmerische Selbst. Soziologie einer Subjektivierungsform,* Berlin 2007, S. 50

26 Zygmunt Bauman: *Retten uns die Reichen?,* Freiburg 2015, S. 43

27 ebd., S. 43 f.

28 vgl. ebd., S. 39 f.

29 https://www.welt.de/debatte/kommentare/article144555285/Staats anwalt-ermittelt-gegen-den-Spieler-Varoufakis.html Michael Stürmer 28.07.2015;
http://www.n-tv.de/wirtschaft/Varoufakis-der-Spieler-article14450316. html, Jan Gänger, 4.2.2015;
http://www.huffingtonpost.de/2015/06/17/fdp-kubicki-grie chenland_n_7600940.html; Wolfgang Kubicki in Huffington Post, 17.6.2015

30 vgl. Victor Klemperer: *LTI. Notizbuch eines Philologen,* Leipzig 1996, S. 24 f., Erstveröffentlichung 1947

31 vgl. Ulrich Schneider:»Matthäus, Blüm und die soziale Gerechtigkeit – Über das Soziale im Sozialstaat«, in: *Neue Praxis* 6/1995, S. 570 ff.

32 Friedhelm Hengsbach:»Zur Ethik freier Wohlfahrtsverbände in einer gespaltenen Gesellschaft«, unv. Manuskript, Berlin 2015

Teil 3: **Was wir dagegen tun können**

1 David Graeber: *Schulden – die ersten 5000 Jahre ,* München 2014

2 BAG Wohnungslosenhilfe:»Aktuelle Daten zur Lebenslage wohnungs- loser und von Wohnungslosigkeit bedrohter Menschen in Deutschland. Ausgewählte Ergebnisse der Jahreserhebung 2015«, Berlin 2016. Die Zahl der Wohnungslosen ist zwischen 2012 und 2014 von 284 000 auf 335 000 Menschen gewachsen. Experten rechnen mit einem Anstieg auf bis zu 536 000 bis zum Jahr 2018. Vgl. BAG Wohnungsnot:»Zahl der Wohnungslosen in Deutschland auf neuem Höchststand«, Pressemel- dung vom 5.10.2015; weitere Materialien siehe unter http://www.bag- wohnungslosenhilfe.de/de/presse/Pressearchiv~81.html (Abruf Okto- ber 2016)

3 vgl. Statistisches Bundesamt:»Statistik zur Überschuldung privater Per- sonen 2015«, Fachserie 15, Reihe 5, Wiesbaden 2016

4 Unter den Buchratgebern finden sich so vielsagende Titel wie *Ich und Co. Wie man sich auf dem neuen Arbeitsmarkt behauptet«* von William Bridges (1996), *Lebensunternehmer* von Peter Baumgartner (1997), *Selbstmanagement. Werden Sie zum Unternehmer Ihres Lebens* von Rolf Wabner (1997), *Die Marke Ich. So entwickeln Sie Ihre persönliche Erfolgs- strategie* von Conrad Seidl (1999); vgl. dazu die Analyse bei Ulrich Bröckling: *Das unternehmerische Selbst. Soziologie einer Subjektivie- rungsform,* 2007, S. 65 ff.

5 vgl. Nils Wischmeyer: »Vier fatale Worte«, in: *Handelsblatt online*, 5.2.2016; http://www.handelsblatt.com/politik/international/us-wahl-2016/clintons-rednerhonorare-vier-fatale-worte/12926538.html (Abruf 11/2016)

6 vgl. Creditreform Wirtschaftsforschung: *Insolvenzen in Deutschland*, Neuss 2015

7 vgl. BA-Statistik: »Arbeitsmarkt in Zahlen: Herkunft und langfristiger Verbleib von Arbeitslosen nach Wirtschaftszweigen, Struktur und Personenmerkmalen«, Nürnberg 2016

8 vgl. »Anschlussverwendung für die Schlecker-Frauen«, Handelsblatt online, Zitate der Woche, 30.3.2012; http://www.handelsblatt.com/politik/deutschland/zitate-der-woche-anschlussverwendung-fuer-die-schlecker-frauen/6458178.html (Abruf 11/2016)

9 John Maxwell Coetzee: *Tagebuch eines schlimmen Jahres*, Frankfurt am Main 2008, S. 91

10 Wie gern würde ich hier eine Fußnote mit Literaturverweis einfügen. Diesen Gedanken führte der bereits zitierte Prof. Friedhelm Hengsbach, SJ, auf dem Berliner Armutskongress des Paritätischen 2016 aus. Leider ist der beeindruckende Vortrag nicht verschriftlicht.

11 ebd., S. 92

12 ebd., S. 131

13 vgl. SPD-Wahlprogramm zur Bundestagswahl 2013: »Das Wir entscheidet« – Das Regierungsprogramm 2013–2016, verabschiedet auf dem Bundesparteitag am 14.4.2013 in Augsburg. Es dauerte gerade mal bis zum Sommer 2013, dass Parteichef Gabriel – mitten im Wahlkampf – die ersten Rückzieher machte und sich von diesen Plänen wieder mehr oder weniger distanzierte; vgl. »Gabriel rückt von Steuererhöhungen ab«, *Spiegel online* v. 18.8.2013; http://www.spiegel.de/politik/deutschland/gabriel-rueckt-von-steuererhoehungen-ab-a-917107.html (Abruf 11/2016)

14 vgl. Wahlprogramm von Bündnis 90/Die Grünen zur Bundestagswahl 2013 »Zeit für den Grünen Wandel«, beschlossen auf der Bundeskonferenz am 28.4.2013

15 Friedhelm Hengsbach auf dem Paritätischen Armutskongress 2016 am 7.7.2016, mdl. Mitteilung

16 vgl. die Studie von PWC: »Wechselbereitschaft gesetzlich Krankenversicherter«, Befragung 2015; danach haben gerade mal 3 Prozent der gesetzlich Versicherten die Beitragserhöhungen Anfang 2015 zum Anlass genommen, ihre Krankenkasse zu wechseln; http://www.pwc.de/de/gesundheitswesen-und-pharma/assets/gkv-zusatzbeitraege-2015.pdf (Abruf 11/2016)

17 vgl. Bundesministerium für Arbeit und Soziales: »Ergänzender Bericht der Bundesregierung zum Rentenversicherungsbericht 2016«, S. 136 ff.

18 eigene Berechnungen nach Daten des Bundesministeriums für Arbeit und Soziales: »Ergänzender Bericht der Bundesregierung zum Rentenversicherungsbericht 2016«, S.158

19 Die Assekuranz scheint dennoch zufrieden zu sein. Riester durfte sechsstellige Honorareinnahmen aus der Versicherungsbranche kassieren, durfte den berüchtigten »Finanzdienstleister« AWD beraten und auch einige Jahre im Aufsichtsrat der Union Investment sitzen, die ihr Geld unter anderem mit Altersvorsorgeprodukten verdient. Bert Rürup durfte sich als »Chefvolkswirt« der AWD verdingen, und Daniel Bahr bekam einen Job als Generalbevollmächtigter der Allianz.

20 Daten nach Bundesagentur für Arbeit, Statistik: »Arbeitsmarkt in Zahlen. Statistik über Leistungen nach dem SGB III. Arbeitslosengeld nach dem SGB III«, August 2016

21 vgl. Bundesministerium für Arbeit und Soziales: »Ergänzender Bericht der Bundesregierung zum Rentenversicherungsbericht 2016«, gem. § 154 Abs. 2 SGB VI (Alterssicherungsbericht 2016), unv. Man., S. 145 f.

22 vgl. Giacomo Corneo, Carsten Schröder, Johannes König: «Distributional Effects of Subsidizing Retirement Savings Accounts: Evidence from Germany«, Freie Universität Berlin, School of Business & Economics, Discussion Paper Economics 2015/18

23 eigene Berechnungen nach Angaben der Deutschen Rentenversicherung Bund für das Haushaltsjahr 2016; https://www.deutsche-rentenversicherung.de/Bund/de/Inhalt/6_Wir_ueber_uns/downloads_drv_bund/vorwort_haushaltsplan.pdf?__blob=publicationFile&v=13 (Abruf 11/2016)

24 vgl. »Alterssicherungsbericht 2016«, Bundesministerium für Arbeit und Soziales: »Ergänzender Bericht der Bundesregierung zum Rentenversicherungsbericht 2016«, unv. Man., Stand November 2016, S. 130 f.

25 vgl. Deutscher Bundestag: »Antwort der Bundesregierung auf die kleine Anfrage der Abgeordneten Matthias W. Birkwald, Sabine Zimmermann (Zwickau), Klaus Ernst, weiterer Abgeordneter und der Fraktion DIE LINKE«, Drucksache 18/4557 v. 7.4.2015

26 vgl. Deutscher Bundestag: »Gesetzentwurf der Bundesregierung – Entwurf eines Gesetzes zur Reform der gesetzlichen Rentenversicherung und zur Förderung eines kapitalgedeckten Altersvorsorgevermögens«, Drucksache 14/5068 v. 12.1.2001 (Altersvermögensgesetz – AVmG)

27 An dieser Stelle sollte ich wahrscheinlich kurz erläutern, was sich hinter diesem ominösen Rentenniveau und hinter den Prozentangaben verbirgt: Das Rentenniveau meint das Verhältnis einer Rente, die jemand bekommt, der 45 Jahre immer genau den allgemeinen Durchschnittsverdienst hatte (die sogenannte Standardrente), zu seinem letzten Verdienst. Verglichen wird dabei das sogenannte Nettorentenniveau vor Steuern, sprich: Der Bruttoverdienst abzüglich der Sozialabgaben und durchschnittlichen Aufwendungen für eine zusätzliche Altersvorsorge wird mit der Bruttorente abzüglich der Sozialabgaben verglichen. Das

Rentenniveau ist damit eine sehr wichtige Kennziffer, die etwas über das allgemeine Leistungsniveau der Rente aussagt.

28 vgl. Ingo Schäfer: »Die Illusion der Lebensstandardsicherung. Eine Analyse der Leistungsfähigkeit des Drei-Säulen-Modells«, in: *Schriftenreihe der Arbeitnehmerkammer Bremen* 1/2015, S. 24

29 a.a.O., S. 28

30 Jochen Pimpertz: »Reform der Alterssicherung. Populäre Thesen, empirische Befunde und normative Ableitungen«, Gutachten im Auftrag der INSM – Initiative Neue Soziale Marktwirtschaft (Hg.), Institut der Deutschen Wirtschaft Köln, 17.5.2015

31 vgl. »Alterssicherungsbericht 2016«, Bundesministerium für Arbeit und Soziales: »Ergänzender Bericht der Bundesregierung zum Rentenversicherungsbericht 2016«, unv. Man., Stand November 2016

32 vgl. Christoph-Martin Mai, Katharina Marder-Puch: »Selbstständigkeit in Deutschland«, in: Statistisches Bundesamt, »Wirtschaft und Statistik«, Juli 2013, S. 496

33 Dass ein solcher Schritt auch immer im Zusammenhang mit der Einkommensteuerbelastung zu sehen wäre, ist selbstverständlich. In ihrer Belastungswirkung müssen Steuern und Abgaben immer gemeinsam im Blick bleiben.

34 vgl. Deutscher Bundestag: »Antwort der Bundesregierung auf die Anfrage des Abgeordneten Klaus Ernst (DIE LINKE)«, Drucksache 18/8191, v. 22.4.2016

35 Bei dem Rentenniveau vor Riester von 53 Prozent hätten noch 10,35 Euro gereicht, um über die Sozialhilfeschwelle zu kommen, wie man Berechnungen des Rentenexperten Johannes Steffen aus dem Sommer letzten Jahres entnehmen kann; vgl. Johannes Steffen: »Rentenniveau und Fürsorgebedürftigkeit. Anteil der Niveausenkung am steigenden Armutsrisiko im Alter«, Portal Sozialpolitik, Juni 2016; http://www.portal-sozialpolitik.de/info-grafiken/rentenniveau-und-fuersorgebeduerftigkeit (Abruf 11/2016)

36 Zum Konzept der Lebensleistungsrente findet sich eine gute Darstellung samt kritischer Einschätzung auf dem Portal Sozialpolitik. Johannes Steffen: »Solidarische Lebensleistungsrente«, Rentenniveausenkung konterkariert Armutsvermeidung, Dezember 2013; http://www.portal-sozialpolitik.de/info-grafiken/solidarische-lebensleistungsrente (Abfrage 11/2016)

37 Der Paritätische Wohlfahrtsverband: »Expertise – Regelsätze 2017 – Kritische Anmerkungen zur Neuberechnung der Hartz-IV-Regelsätze durch das Bundesministerium Arbeit und Soziales und Alternativberechnungen der Paritätischen Forschungsstelle«, Berlin, September 2016

38 Der gesetzliche Mindestlohn von 8,84 Euro brächte übrigens ein Arbeitslosengeld I von gerade mal 598 Euro. Hartz IV lässt grüßen.

39 Das ganze Problem würde sich allerdings erledigen, wenn es in Deutschland eine existenzsichernde Kindergrundsicherung gäbe, wie weiter unter beschrieben.

40 vgl. Sachverständigenrat zur Begutachtung der gesamtwirtschaftlichen Entwicklung: »20 Punkte für Beschäftigung und Wachstum«, Jahresgutachten 2002/2003, Stuttgart 2002, S. 249

41 Wilhelm Adamy: »12 Monate mehr: Wie die Arbeitslosenversicherung besser vor Verarmung schützen kann«, Auswertung aktueller Arbeitsmarktzahlen (1. Halbjahr 2015), August 2015; http://www.dgb.de/themen/++co++e79b1856-4a4b-11e5-b846-52540023ef1a (Abruf 11/2016)

42 Bezieher von Grundsicherung werden dabei allerdings herausgerechnet, um keine Zirkelschlüsse zu produzieren.

43 Bei den Paarhaushalten mit einem Kind musste man als Referenzgruppe bei den untersten 20 Prozent bleiben und konnte nicht auf die ärmsten 15 Prozent wechseln. Die statistisch-methodischen Gründe: Bei 15 Prozent hätte man noch weniger Haushalte in der Stichprobe als bereits bei den 20 Prozent und hätte keine statistisch belastbaren Ergebnisse erzielen können.

44 vgl. ausführlich Ulrich Schneider: *Armes Deutschland – Neue Perspektiven für einen anderen Wohlstand*, Frankfurt am Main 2010, S. 154 ff.

45 vgl. hierzu ihr Interview in der *Rheinischen Post* v. 24.9.2010: »Nahles: Hartz-IV-Regelsatz muss über 400 Euro liegen«

46 vgl. Deutscher Bundestag, Drucksache 17/3648 v. 10.11.2010: Antrag der Abgeordneten Gabriele Hiller-Ohm, Anette Kramme, Elke Ferner, Petra Ernstberger, Iris Gleicke, Christel Humme, Josip Juratovic, Angelika Krüger-Leißner, Ute Kumpf, Gabriele Lösekrug-Möller, Caren Marks, Katja Mast, Thomas Oppermann, Dr. Ernst Dieter Rossmann, Anton Schaaf, Silvia Schmidt (Eisleben), Ottmar Schreiner, Swen Schulz (Spandau), Dagmar Ziegler, Dr. Frank-Walter Steinmeier und der Fraktion der SPD: »Das Urteil des Bundesverfassungsgerichtes durch eine transparente Bemessung der Regelsätze und eine Förderung der Teilhabe von Kindern umsetzen.«

47 vgl. Der Paritätische Gesamtverband: »Expertise – Regelsätze 2017. Kritische Anmerkungen zur Neuberechnung durch das Bundesministerium Arbeit und Soziales und Alternativberechnungen der Paritätischen Forschungsstelle«, Berlin September 2016

48 Stellungnahme der Diakonie Deutschland – Evangelischer Bundesverband zum Referentenentwurf des Bundesministeriums für Arbeit und Soziales: »Entwurf eines Gesetzes zur Ermittlung von Regelbedarfen sowie zur Änderung des Zweiten und Zwölften Buches Sozialgesetzbuch«, September 2016

49 Katja Kipping: »Nach Gutdünken klein gerechnet – Hintergrundpapier zur Neuermittlung der Regelbedarfe SGB II und SGB XII zum 1. Januar 2017« auf der Basis einer Expertise von Irene Becker: »Regelbedarfsbe-

messung – Methode und Ergebnisse: Eine kritische Bestandsaufnahme«, Kurzexpertise für die Fraktion DIE LINKE im Bundestag, September 2016

50 Die aktuellen Regelsätze wurden auf der Grundlage der Einkommens- und Verbrauchsstichprobe aus dem Jahre 2013 abgeleitet. Der Vergleich mit der davorliegenden Erhebung aus 2008 zeigt, dass die Referenzgruppe der untersten 15 Einkommensprozent in diesen fünf Jahren an Kaufkraft verloren hat. Betrug das durchschnittliche Einkommen der Ein-Personen-Referenzhaushalte in 2008 716 Euro, war es 2013 767 Euro, was preisbereinigt einer vergleichbaren Kaufkraft von nur noch 715 Euro entspricht. Bei den genannten Paarhaushalten mit Kind betrug das Durchschnittseinkommen in der Referenzgruppe 2008 1 976 Euro und 2013 2.062 Euro, was preisbereinigt einer vergleichbaren Kaufkraft von 1 923 Euro entspricht. Vgl. Der Paritätische Gesamtverband: »Expertise – Regelsätze 2017. Kritische Anmerkungen zur Neuberechnung durch das Bundesministerium Arbeit und Soziales und Alternativberechnungen der Paritätischen Forschungsstelle«, Berlin September 2016

51 ebd., Tabelle A2

52 ebd., S. 19 f.

53 vgl. ausführlich Ulrich Schneider: *Armes Deutschland – Neue Perspektiven für einen anderen Wohlstand*, Frankfurt am Main 2010, S. 156 ff.

54 vgl. ausführlich Ulrich Schneider: »Armut kann man nicht skandalisieren, Armut ist der Skandal! Vom Kampf um die Deutungshoheit über den Armutsbegriff«, in: Ulrich Scheider (Hg.): *Kampf um die Armut – Von echten Nöten und neoliberalen Mythen,* Frankfurt am Main 2015, S. 14 ff.

55 vgl. ausführlich Ulrich Schneider: *Armes Deutschland – Neue Perspektiven für einen anderen Wohlstand*, Frankfurt am Main 2010, S. 131 ff.

56 Bundesagentur für Arbeit: »Statistik der Grundsicherung für Arbeitssuchende nach dem SGB II. Zeitreihen zu Sanktionen nach Ländern«, Januar 2007 bis Dezember 2015, veröffentlicht am 11.6.2016

57 vgl. Deutscher Bundestag: »Antwort der Bundesregierung auf die Kleine Anfrage der Abgeordneten Brigitte Pothmer, Corinna Rüffer, Markus Kurt, weiterer Abgeordneter und der Fraktion Bündnis 90/Die Grünen«, Drucksache 18/3367 v. 23.2.2015

58 Tim Obermeier, Stefan Sell, Birte Tiedemann: »Es werden mehr. Aktualisierte Abschätzung der Zielgruppe für eine öffentlich geförderte Beschäftigung aus der sich verfestigenden Langzeitarbeitslosigkeit«, *Remagener Beiträge zur Sozialpolitik* 15/2014, Remagen 2014

59 vgl. Bundesagentur für Arbeit – Statistik: »Kinder in Bedarfsgemeinschaften. Juni 2016«, v. 11.10.2016

60 vgl. Bundesagentur für Arbeit – Statistik: »Arbeitsmarkt in Zahlen. Statistik der Grundsicherung für Arbeitsuchende, Erwerbstätige, erwerbsfähige Leistungsberechtigte«, Juli 2016. In einer ganz ähnlichen Situa-

tion sind noch mal 100 000 Familien mit 230 000 Kindern, die den Kinderzuschlag beziehen, praktisch aber auch auf Sozialhilfeniveau leben.

61 vgl. »32-Stunden-Woche für Eltern. Schwesig blitzt bei Merkel ab«, *Spiegel online* v. 10.1.2014; http://www.spiegel.de/politik/deutsch land/a-942910.html (Abruf 11/2016)

62 vgl. hierzu die gute zusammenfassende Darstellung der einschlägigen Urteile in Anne Lenze: »Die Verfassungsmäßigkeit eines einheitlichen und der Besteuerung unterworfenen Kindergeldes«, Hans-Böckler-Stiftung, Arbeitspapier 151, Düsseldorf 2008

63 vgl. Statistisches Bundesamt: »Einkommen, Einnahmen und Ausgaben privater Haushalte nach dem Haushaltstyp 2013«; https://www.desta tis.de/DE/ZahlenFakten/GesellschaftStaat/EinkommenKonsumLe bensbedingungen/EinkommenEinnahmenAusgaben/Tabellen/Haus haltstyp.html (Abruf 12/2016)

64 Prognos AG: »Gesamtevaluation der ehe- und familienbezogenen Maßnahmen und Leistungen in Deutschland. Endbericht im Auftrag des Bundesministeriums für Familie, Senioren, Frauen und Jugend«, Berlin, 2.6.2014, S. 125

65 Der Kinderfreibetrag besteht aus einem sächlichen Existenzminimum und einem Betreuungsfreibetrag. Ersteres wird jährlich anhand des sogenannten Existenzminimumberichts angepasst, wobei die jeweilige Regelsatzhöhe in Hartz IV von entscheidender Bedeutung ist.

66 vgl. dazu das Konzept des Bündnisses für Kindergrundsicherung; http://www.kinderarmut-hat-folgen.de/konzept.php (Abruf 12/2016)

67 vgl. Ernst & Young: »Rekordverschuldung trotz Rekordeinnahmen: Konjunkturerholung geht an Krisenkommunen vorbei. Kommunen in der Finanzkrise, Status quo und Handlungsoptionen«, EY Kommunenstudie 2016; http://www.ey.com/de/de/newsroom/news-releases/ey-20160930-konjunkturerholung-geht-an-krisenkommunen-vorbei (Abruf 11/2016)

68 ebd.

69 8 Prozent der Kommunen gaben an, in 2016 oder 2017 die Straßenbeleuchtung reduzieren zu wollen, ebenso viele wollten bei der Jugendarbeit und der Seniorenbetreuung sparen. 5 Prozent zogen die Schließung von Bädern und 3 Prozent von Bibliotheken und anderen Kultureinrichtungen in Betracht. Zu berücksichtigen ist jedoch, dass es sich um eine Momentaufnahme handelt, in der die bereits getätigten Kürzungen und Maßnahmen der vergangenen Jahre nicht auftauchen.

70 vgl. KfW-Bankengruppe (Hg.): »KfW-Research. KfW-Kommunalpanel 2016«, Frankfurt am Main

71 vgl. auch: Stefan Anton und Benjamin Holler: »Integration fair finanzieren – gute Ansätze weiterverfolgen«, in: Deutscher Städtetag (Hg.): *Gemeindefinanzbericht 2016,* Köln, S. 6 ff.

72 Rudolf Martens: »Armutsbekämpfung als verkannte regionale Wirt-
    schaftsförderung – das Beispiel Hartz IV«, in Der Paritätische Gesamt-
    verband (Hg.): *Zeit zu handeln. Bericht zur Armutsentwicklung in
    Deutschland 2016*, Berlin 2016, S. 101 ff.

73 vgl. Deutsche Bundesbank, Eurosystem, Vermögensbilanzen: »Finan-
    zielle Vermögensbilanzen der Sektoren gemäß SDDS Plus«, Stand Ok-
    tober 2016; https://www.bundesbank.de/Navigation/DE/Statistiken/
    Gesamtwirtschaftliche_Rechenwerke/Vermoegensbilanzen/vermoe
    gensbilanzen.html (Abruf 11/2016)

74 vgl. Deutsche Bundesbank: Eurosystem, Statistiken: »Zeitreihe BBK01.
    CEB00I: Geldvermögen insgesamt Schuldner: Sektoren insgesamt
    Gläubiger: Private Haushalte und Private Organisationen ohne Er-
    werbszweck«; https://www.bundesbank.de/Navigation/DE/Statisti
    ken/Zeitreihen_Datenbanken/Makrooekonomische_Zeitreihen/its_de
    tails_value_node.html?tsId=BBK01.CEB00I (Abruf 11/2016)

75 Die Deutsche Bundesbank berichtete 2015, der Schuldenstand Deutsch-
    lands habe sich durch die verschiedenen Hilfskredite im Zusammen-
    hang mit der Eurokrise seit 2010 um 91 Milliarden Euro erhöht. Insge-
    samt hätte die Rettung deutscher Banken seit 2008 rund 236 Milliarden
    Euro gekostet. Vgl. Deutsche Bundesbank: »Eurosystem: Staatsschulden
    in Deutschland 2014 leicht auf 2,17 Billionen € gestiegen – Schulden-
    quote sinkt spürbar auf 74,7 %«, 1.4.2015; https://www.bundesbank.
    de/Redaktion/DE/Pressemitteilungen/BBK/2015/2015_04_01_schul
    denstand.html?startpageId=Startseite-DE&startpageAreaId=Teaser
    bereich&startpageLinkName=2015_04_01_schuldenstand+333796
    (Abruf 11/2016)

76 vgl. Statistisches Bundesamt: »Finanzen und Steuern. Schulden des öffent-
    lichen Gesamthaushalts 2015«, Fachserien 14, Reihe 5, Wiesbaden 2016

77 Quelle des Zitats: http://zitate.woxikon.de/geld (Abruf 11/2016)

78 Bundesministerium der Finanzen: »Besteuerung von Vermögen – eine
    finanzwissenschaftliche Analyse«, Monatsbericht Dezember 2013

79 vgl. Claus Hulverscheidt: »Reichenparadies Deutschland. Vermögen-
    steuern im Vergleich«, *Süddeutsche Zeitung* v. 21.12.2013; http://www.
    sueddeutsche.de/geld/vermoegenssteuern-im-vergleich-reichenpara
    dies-deutschland-1.1849026 (Abruf 11/2016)

80 »Bsirske: ›Die Zeit ist reif für Umverteilung‹ – Ver.di-Chef und ein Bünd-
    nis aus Gewerkschaften und Sozialverbänden fordern mehr Abgaben
    und Steuern von Vermögenden«, *Die Welt* v. 4.8.2012; https://www.
    welt.de/print/die_welt/article108476782/Bsirske-Die-Zeit-ist-reif-
    fuer-Umverteilung.html (Abruf 11/2016)

81 2015 betrugen die Einnahmen aus vermögensbezogenen Steuern
    (Grundsteuer, Erbschaftsteuer) rund 18 Milliarden Euro.

82 vgl. Bundesministerium der Finanzen: »Die wichtigsten Steuern im in-
    ternationalen Vergleich 2015«, Berlin 2016, S. 10

83 a.a.O., S. 20

84 vgl. Institut der deutschen Wirtschaft Köln: »Der Staat nimmt vielen die Hälfte«, IW-Dossier, 29.9.2013; https://www.iwkoeln.de/iw-dos siers/beitrag/steuern-der-staat-nimmt-vielen-die-haelfte-128804 (Abruf 12/2016).

85 vgl. Bundesministerium der Finanzen: »Steuereinnahmen. Entwicklung der Steuereinnahmen«, Aktuelle Daten und historische Zeitreihen, 21.11.2016; http://www.bundesfinanzministerium.de/Content/ DE/Standardartikel/Themen/Steuern/Steuerschaetzungen_und_ Steuereinnahmen/Steuereinnahmen/entwicklung-der-steuereinnah men.html (Abruf 11/2016)

86 Reiner Braun: »Erben in Deutschland 2015–2024. Volumen, Verteilung und Verwendung«, eine Studie der empirica ag im Auftrag des Deutschen Instituts für Altersvorsorge (Hg.), Berlin 2015

87 vgl. Bundesministerium der Finanzen: »Steuerschätzungen und Steuereinnahmen. Kassenmäßige Steuereinnahmen nach Steuerarten 1950 bis 2015«; http://www.bundesfinanzministerium.de/Content/DE/Standard-artikel/Themen/Steuern/Steuerschaetzungen_und_Steuereinnahmen/2-kassenmaessige-steuereinnahmen-nach-steuerarten-1950-bis-2015.html (Abruf 11/2016)

88 Stefan Bach: »Erbschaftsteuer: Firmenprivilegien begrenzen, Steuerbelastungen strecken«, in: *DIW Wochenbericht,* Nr. 7/2015

89 Jens Beckert: »Das ungleiche Erbe«, in: *Böll Thema 1,* 28–29 (2005), online gefunden unter: http://tinyurl.com/bp9scde (Abruf 11/2016)

90 Erbfälle über 5 Millionen Euro erhalten sogar nur 0,08 Prozent aller Erben. Gleichwohl entfallen auf sie 14 Prozent des gesamten Erbvolumens. Oder anders herum: 14 Prozent des gesamten in Deutschland vererbten Vermögens gehen an gerade 0,8 Promille aller Erben. Vgl. Stefan Bach, Andreas Thiemann: »Hohe Erbschaftswelle, niedriges Erbschaftsteueraufkommen«, in: *DIW Wochenbericht,* Nr. 3/2016, S. 63 ff.

91 Stefan Bach, Andreas Thiemann: »Hohes Aufkommenspotential bei Wiedererhebung der Vermögensteuer«, in: *DIW Wochenbericht,* Nr. 4/2016, S. 79 ff.

92 vgl. a.a.O., S. 84

93 Karl-Hermann Flach: *Noch eine Chance für die Liberalen. Eine Streitschrift,* Frankfurt am Main 1972, S. 30

94 vgl. zusammenfassend dazu: Bundesministerium der Finanzen: »Besteuerung von Vermögen. Eine finanzwissenschaftliche Analyse«, Wissenschaftlicher Beirat beim Bundesministerium der Finanzen 02/2013. Eine jüngste Schätzung vom DIW geht von 4 bis 8 Prozent aus. Stefan Bach, Andreas Thiemann: »Hohes Aufkommenspotential bei Wiedererhebung der Vermögensteuer«, in: *DIW Wochenbericht,* Nr. 4/2016, S. 79 ff.

Gier hat keinerlei Nutzen – für nichts und niemanden

1 Zygmunt Bauman: *Retten uns die Reichen?,* Freiburg/Basel/Wien 2015, S. 116